数位易经

上册

陈文德 ⊙ 著

华龄出版社
HUALING PRESS

图书在版编目（CIP）数据

数位易经：上下册/陈文德著. -- 北京：华龄出

版社，2021.10

ISBN 978-7-5169-2104-3

Ⅰ.①数… Ⅱ.①陈… Ⅲ.①《周易》-研究 Ⅳ.

①B221.5

中国版本图书馆CIP数据核字（2021）第192577号

本书由台北远流出版公司授权出版，限在中国大陆地区发行。

责任编辑	薛 治		责任印制	李未圻

书　名	数位易经：上下册	作　者	陈文德
出　版发　行	华龄出版社 HUALING PRESS		
社　址	北京市东城区安定门外大街甲57号	邮　编	100011
发　行	（010）58122255	传　真	（010）84049572
承　印	河北星强印刷有限公司		
版　次	2022年7月第1版	印　次	2022年7月第1次印刷
规　格	880mm×1230mm	开　本	1/32
印　张	27.75	字　数	619千字
书　号	ISBN 978-7-5169-2104-3		
定　价	138.00元		

人生须得"易"

　　《易经》是中国哲学儒家思想中的一本重要著作,《易经》的"易"字,解释起来很麻烦,这里的"易"并不当作是容易的易来解,事实上《易经》这本书根本就不容易,挺难的。不过随着经典书籍被后人有系统地研究整理,今日读《易经》显然要比古时读《易经》要容易许多,越来越多的研究者,消化《易经》中古奥难懂的部分,并将它反刍为现代人容易阅读领受的活泼语言,使《易经》变得容易,古老的神秘面纱也披上新妆,以盛宴的方式呈现在世人的眼前,各国学者争相研究阐释《易经》哲理及演算方法。随着科技的发展,《易经》中的道理与演绎,也与时俱进,可与尖端科技并列而毫不逊色,益可显见《易经》虽是古老的经典,却能够接受时代检验。

　　《易经》的"易"要做何解释? 从字面上来看,"易"字,是由日与月两字所组成的,日与月代表着阳与阴,符合易理的阴阳二元论。东汉大学者郑玄,则更进一步阐述,认为"易"理包括

---

① 　本文为台湾版本的编辑说明。

"简易""变易""不易"，称之为"三易"。为何会有"易"的产生？《易经·系辞传》解释说："古者包牺氏之王天下也，仰则观象于天，俯则观法于地，观鸟兽之文，与地之宜，近取诸身，远取诸物，于是始作八卦，以通神明之德，以类万物之情。"所以《易经》的产生，就这段文字来说，主要目标有两个，即通天、达人，也就是儒家思想中所追求的"天人合一"的宇宙哲学。

事实上早在儒家之前，"易"便已是一项有系统研究的学问，夏易称为《连山》，由代表山的艮卦开始，象征"山之出云，连绵不绝"。商易称为《归藏》，由代表地的坤卦开始，象征"万物莫不归藏其中"。《周易》相传为周文王所演绎，由代表天地的乾、坤两卦开始，象征"天地之间，天人之际"。

因为古代人对天文以及风雨雷电等大自然现象缺乏了解，而将"天"视为是"有意识"的天，因此发展出宗教崇拜活动，而这个"有意识"的天，并不会像摩西的上帝一样显灵。为了了解"天"意，聪明的中国人认为，天道反映在宇宙万物的活动中，宇宙万物瞬息万变，但不管再怎么变，却是依循一定的法则在运转，只要掌握这些变与不变的道理，就能趋吉避凶，通天达人。用现代人的观念来看，"易"其实就是一套古代人的安心之术，以及讲究身心安顿的法则。

易由阴阳两大系统组成，然后太极生两仪，两仪生四象，四象生八卦，八卦两两相重得六十四卦，宇宙万物的道理皆蕴含在其中。古代纸张未发明及大量使用前，人们用漆将文字写在竹简上，并用皮革串订，称为"韦编"，孔子读《周易》竟然"韦编三绝"，又说"加我数年，五十以学易，可以无大过矣"。孔子

"五十而知天命"，"窥天"的目的是要知人事变化，退可以用来修行及安身立命，进则可以出入庙堂之上，为国为民服务。孔子读《易经》，并不是将《易经》当成求神问卜的命相类书籍，而是认为《易经》里蕴藏着丰富的人生智慧，以及数理推演，占卜吉凶只是消极的目的，积极的作用是"知天命"，了解事物的微妙契机，从而知所应变进退。这让《易经》不只能用来占卜吉凶，还成为中国哲学思想中的重要著作。

读《易经》便因为读者介入的角度不同而有了不同的看法，如果将它当成是占卜书籍，《易经》八八六十四卦，绝对可以给迷津者提供一个方向——趋吉避凶，不让西洋占星术专美于前，还可与当红的星座预测争宠；当成哲学书，《易经》蕴含的哲理禅机博大精深；将它当成是解心书、宽心术，也可以找到身心安顿的法则及情绪管理的方法；当成数理书籍，爱因斯坦的"相对论"、物理学上的"质量不灭定律"、数学上的"极限"、电脑的0与1二元进位，均受到《易经》的启发，或与《易经》道理不谋而合；若当成企业管理书籍，《易经》阐述的进退之道、应变之方，亦可以灵活应用。《易经》的丰富内涵令人赞叹，只将它当成是占卜书籍，则是浪费了《易经》的价值——它可以是学术的，也可以是生活的；可以是理论的，也可以是实用的。可以将它说得很玄没人听得懂，也可以很简单地说出来，让更多人接近。

人生须得"易"，因为"易"让人变得更聪明，更懂得人生滋味。

余远炫执笔

《易经》的数位化思辨逻辑

数位 Digital，对现代人而言，这个名词并不陌生，大多数人都知道，这和电脑科技有密切关系。

但却很少人真正了解数位是什么意思。

简而言之，数位便是二进位，数只有 0 与 1，有和无。位便是进位，"有"和"无"交替影响，产生位的 1、2、4、8、16、32、64……位元关系。

数位所建立的关系具有辨识各种现象异同的能力，因此成了电脑思辨逻辑的基础。

二进位的发现人，也是微积分的发明人——德国大数学家莱布尼茨（Libniz）曾公开表示：中国的《易经》对他有非常重要的影响。

《易经》的确也是当前唯一可表达数位化思辨的抽象符号。

但这并非巧合。

这个宇宙所有的变化，其实都是数位化的。

数位化的本体便是混沌（choas），宇宙的能量是平行而且随机地相互影响着，爱因斯坦的相对论基础就在于此，天文学家、物理学家、数学家等也大多证实了这个现象。

量子学更证实，最小的量子有时是物质，有时是电波；有时呈现动能，有时又是静能，其间也是平行、随机的相互影响，不是0便是1。

最大的宇宙到最小的量子，都呈现混沌现象。

《易经》的基础也是混沌，是无极（0）也是太极（1）。

太极生两仪——阴和阳，便是静能和动能，物质和电波。两仪生四象，四象生八卦，八卦重叠六十四卦，阴阳爻的不同是数；爻位有六，内三爻为内卦，外三爻为外卦，二和五爻为卦中主爻，这些便是位。

这些数位变化可用来辨识及理解宇宙复杂又多元的变化，也包括人类的生命和生活中的各种变动。

人类也是宇宙的一环，人类的所有行为，不论是生理或心理的，其实都离不了数位化的运作。

人类之异于一般动物，在于可以稳定地站立。这个能力并非来自身体架构。人类的骨骼成倒三角形，头重脚轻，以地心引力的物理学来说，人类是不可能站立的。使人类站起来的是我们的中枢神经，经由母体胎内的胎位变化、婴儿期的翻身、七坐八爬，再到十二月才能站立和学走路，中枢神经的成熟才能让人类稳定地直立着。

直立才能让人类的学习能力有突破性的发展，让人类的感官和神经组织足以接受宇宙变化中的大能。

人类的学习枢纽在大脑，直立后使大脑在最上方，如同天线的结构，虽然高度只那么一点，但可接受空中任何微弱的电波。

大脑便是人类最重要的接受器，让人类的潜能得以无限地发展。爱因斯坦、莫扎特、毕加索、莎士比亚等人的杰出表现，便在于他们的学习能力，可以洞悉宇宙大自然的精微变化，因而发挥了浩瀚无边的创造能力。

中国哲学思想中的"天人合一"，便是这个道理。

大脑拥有一百四十亿个脑细胞，又称神经元，也就是神经的种子，由此生长出的神经组织，包括树突及轴突至少有千兆条之多，在架构上分为中枢神经、分支及末梢神经，是大脑和身体完美协调的基础。神经组织比头发还细还柔，却能撑起身体中最重最硬的骨架，老子"柔足以克刚"的讲法，的确是重大的科学发现。

现代的大脑生理学家，也将人类的大脑称为"混沌"，大脑的神经元及所有神经组织的互动是平行而随机的，也是数位化的。神经感应可相互做多层次组合，也会产生相互排斥作用。用比较简单的讲法，人类的五感——视、听、嗅、味、触，就是根据数位化的组合运作的。两个眼睛必须组合成一个焦距，这是经由视觉神经无数的数位变化，使人类有比一般动物更清楚的视觉解析力。吃东西时一定要色香味俱全——视、味、嗅觉相调和，如果有美妙的音乐（听觉），舒服的空调和座椅（触觉），那对食欲将会产生更大的帮助。但五感也会相互排斥，太强烈的视觉，会影响听觉，环境太热或嘈杂，也会让我们食不知味，且听不到。

人类的神经运作及学习能力也是数位化的。比尔·盖茨的数位神经体系，便是将人类这种微妙的数位神经用在电脑及资讯的管理上。宇宙的大大小小都是数位的变化。

《易经》便是一部古代的电脑，一部最富科学性的工具书。

以乾能来讲，初爻的 ▬，潜龙勿用，虽称为阳，但动能是潜在性的。二爻若仍是 ▬，则属老阳——⚌，爻辞是见龙在田，能量由内到外，乾能有了最初的呈现。但若二爻是阴能，则成 ⚍，是为少阴，秋天也。三爻若是老阳再加一阳，成 ☰，乾卦也。但乾能太强，在三、四爻都是有危机的，九三是终日乾乾——辛苦爻，九四是或跃在渊——风险爻，乾能由内卦到外卦的过渡期，常有不三不四的压力，宜小心之。三爻在老阳之上加阴爻，则为 ☱，兑卦。温和中有阻碍，湖泽之象。

少阴之上加阳爻，则是 ☲，离卦。外明亮内含阴阳，亮丽中有分离之象。少阴上加阴爻，则是 ☳，震卦。阳能在重阴之下震动，惊蛰之象也。

由此往上推到六爻变化成六十四卦，便是《易经》的数位变化了。

八宫卦变中更推衍出离魂卦和归魂卦，数位的组合有八种交替变化，亦即进入一百二十八位元的变化了。汉朝的京房师徒更发展出十六种爻变的方法，若以电脑位元计算，已到了天文数字的变化了。

宇宙是数位的，人类的生命及生活也都是数位的，甚至可以说，掌握《易经》的奥秘，便可掌握天地间所有的奥秘了。

《孙子兵法》上说："知彼知己，胜乃不殆，知天知地，胜乃可全。"洞悉《易经》的道理，的确是无忧无虑，逍遥自在的最重要基础。

电脑科技来自《易经》，在新时代，如果我们能以电脑科技重新来解读和研究《易经》，必将有惊人的重大发现。

信息生化时代的二进位思考法

21世纪最重要的行业是资讯网络和生化工程的相关事业。人类的思考方法和生活方式，都将发生革命性的变革。举凡教育、医药、食品、健身美容、生态环保、农畜牧业，甚至于经营管理、领导统御都与此有密切的关系。

但不论是资讯网络或生化工程，能有突破性的蓬勃发展，其最重要的根基，都是电脑的数理逻辑——二进位思考法。

很多人都知道二进位思考法便是0与1的关系，但却很少人明白，0与1是怎么进位，它和传统的十进位法又有什么关系和异同。

二进位法是发明微积分学的18世纪德国大数学家莱布尼茨（Leibniz）首先提出的，但他真正确定这个方法，却是在1713年，德国籍神父鲍威特（Bouvet）从中国寄给他一本《易经》后，他以二进位数学阐明了《易经》六十四卦的变化后，才正式确立这个方法对探讨宇宙和这个世界的真正价值。

这个二进位法便是日后发明电脑最重要的基础。

在保留于德国汉诺威图书馆的莱布尼茨和鲍威特的来往文件中，莱布尼茨表示：

如果没有二进位思考法，我对《易经》六十四卦的体系和易图的数理逻辑，将完全看不懂，不知道那在表达些什么？

他更骄傲地表示：

因为我这个不可思议的发现，使世人对中国六千年前帝王哲学家伏羲氏的符号秘密有了完全新的了解，对中国人应该是一件愉快的事，应该允许我们也去作（做）中国人吧！

黎凯旋先生在《易数浅说》中，曾将莱氏的二进位法及《易经》的八卦整理出如表0-1的图表，可以让读者对《易经》及二进位的数理逻辑有整体性的初步理解。

表0-1　八卦与电脑二进位对照表

八卦二进位	太极	两仪		四　象				八　卦							
		阴	阳	老阴	少阳	少阴	老阳	坤	艮	坎	巽	震	离	兑	乾
		--	―	☷	⚏	⚎	☰	☷	☶	☵	☴	☳	☲	☱	☰
电脑二进位	X	0	1	00	01	10	11	000	001	010	011	100	101	110	111
		0	1	0	1	2	3	0	1	2	3	4	5	6	7
数位		一　　位		二　　位				三　　　位							

十　　六　　卦																
八卦的下位都加 -- 或0								八卦的下位都加一或1								……
坤	艮	坎	巽	震	离	兑	乾	坤	艮	坎	巽	震	离	兑	乾	……
☷	☶	☵	☴	☳	☲	☱	☰	☷	☶	☵	☴	☳	☲	☱	☰	
0000	0001	0010	0011	0100	0101	0110	0111	1000	1001	1010	1011	1100	1101	1110	1111	……
0	1	2	3	4	5	6	7	8	9	10	11	12	13	14	15	……
四位数																

莱氏以1代表阳爻 ━，以0代表阴爻 ╍，三爻一卦时求出各卦的数。

再加一爻，八卦便可成四位元，也就是十六卦，以此类推三十二卦（八位元），六十四卦（十六位元），甚至于一百二十八卦（三十二位元）……都可用阴和阳、0与1来表现了。（有关易的数理逻辑，将在本书第二篇《易经》的科学面中再作详述，在此不赘）

黎凯旋先生更进一步表示："孔子在系辞上写道，'乾以易知，坤以简能'，便在强调懂得《易经》，再复杂的事都会变得简单而容易的。所以简易之谓易，就正是这个道理。"

莱布尼茨在给鲍威特神父的信中，也指出："《易经》和易图是流传在宇宙间的科学方法中，最古老的纪念物了。"

他认为《易经》的六十四卦给予人类文字符号的发明有重大的暗示，它使人类的思想可以直接用数理来表示，从这个观点来看，《易经》应是这个世界中现存最具科学价值的符号了。

电影《接触未来》中，便以数理符号为最广泛也最实用的沟通工具。如果有一天，真的有外星人造访地球，所有解码方程式均无法适用时，数理符号将是唯一的沟通工具。

即使没有外星人到访，在21世纪地球村的时代，学习再多的外语仍然不够，数理逻辑将是非常重要而实用的沟通工具。

因此，认识《易经》，并学习其数理逻辑的推算及判断，将是21世纪人类相当重要的基础能力。

不过，只是这样讨论，读者似乎仍难掌握。有关阴阳的变化和0与1之间的关系，以及宇宙、自然和人事间的关系，这方面，我必须做更进一步的解释。

太极生两仪，即是阴与阳。阴是0，阳是1。可见这个两仪不是二，而是0与1，也就是"有"与"无"。

二不是本质，不是体，而是用。

宇宙的基础只是0与1，0与1的变化便可以形成全宇宙，包括生物及人事现象。

二及二以后的数，都是"用"的，是思考的工具而已。

太极其实只有1，1是唯一的动能，有动便有静，静是阴能，便是0，也是无极。

太极和无极是一事的两面，"1"和"0"其实仍是"1"，这个"1"在阴阳——动静能的互动互生间，可以生出无限。

八卦其实便是八种基础自然现象的符号。

太极生两仪，以阴 -- 及阳 — 符号代表。

两仪生四象，⚏ 为阴中加阴称"老阴"，阴中生阳为 ⚎，是初生之阳，故称"少阳"。⚌ 为阳中加阳称"老阳"，阳中生阴为 ⚍，是初生之阴，故称"少阴"。

四象成八卦，⚏ 老阴加上一个"--"，成为 ☷ 坤，加上一个"—"，成为 ☶ 艮，也就是坤及艮是老阴发展出来的。

⚍ 少阴加上一个"--"，成为 ☳ 震，加上一个"—"，成为 ☲ 离，震及离是少阴发展出来的。

⚌ 老阳加上一个"—"，成为 ☰ 乾，加上一个"--"，成为 ☱ 兑。乾及兑是老阳发展出来的。

⚎ 少阳加上一个"—"，成为 ☴ 巽，加上一个"--"，成为 ☵ 坎，巽和坎是少阳发展出来的。

三爻成一卦，卦可以从符号看出其意义。

乾卦☰，阳能三交，是积极的生命态度。三爻皆阳，动能不停，如宇宙之运行，不眠不休，所以"天行健，君子以自强不息"，法"天"的能量，永远积极、乐观，是宇宙间最了不起的"乾"能。

坤卦☷，阴能三交，代表地。能量凝结，审慎而稳固，但生命力极强，可承受万物，生长万物。无声、无息，虽消极，却是能量集结的重心。

离卦☲，象征火，也象征太阳。外有阳能，内却是阴，火的热能在外，里面并不热，用手指切入蜡烛之中便可以证明；太阳中间有"黑点"（黑子），在离卦☲的图形中已完全表达。火象征旺，旺了大家抢，离心离德，是为离，炒热门事业经常会吃亏的。

坎卦☵，象征水，也象征月亮。月会引发涨潮，古代北方重陆上交通，遇水涨较困难，也较危险，故称为"坎"。在坎中奋斗，可磨炼身心，是男子之卦。水性外柔内刚，无力时，遇圆则圆，处方则方，但持续力极强，形成洪水后无坚不摧。坎地处久了，力量增大，所以生于忧患，艰苦成长，忍辱负重者必成大器。

乾、坤、离、坎，代表天、地、日、月宇宙四大要素。

震卦☳，象征雷，阴中第一声阳，冬天过去了，宇宙万物再现生机，黄历上称初雷（春雷）为惊蛰，冬眠的生物醒了，大地中的养分也复苏了。现代的化学家也证明初雷响，土地的磷质大增，所以是播种最好的时机。

兑卦 ☱，象征泽，厚实的土地上有水波，是湖泽之象。在湖泽边，景色优美，心情愉快，又称为悦，右字即为"兑"。

巽卦 ☴，象征风，也象征木。厚实土地下有生命在悸动，种子快发芽了，是为"木"。厚实的土地下，有气流在动，是山洞里的风，山洞里风特别大，故以巽卦表示。

艮卦 ☶，象征山，也象征止（**不动**），兵法中便有"不动如山"的说法，表示稳固之象。土地下有悸动，是火山，有不少人认为《易经》八卦是前冰河期人类的符号，当时地面上大多是火山，故以 ☶ 表示。

震、兑、巽、艮，代表雷、泽、风、山四种自然界现象。

周文王将八卦重叠，三爻成六爻，称为重卦，八八六十四卦，用以探究更深层的人事现象。

八卦是"一"及"--"的三次方变化，即 $(A+B)^3=A^3+3A^2B+3AB^2+B^3$。

A^3 即 ☰ 乾，$3A^2B$ 即 ☱ 兑、☲ 离、☴ 巽三卦，$3AB^2$ 即 ☳ 震、☵ 坎、☶ 艮三卦，B^3 是 ☷ 坤，所以共八卦。

至于六十四卦，则是"一"及"--"的六次方变化，用以象征宇宙、自然及人事的六十四种现象。见图0-1。

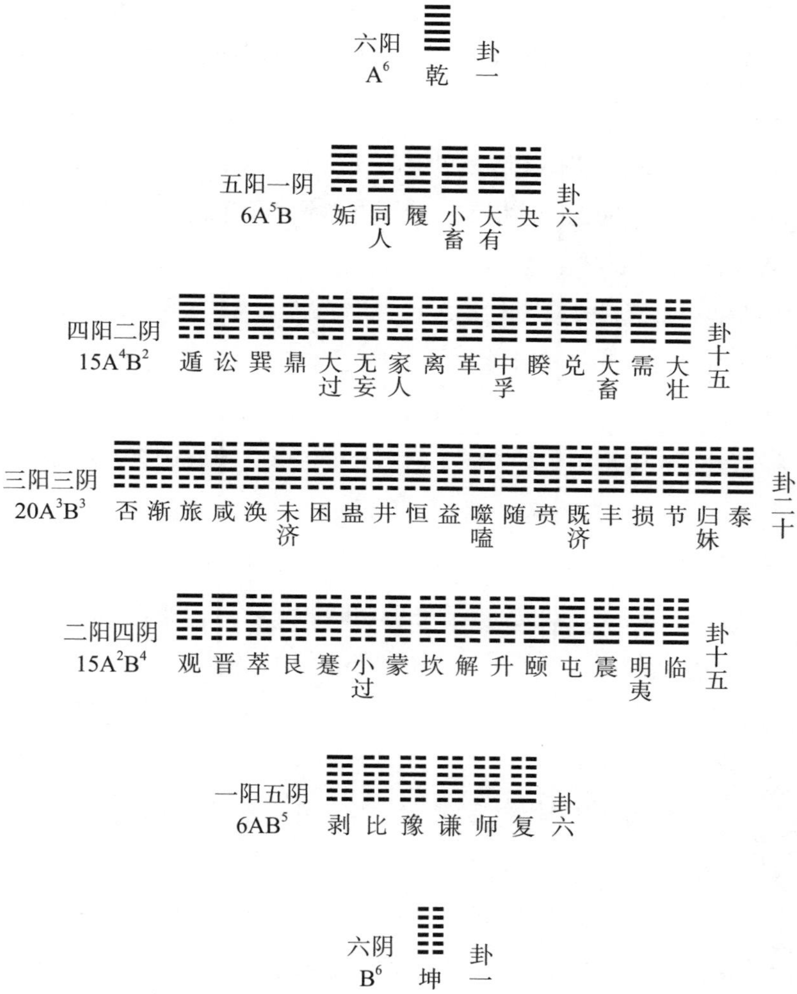

六阳　　卦
A^6　乾　一

五阳一阴　　　　　　　　　　　　　卦六
$6A^5B$　姤　同　履　小　大　夬
　　　　　　人　　畜　有

四阳二阴　　　　　　　　　　　　　　　　　　　　　卦十五
$15A^4B^2$　遁　讼　巽　鼎　大　无　家　离　革　中　睽　兑　大　需　大
　　　　　　　　　　过　妄　人　　　　孚　　　畜　　壮

三阳三阴　　　　　　　　　　　　　　　　　　　　　　　　　卦二十
$20A^3B^3$　否　渐　旅　咸　涣　未　困　蛊　井　恒　益　噬　随　贲　既　丰　损　节　归　泰
　　　　　　　　　　　　济　　　　　　　　　嗑　　　济　　　　　妹

二阳四阴　　　　　　　　　　　　　　　　　　　　　卦十五
$15A^2B^4$　观　晋　萃　艮　蹇　小　蒙　坎　解　升　颐　屯　震　明　临
　　　　　　　　　　　　过　　　　　　　　　夷

一阳五阴　　　　　　　　　　　卦六
$6AB^5$　剥　比　豫　谦　师　复

六阴　　卦
B^6　坤　一

$$(A+B)^6=A^6+6A^5B+15A^4B^2+20A^3B^3+15A^2B^4+6AB^5+B^6$$

图 0-1

前　言

15

但《易经》者，日月之变动也，易即是变，有常态变，有关系变，也有突变。所以学习《易经》，重点在理解其变，千万不可"挂"在卦象上。

学《易经》便在了解它可能的变及因果关系，以事先做应对的策略，南怀瑾先生曾指示，能预先看到变而事前先调整自己的是"上等人"；体会到变而跟着调整的是"中等人"；环境变了，却不能调整，只会怨天尤人的是"下等人"。

通常卦象至少有十种关系，除了本卦外，综卦、错卦、互卦、之卦（即动爻，共有六爻变），加起来正好是十面，学《易经》就是在学会由十种方向来看事件的因果、潜在因素及可能的变化，这在本书第三章中将有详细说明。

如果懂得京房十六卦变及邵康节的《皇极经世》，那观察卦象及卦变的功夫，就更细腻而富有前瞻性了。

不过《易经》只是工具，不要把它当神秘的秘笈或天书，古人讲"玩易"，《易经》是用来"玩"的，懂得《易经》便懂得什么叫作人生如戏了。

悲欢离合，吉凶悔吝，酸甜苦辣，其实都只是游戏，生命的最高智慧自在其中。

《易经》也是公认的卜筮书籍，简单地说就是用来算命的，秦始皇下令焚书，据说《易经》便因此逃过一劫。

宇宙中的确有很多奥秘，只要抓到其中诀窍，确实是可以事先推算的。

孔子五十岁学易，便曾说过："虽千百世可知也。"我们都知道孔子一向不谈鬼神之事，他对《易经》的诠释绝非迷信。

对自己不懂之事，肤浅地断言是迷信，这样的态度本身也是种迷信。

不过，大部分去算命的人，的确有迷信之嫌。

拿着书本套公式来卜卦、算命或做预测，不论西洋的星象、扑克或东方的《易经》都是迷信，知其然却不知其所以然，会疏忽很多"尽信书不如不读书"的地方，这样很容易产生误导。

知其然而且还要知道其所以然，这是学习宇宙奥秘之理最基本的态度。

知之为知之，不知为不知，懂得多少便观察多少，使用《易经》便不会陷入迷信了。

古人早有"善易者不卜"的说法，真正懂得《易经》的人，是用《易经》来观察自己的"现状"，并了解其因果关系，以及可能的变化。

至于"现状"，自己心知肚明，何需占卜？

笔者五十岁以后，便很少用占卜来算命，不是不相信宇宙间的奥秘，而是生命既是无常，算了还是会再变，算准了也没有用。

至于生命中必然会发生的事，即使算准了也还是逃不掉，人算不如天算，既然如此就接受吧！

宇宙间有无尽的奥秘，与其用相不相信的态度，不如以信不信任的态度来面对它。

既然是命又何必担心，不如以游戏的眼光，来看它究竟会如何发生。

其实，《易经》是工具书，用来观察会发生的事。

观察宇宙、自然及人事的各种现象和变化，观察得到的，可以预知；观察不到的，只能怪自己才疏学浅，那就认命吧！

本书即是以这种观点，来探讨如何使用《易经》这个"工具"，用它来经营事业、经营生活、经营生命。

不过说穿了，这仍然是游戏，但或许可以协助读者活得较容"易"些。

大胆地用这种态度来诠释《易经》，自然会有粗陋和错误的地方，这是笔者才学不足的责任，先请学界先辈、专家及读者原谅，更希望能不吝指教，让笔者能在一贯喜欢冒险的创作生涯中，更为成熟。

仍然要感谢长年创业伙伴吴慈满小姐，奇德儿幼教事业的经营干部，各园所长、老师及所有的同人，由于他们的体谅和努力，让笔者能尽早处于半退休状态，可以当半个局外人来游戏人间了。

非常感谢笔者在文化界最好的朋友——远流出版公司的发行人王荣文先生，没有他的支持，在这么不景气的出版市场中，笔者便没有这么大的创作空间了。

远流出版公司编辑部的同人们更是笔者写作上最大的协助者，没有他们的专业，以笔者散乱的思考方法，就很难写出读者们看得懂的书了，他们的辛劳和努力，有时候比原创作者更有功劳。

更感谢长期支持我们的读者，没有你们的信任，容许笔者一再胡说八道，这支笔可能早已生锈了。

陈文德

目录

上 册

下　册

第十二章　圆融人生

第一章 认识《易经》

昔者圣人之作易也，将以顺性命之理。是以立天之道，曰阴与阳；立地之道，曰柔与刚；立人之道，曰仁与义。兼三才而两之，故易六画而成卦，分阴分阳，迭用柔刚，故易六位而成章。

——《易经·说卦传》

《易经》的三—三—三

了解变易、简易、不易的三大原则后，接下来便是《易经》的三个内涵：易象、易理及易数。比《周易》更基础的，还有两种《易经》，一种叫《连山易》，一种叫《归藏易》。

易者"变"也。变化包括有：

经常的变：例如春、夏、秋、冬，白天、晚上，生、死等，都属经常的变，可以完全预期，而且是逃不掉的。

关系的变：各种因果循环，可以较清楚地看出来，是可以分析、可以做某种程度预测的。

突变：突然的变化，违反一般的原理或通则，或许也有一定关系，但却不易观察到，比较不好预知的。

电影《侏罗纪公园》第一集，当专家们坐在吉普车上要到公园的途中，物理数学家以手背上的水滴，对女考古学家解释数学中的不确定原理。

由于车子在行进，手背上的水滴会前后流动，便是经常的变。

因为路不平，有些水滴会上下跳动，或往旁边跳，这就属于关系变。

但仍有极少数水滴会出现不合理的流动或不动或打转，这便是突变。

整部电影的理论基础，皆和此有关。

这也是《易经》要传达给我们的宇宙生命大道理。

生命无常的"变易"

《易经》的"易"有三大原则：一是变易，二是简易，三是不易。

变易是人生无常，不只是人生，整个宇宙都是无常。所有事物没有一件不在变动，即使恒星也不过是在银河系中不动而已，整个银河系仍是在动的。就好像你在地球上保持不动，其实地球在自转，又绕太阳在公转，所以就算你不动，但从整体观之，仍然在动。

在时空中，时间在动，空间也在动，没有一事、一物，也没有一种情况或一种想法是不变的，全部都一直在变。

希腊的哲学家便曾表示，我们不可能用同一只脚，踏入同样的水流中两次。

当那只脚抬起又放下去时，已经是不一样的水流了。

每分每秒中，我们都在变，细胞在新陈代谢，呼吸的气进进出出，环境也在变，想法、精神都不一样了，万事万物没有可以"维持现状"的。

《易经》便在告诉我们，没有恒常不变的东西，所有东西都在变，不管常变、互变（关系变）或突变，都是变。知道变而且能适应变的，便是高等智慧的人。

生命有生有死，国家有兴有衰，万物有存有亡，春夏秋冬、吉凶悔吝循环不断，看透了，有生必有死，生老病死，人之"常情"，就没有什么好担心，好强求的了。

"简易"是学习《易经》最重要的目的

易的第二原则是"简易"。

宇宙的变化非常复杂，人生更是无常，远远超越人类智慧所能认知的，这也是一切恐惧的来源。

我们总想去了解那些未知的，想知道那些还没有发生的，所以算命、卜筮、星相学充斥在变化多端的世界上，特别是对自己的人生经验和信心不足的年轻人，更想依赖这些神秘主义的指点。

这不能怪年轻人迷信，而是我们传统教育的结果——我们从未教导学生了解自己。他们了解最多的是大人的期待、要求，以及那些最不道德的道德规范，还有宗教大师的佛理、道理。但最不了解的却是自己，自然会陷入迷惑的陷阱了。

这并不是说神秘主义便是迷信，而是指对一切变易，知其然却不知其所以然的才是迷信。

知其然并知其所以然，更进一步还要理解其中的或然率，便是《易经》的道理。

根据阴阳二进位的道理，以爻来表示其本质，出现的八卦及六十四卦，便是将变化简单化了。所以"乾以易知，坤以简能"。

把卦象错综复杂的关系加以推论，再加上时间（时）、空间（位）的关系，每爻的发展及变化，爻的当不当位。一、三、五爻是奇数，阳当位，阴不当位。二、四、六爻为偶数，阴当位，阳不当位。除此之外，还要看本身的卦象，并不是当位就是好的。

易中有数，阴和阳，便是0与1，两种变化是为太极生两仪，"二"也就出现了，三爻成卦，三便有了，以此类推，数次、数量、数目就有千千万万了。

"位"便是空间。两点成一线，三线以上合为面，形也就出现了。形有"状"和"量"的各种变化。加上时间的发展，所有数学的原理都在其中。

《易经》中的"数"是相当重要的，是推算未知的基础。

把所有复杂的变化，用卦象及易数来推论，一切自然简化又有迹可循，便是简易。

简易可以看出无常中的"有其事必有其理"。原理、原则掌握了，就能知其然并知其所以然。

简易也是学习《易经》最重要的目的。

"不易"是修道者的指标

《易经·系辞上传》第十章："易无思也，无为也，寂然不动，感而遂通天下之故。非天下之至神，其孰能与于此。"

这是学习《易经》的最高阶段，理解所有变化与其精微，完全融合在这些变化的"本来面目"中，没有应然的思考或理想，也没有刻意的作为，心中寂然，如如不动，完全和宇宙变化的本来面目融为一体，这便是天下至神的状态了。

道家的无为、佛家的空无，都在探索这个"至神"的境界。

"无"者，无也，无思亦无为，便是禅学的"观止"工夫。

观者觉察也，随时随地觉察本来面目，便是在真相中。真相并不是"止"的，真相是活生生的，不断在变易的，随时体察那个变易，随其波、逐其流，便是如如不动，没有思想，没有刻意行为，随缘而动而安，便是不易，也是无常生命暴风雨中的"台风眼"。

由变易到简易，由简易到不易，绕了一圈回到原点，这个生命的圆圈，完全融合其中，寂然无为，便是圆融人生了。

傅翕（傅大士）《还源诗》中的"烦恼即菩提"，也是这层道理。

印度当代的大师克里希那穆提（J. Krishnamurti）便指示："任何一种企图改变自己的活动，都只能使情况更为恶化，因此真正的改变就是'如如不动'，真正的改变就是否定任何的改变。……真的有所谓改变这回事吗？只有在妄念完全止息以后，才能提出这个问题，妄念必须停止，如如不动的美才能出现。所有企图脱离'本来面目'的思想活动完全停止了，'本来面目'也就自然寂灭了。"

换言之，任何抗拒、摒弃或压抑"本来面目"的恐惧、混乱、贪婪、残暴，只会陷入更恶化的冲突情境，只有在痛苦及迷惑中保持完全的安静，整体观察所有痛苦的意念，彻底理解其原因，才能使本来面目的混乱自然消失。

这便是"烦恼即菩提"的道理了。

思考完全止息，也没有刻意改变的行为，所以"易无思，无为也"。寂然不动的心态，便是不易，亦是天下之至神矣。

"卦象"是暂停，让我们看清楚事件

了解变易、简易、不易的道理后，接下来便是《**易经**》的三个内涵：**易象、易理及易数**。

《周礼·春官疏》言："卦之为言挂也，挂万象于上也。"

也就是说《易经》的卦是把各种现象，假设暂停，挂在那儿，让大家看得清楚。

象者现象也，象是很大的动物，可以看得很清楚，所以用"象"做表征，也就是说这样子会看得比较清楚。

《易经·系辞上传》第二章，孔子写道："圣人设卦观象。"

用阴 --、阳 一，两个符号，将宇宙万物、人世间复杂的现象，简化地表示，让我们看得清清楚楚。

刚柔相推而生变化，阴为柔、阳为刚，是宇宙两大能量，阳为动能、阴为静能，刚柔间的相互变化，便出现各种现象。

《系辞下传》表示，卦的来源是"仰观于天，俯察于地，远取诸物，近取诸身"而画出来的。

☰为乾，也是天，天行健，是动能的根本，宇宙万物、星球运动是永远不停的。

☷为坤，象征地，故为厚德载物。宇宙的静能，使动能不致流散，凝为具体之物，可以养生万物。这种厚实的德行，安静、包容，生命力不断，是大地最伟大之处。

☲为离，也是火，也是日，是太阳的象征，亮丽中，内部有静能，火中不热，太阳内部有黑点、亮丽中必有分离的能量，是离卦之象。

☵为坎，也是水，也是月之象，水外观柔静，内在刚强，水流不断，积洪水之力则无坚不摧，柔中有刚是为坎。月满潮涨是月亮的磁场对水分的强烈影响，人的身体有百分之七十的水分，故月满时，人容易亢奋，是为坎月的现象。

其余 **☴为巽，为风；☶为艮，为山；☳为震，为雷；☱为兑，为泽**。不都是"仰观于天，俯察于地"所画出的卦象吗？

地球上的万事万物，包括动植物的成长变化，人体的生老病死，都与这些现象有关，是为"远取诸物，近取诸身"。

中医便是以《易经》八卦的刚柔相推道理来做诊断、下药及治疗的。

三爻成八卦，重叠为六爻，八八为六十四卦，可象征更广泛、更复杂的天、地、物、人之"象"了。

"易理"用以明吉凶，知得失

《易经·系辞上传》云："系辞焉而明吉凶，刚柔相推而生变化，是故吉凶者，失得之象也。悔吝者，忧虞之象也。变化者，进退之象也。刚柔者，昼夜之象也。六爻之动，三极之道也。"

每一种现象，必有其道理，变动中的现象，更有其因果循环的道理。

所以每一个卦象，都有"系辞"。"系辞"者，连系在卦上的文字也，用以说明其道理。

从这些道理中可以明白卦象中的吉凶，吉凶不是绝对，吉中有凶，凶中有吉，盛极则衰，否极泰来，所以失败为成功之母，成功亦为失败之母，天理循环，胜败互见。

其中的变化在于卦象中的刚柔相推之理。

人事变化不外吉凶悔吝。

吉者好也，利也，凶者坏也，害也，是得与失的现象。悔者麻烦也，有麻烦所以后悔。吝者挫折也，有挫折自然要吝啬、保守些。所以悔吝是忧与虞（从容）的现象。

刚柔能量相互影响而有变化，变化者有进有退，荣辱相生，成败互见。

刚柔的能量，出现白天和晚上之现象，日出、日落如同人心的消极、积极，循环出现。

六十四卦由六爻组成，上两爻代表天德，中两爻代表人事，下两爻代表地象。天、人、地是为三才，所以六爻是三才推演的道理，称为三极之道。

这些易卦的道理，分成四种：

（1）卦辞

（2）爻辞

（3）彖辞

（4）象辞

每卦下均系有一辞，称为卦辞，六十四卦的卦辞相传是周文王所写的，也有人说是周公旦写的，甚至有人认为伏羲氏作八卦时，已有卦辞。

爻辞，每一卦有六爻，爻者交也，也就是十字架的空间和时间，包括宇宙的各种变化。六爻交杂变化成一卦，第七爻必变另一卦，所以西洋也有 Lucky 7 的说法，逢七必大变也。

爻辞便在解释这些变化的意义，每爻必有一辞，据传是周公旦承续文王之志作成的。

象辞是大而明显地对卦做一个示意的说明，象是古代体积庞大、力气又大的动物，所以"明其大时"，便以象做代表，让读者看得比较清楚。象辞是描述卦的现象所用的文字，相传为孔子所作。每卦有"大象"，每爻有"小象"。

彖辞，彖念 tāo，也有念 tuàn，彖是断语，也就是对卦所代表的事做结语及判断。彖也是古代的一种动物，相传可以用牙齿咬断铁器，所以便以这种动物来做断语的代表。

《易经·系辞上传》上说："彖者，言乎象者也。"现象出现了，必须加以判断，才能决定如何动作，这便是彖辞的智慧。《易经》不只讲了解，而且讲行动，要知行合一，才能真正面对世间无常变化的吉凶悔吝。

"易数"是客观的推算

"易"是不断的变动，在各种动态中，其长短、大小、深浅，有时间、空间、形状、方位的不同，乃至于分量程度配合层次等的差别，这便是易数的问题。

《易经·系辞上传》中，孔子写道："天一、地二、天三、地四、天五、地六、天七、地八、天九、地十。天数五、地数五。五位相得，而各有合。天数二十有五，地数三十，凡天地之数五十有五，此所以成变化而行鬼神者也。"

这便是一到十的基础数关系，奇数为天、偶数为地，奇数相加二十五、偶数相加三十，一到十总数为五十五。这些一到十的基础数，满十进位，十进、百进、千进、万进、十万进、百万进、千万进、亿进……以至于无限。

易数的本体，其实只有 0 与 1，也就是阴和阳，变化不是阴，便是阳，是 0 与 1 的二进位。

二只是"用"，也就是有 0 与 1 这两个变数，由这个二便可推演至无限。

　　"数往者顺，知来者逆"，这句话是指推算将来和过去。数往是向前推，从一二三四五六七八九十……一路推算下去。如果想知如何演变而来，则以逆数推算：三从二来、二从一来，这便是逆数。

　　此外，易数中还有方位学的数，由能量的分布，卦象的位和数，分为先天卦及后天卦两种。

　　伏羲先天八卦的方位与顺序请参见图1-1。

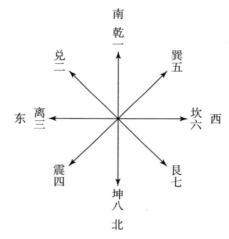

　　图1-1　伏羲先天八卦方位及能量分配图（相对两卦合数皆为九）

　　伏羲的先天八卦图为乾一、兑二、离三、震四，称为左旋，右边开始则为巽五、坎六、艮七、坤八，也便是所谓的天道左旋，地道右转。地球绕太阳是向左转动，而地球的自转则是右转，似乎伏羲时代，画易卦方位者，已明白这个天文的大道理了。

　　周文王演八卦位，以后天变化观察能量分配，见图1-2。

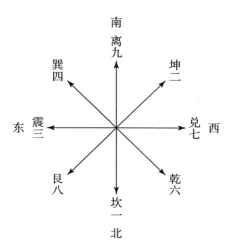

图1-2　周文王后天八卦方位及能量分配图（相对两卦合数皆为十）

先天卦相对的卦数总合为九，后天卦相对的卦数总合为十。

这便是先天卦用九，后天卦用十的说法。

但若以中数为五则成图1-3，即所有数相加均为十五。

图1-3　中数为五的均衡方位（各行列相加均为十五）

《易经·系辞上传》中孔子又写道："大衍之数五十，其用四十有九，分而为二以象两，挂一以象三，揲之以四以象四时。"

又说："乾之策，二百一十有六；坤之策，百四十有四，凡三百有六十。"（农历一年有三百六十天）。

这些易数可用以知天时及地利，并由其间推算人事现象的变化，后文篇章中有较详细的说明，不再赘言。

《连山》《归藏》《周易》三部曲

《周礼·春官太卜》掌三易：一曰《连山》、二曰《归藏》、三曰《周易》。

《易经》有六十四卦，是由周文王重叠八卦，三爻成六爻，成为：

$$(A+B)^6=A^6+6A^5B+15A^4B^2+20A^3B^3+15A^2B^4+6AB^5+B^6$$

$$1+6+15+20+15+6+1=64$$

用六十四种卦象来观察及诠释宇宙和人文的各种变化，这部《易经》又称为《周易》。

目前一般人谈论的《易经》，甚至于卜卦算命的，都是以这部《周易》为根本。

其实比《周易》更基础的，还有两种《易经》，一种叫《连山易》，一种叫《归藏易》。

孔颖达指出《连山易》是神农氏所作。郭雍却认为《连山易》是夏朝时才通用的，并且是大禹时才完成的。葛寅则主张《连山易》的基础便是伏羲的先天八卦，也就是说伏羲画卦象时，已完成了《连山易》。

据传《连山易》有八万言，**其卦以纯艮为首，艮为山，以山为主，来观察天时地利各种关系及变化，故称"连山"。**

伏羲氏为游牧民族，活动范围广大，其"仰观天，俯察地"，以山为标的，连系天地之变化，形成《连山易》，有如一部巨形的电脑，用以观察宇宙自然的现象。

神农氏为农业民族，承袭伏羲氏智慧，在土地划分的功能及开发的计划上，《连山易》自然有其功用。

大禹治水时，最重要的是天时、地利的了解，并掌握其变化，《连山易》便是一项重要工具。后来大禹更根据先天八卦的用九之象，将当时国土分为九州作为治理的根本。

《归藏易》相传是黄帝所作，朱元升云："《归藏易》，黄帝演伏羲《连山易》而作。"

显然《归藏易》是《连山易》的改良作品。

《山海经》云："黄帝得河图，商人因之曰归藏。"也就是《归藏易》创于黄帝，通行于殷商时代。

《归藏易》以坤卦为首，以地为中心，注重地的方位。

据传《归藏易》已有八卦的重卦，成为六十四卦了。但由于经文已失传，无法考据。

归藏者，龟藏也，亦即将易的变化注明于龟壳上，小而精致，以便携带。

黄帝由南北征炎帝（神农氏），大战于阪泉之野，再和蚩尤大战于涿鹿，据说还发明了指南车，以大破蚩尤的迷雾战术。

远征军转战各地，带着巨形的《连山易》自然不方便，但地利及天时又是客军最重要的资料，藏之于龟背上，的确是了不起的智慧。

黄帝成为共主后，管辖的地区极大，据传他一辈子东奔西走，观察并规划各地的管辖方式，《归藏易》对他自然是相当有助益的。

殷商源于"鸟图腾"族，其祖先契之母吞玄鸟蛋而生契，象征其是鸟族——有巢、有扈、有虞的后代，秦国的祖先也属于此族群。

鸟图腾族文明发展甚早，由于故居于多洪患的黄河下游，因此其族群以渔盐之利及贸易行商为主要生活方式，到殷商时代尤为盛行，所以殷商王朝经常迁移京城，和他们的行商式文明似乎有关。

后代称生意人为商人，也应本于此。

举例来说，总公司可以用大型电脑，但经常在外跑的业务专员自然要用笔记型电脑，而且愈小愈精致愈好，《归藏易》自然更合乎殷商人的需要了。

商人重风水、重方位，所以《归藏易》以坤卦为首。

《周易》名称的由来，有人认为是周文王所演之易，故称《周易》。有人认为是如同《周书》《周礼》等冠之以周字，以别于其他的两种易。

但文王又为何以其国称之为"周"呢？

《周易》以乾卦为始，未济为终，象征天地变化"周而复始"，故明示易道为"周"。

天行健，君子以自强不息，周而复始，循环不断，便是"周"的真意。

孔子在《序卦传》中表示："有天地然后有万物，有万物然后有男女，有男女然后有夫妇，有夫妇然后有父子，有父子然后有君臣，有君臣然后有上下，有上下然后礼义有所错。"

《周易》的意义含括了天时、地利、人和，伦理纲常因而确立，含括了整体的时空变化，便是"周"。

换言之，《周易》不只有《连山》《归藏》的自然科学（天地变化），还有完整的人文科学（政教之所生）。

《周易》也因而比《连山》《归藏》更为进步而实用。

卦之象——八卦及六十四卦

为了能用八卦来观察更多的宇宙及人生现象，周文王演易时，特别将八卦重叠成为六十四个重卦，也就是由（A+B）的三次方，成为（A+B）的六次方。

卦者挂也，就是挂在那儿的现象。

易之不断的动，动到某种现象，暂时将它停住，挂在那儿（其实是不可能停的），让大家看得清楚些。

卦必有其时间性，时间到了，卦也变了。不论三爻卦或六爻卦，便是用以代表时空方位交互变化的。

八卦是宇宙间的八种基础现象。但它的变化是来自阴阳，所以"一阴一阳之谓道"。

有生于无，无极生太极，是由于"存有"的阳动了，是以阳为1，动必有止，止为静，为阴，为0，是以太极生两仪，有阴有阳，**用 -- 及 一 的符号来表示，也是0与1的二进位变化。**

阴极阳生，阳极阴生，故两仪生四象。

⚏ 称老阴，⚎ 称少阳，为阴中新生之阳。⚌ 为老阳，⚍ 为少阴，阳中新生之阴。

老阳、老阴、少阳、少阴为四象。

四象生八卦。老阴生 ☷ 及 ☶，是坤及艮，艮卦之阳为新生之阳，故称少男。

少阳生 ☴ 及 ☵，是巽及坎，巽卦之阴为原始之阴，故巽为长女，坎卦之阳为四象之阳，故坎为中男。

老阳生 ☰ 及 ☱，是乾及兑，其中兑卦之阴为新生之阴，故兑为少女。

少阴生 ☲ 及 ☳，是离及震，离卦之阴为四象之阴，故离为中女。震卦之阳为原始之阳，故震为长男。

乾为天，为父；坤为地，为母；离为火，为太阳，也为中女；坎为水，为月，也为中男；震为雷，为长男；巽为风，为长女；艮为山，为少男；兑为泽，也可代表海洋、河流，为少女。

先天八卦是以中国为本位的地理规划

《说卦传》中，孔子写道："天地定位，山泽通气。雷风相薄，水火不相射，八卦相错。"

伏羲先天八卦的方位图见图1-4。

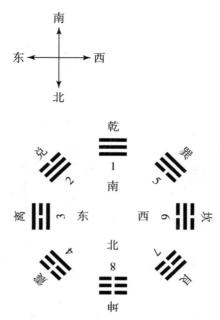

图1-4　伏羲先天八卦方位图（左上为一般平面方向图）

先天八卦是宇宙的现象，南部热，北部冷，南部动能多，故以乾卦为位，北部静凝，故以坤卦为位。

《易经》是动能，故讲求"向"，乾坐北朝南，坤坐南朝北，故在平面图，乾南在北，坤北反在南。

相同的，坎坐东向西，位东，离坐西向东，位在一般的西，以此类推兑向东南，震向东北，巽向西南，艮向西北。

先天八卦，若把中国的地形图拿来比对，就更清楚了。伏羲画八卦是以中原为本位，试依艮、兑、震、巽四个卦的位置来看：

艮卦在西北，中国的西北高原多高山，艮卦即代表山。

兑卦在东南，中国的东南是大海，而且东南方也多大湖泽。

巽卦在西南，代表风，中国西南边陲的云南省，以风大闻名。

震在东北，中国东北多震雷。加上南方热，为乾动能，北方冷，为坤静凝，太阳东升，月从西下。这个八卦便是以中国地理地形为本位画成。

天向左转，是以乾一、兑二、离三、震四，地向右旋，故巽五、坎六、艮七、坤八。从一到八画成线条，便可出现太极八卦图的黑白鱼线条，见图1–5、图1–6。

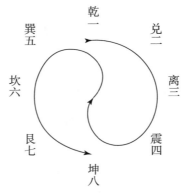

图1–5　先天卦的顺序为太极八卦图的基础形（反太极线条）

图1–6　太极八卦阴阳图

后天八卦是根据后天的人事画成

周文王重新演八卦，位置不一样，数位也不一样，见图1-7。为什么这样，值得仔细研究。

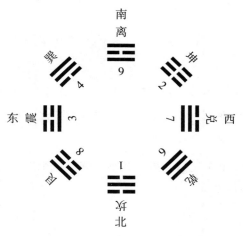

图1-7　周文王后天八卦方位图

后天八卦图的安排为：

南方烈日炎　为离火　主夏

北方水结冰　为坎水　主冬

东方森林多　为震木　主春

西方富矿金　为兑金　主秋

震居东方　万物始生　帝出乎震　创业

巽居东南　万物生长　齐乎巽　准备

离居南方　万物俱形　相见乎离　开幕

坤居西南　万物所受　致役乎坤　等待

兑居西方	万物结果	说言乎兑	首次交易
乾居西北	万物奋起	战乎乾	业务展开
坎居北方	万物收藏	劳乎坎	拼命努力
艮居东北	万物有成	成言乎艮	初步成就

至于后天八卦的卦数，周文王显然直接采用了《洛书》的数理逻辑。

相传大禹治水时，有神龟负文列于龟背，出现在洛水，有数至九，大禹因而第之（排顺序）以成九类（**大禹画天下为九州而治理，可能和中国的水利有关**）。

可见《洛书》之数，可能和水利的能量相关，而此能量会影响人类的生活形态。

《洛书》上数的分配是"戴九履一，左三右七，二四为肩，六八为足，五其中"。

以奇数为白点，偶数为黑点，可画出此一图形，见图1-8。据传在龟背上的即此一图形。

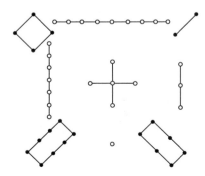

图1-8　洛书上数的分配（白子表奇数，黑子表偶数）

从位置来看，一三五七九等奇数（白点），位在四正方及中央；二四六八等偶数，排列在四隅，可见《洛书》的能量分布，是阳数统领阴数。

为何会如此排列？《洛书辨》上解释道："基础仍在四象，一是老阳 ═ 之位，九为老阳之数，故一与九对；二为少阴 ══ 之位，八为少阴之数，故二与八对。三为少阳 ══ 之位，七为少阳之数，故三与七对；四为老阴 ══ 之位，六为老阴之数，故四与六对。"

后天八卦，也就是《洛书》的数位，来自地球能量的形成，其来源之数阵变化见图1–9，可做推理衍数的基础。

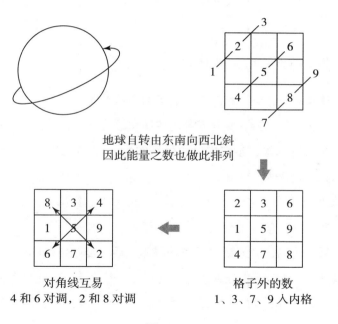

地球自转由东南向西北斜
因此能量之数也做此排列

对角线互易
4和6对调，2和8对调

格子外的数
1、3、7、9入内格

图1–9

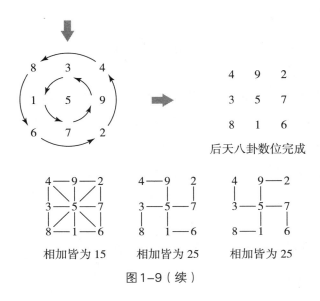

后天八卦数位完成

相加皆为 15　　　　相加皆为 25　　　　相加皆为 25

图 1-9（续）

先天体九，后天用十

伏羲先天八卦，相对两卦的相加和数是九。

文王后天八卦，相对两卦的相加和数是十。

先天讲本体，宇宙本体的最高数为九，九则多也，可衍生无限的数。是以用九则用最多也，中国文化常以九为最高数，九五之尊为最高层峰之意，《孙子兵法》的《九地》及《九变》虽有九之数，其实是奇正相生，变化无穷也。

后天讲用，先天卦是宇宙的根本，后天卦是宇宙的起用，用之数是十。无极生太极为一，有动有静，是零与一，无极和太极，故为二，是用之数，二可以推到九，为最高数，十则回归为一，绕了一圈，是为圆满。

每只手有五指，合掌，双手五指并合是为合十，代表圆融。

北纬的三百六十度，在南极和北极，也回归零度，最大即最小，归零则圆满，这就是佛家常说的"回到家了"。

生于无、死于无，两手空空来，也空空走，不留下半点意念，不带走一片云彩，便是十，绕了一圈回到原点，便是圆融，和真相融合为一。

六十四卦的来源

为了能用八卦来观察更多的宇宙及人生现象，周文王演易时，特别将八卦重叠成为六十四个重卦，也就是由（A+B）的三次方，成为（A+B）的六次方。

乾卦——☰重叠成䷀，仍称乾。

坤卦——☷重叠成䷁，仍称坤。

离卦——☲重叠成䷝，仍称离。

坎卦——☵重叠成䷜，仍称坎。

震卦——☳重叠成䷲，仍称震。

艮卦——☶重叠成䷳，仍称艮。

巽卦——☴重叠成䷸，仍称巽。

兑卦——☱重叠成䷹，仍称兑。

为何重叠成六爻？主要是因为**易的变化有主观条件，也有客观条件，特别是有关人事部分。上卦为外卦，代表客观，下卦为内卦，代表主观。**

变化时主客观必须能协调，所以第三爻及第四爻最重要，处于内外的交杂变化关键。这两爻若不对位，便称为不三不四。

即使以现代的科学知识，仍是逢七必有大变，宇宙间之事，物理的、电子的、原子的都只有六个阶段，第七变会进入另一个层次。

西洋文化中也有 Lucky 7 的说法，七是个大变之数。

《易经》的第七爻变，被称为离魂卦，也就是离开卦象的本体，成为另一种"象"了。有动必有静，第八爻变，称为归魂卦。这一动一静的卦象，也是相当重要，如果变了以后不对位，便是乱七八糟了。

六十四卦来自八卦，除了原本八卦的重叠卦象外，其他的五十六卦，也来自八卦，也就是所谓的分宫卦象。

以乾卦为例，乾为天☰，第一爻变，成为☴天风，称为姤卦。第二爻变，成为☶天山，称为遁卦。第三爻变，成为☷天地，称为否卦。第四爻变，成为☷风地，称为观卦。第五爻变，成为☶山地，称为剥卦。

若第六爻变则成为☷坤，属另一种卦象，所以第六爻变时，也就是第七变卦的游魂卦，是由外卦的初爻变回来，成为☲火地，称晋卦。第八变卦是归魂卦，即内卦诸爻全变回来，成为☲火天，称大有卦。

乾卦的分宫除本卦乾☰外，属于乾卦变易出来的有姤☴、遁☶、否☷、观☷、剥☶、晋☲、大有☲等七卦，一共有八种分宫序卦。

以此类推，坤卦的分宫卦象次序为：

☷坤为地、☷地雷复、☷地泽临、☷地天泰、☳雷天大壮、☱泽天夬、☵水天需、☵水地比等八卦。

离卦的分宫卦象次序为：

䷝离为火、䷷火山旅、䷱火风鼎、䷿火水未济、䷃山水蒙、䷺风水涣、䷅天水讼、䷌天火同人。

坎卦的分宫卦象次序为：

䷜坎为水、䷵水泽节、䷂水雷屯、䷾水火既济、䷰泽火革、䷶雷火丰、䷣地火明夷、䷆地水师。

震卦的分宫卦象次序为：

䷲震为雷、䷏雷地豫、䷧雷水解、䷟雷风恒、䷭地风升、䷯水风井、䷛泽风大过、䷐泽雷随。

艮卦的分宫卦象次序为：

䷳艮为山、䷕山火贲、䷙山天大畜、䷨山泽损、䷥火泽睽、䷉天泽履、䷼风泽中孚、䷴风山渐。

巽卦的分宫卦象次序为：

䷸巽为风、䷈风天小畜、䷤风火家人、䷩风雷益、䷘天雷无妄、䷔火雷噬嗑、䷚山雷颐、䷑山风蛊。

兑卦的分宫卦象次序为：

䷹兑为泽、䷮泽水困、䷬泽地萃、䷞泽山咸、䷦水山蹇、䷎地山谦、䷽雷山小过、䷵雷泽归妹。

六十四卦的方圆图

《易经》是部工具书，配合上五行变化、天干地支便可用来做天时、地利更详细的观察，这便是所谓的《易经方圆图》，有关配合变化部分，留待第二篇说明，这里先来探讨方圆图形成的道理。

古人讲"天圆地方"便是这个方圆图，很多人认为中国人不科学，以为地是方形的，其实这是大误解，早在春秋时代，道家及阴阳家便知道地球表面是弧形的，儒家的曾参亦有地圆之说。所以这个地"方"是方位的"方"，也就是空间的意思。

圆图象征宇宙的时间变化，亦即太阳系的运行法则，方图则是地球的空间位置，亦即所谓的方位。

方图的右下角为乾，在伏羲先天八卦数中，乾为一，往上排成斜线向左上角延伸，成为：

坤八

　坤七

　　坎六

　　　巽五

　　　　震四

　　　　　离三

　　　　　　兑二

　　　　　　　乾一

《易经》卦位是由西北向东面偏斜，也应了地球的磁场向东南偏斜的现象。

乾卦☰以双数位表现是11，乾卦上方（《易经》南方）则为12，也就是☱天泽履，以此类推，履之上为13☲天火同人，再上为14☳天雷无妄，再上为15☴天风姤，再上为16☵天水讼，再上为17☶天山遁，最上为18☷天地否。

乾卦的左边平行方面，则是上卦变化，亦即21，也就是☱泽天夬；其次为31，即☲火天大有；41，即☳雷天大壮；51，即☴风天小畜；6 1，☵水天需；7 1，☶山天大畜，8 1，☷地天泰。

列图表示，即为图1-10：

```
否                                        坤
1                                         8
8                                         8

遁                                        艮
1                                         7
7                                         7

讼                              坎
1                              6
6                              6

姤                    巽
1                    5
5                    5

无妄          震
1            4
4            4

同人    离
1      3
3      3

履    兑
1    2
2    2

乾    夬    大有    大壮    小畜    需    大畜    泰
1    2     3      4      5     6     7     8
1    1     1      1      1     1     1     1
```

图1-10

以数字补满整个方图，则为图1-11。

否	萃	晋	豫	观	比	剥	坤
1	2	3	4	5	6	7	8
8	8	8	8	8	8	8	8

遁	咸	旅	小过	渐	蹇	艮	谦
1	2	3	4	5	6	7	8
7	7	7	7	7	7	7	7

讼	困	未济	解	涣	坎	蒙	师
1	2	3	4	5	6	7	8
6	6	6	6	6	6	6	6

姤	大过	鼎	恒	巽	井	蛊	升
1	2	3	4	5	6	7	8
5	5	5	5	5	5	5	5

无妄	随	噬嗑	震	益	屯	颐	复
1	2	3	4	5	6	7	8
4	4	4	4	4	4	4	4

同人	革	离	丰	家人	既济	贲	明夷
1	2	3	4	5	6	7	8
3	3	3	3	3	3	3	3

履	兑	睽	归妹	中孚	节	损	临
1	2	3	4	5	6	7	8
2	2	2	2	2	2	2	2

乾	夬	大有	大壮	小畜	需	大畜	泰
1	2	3	4	5	6	7	8
1	1	1	1	1	1	1	1

图1-11

排成卦象图则为图 1-12：

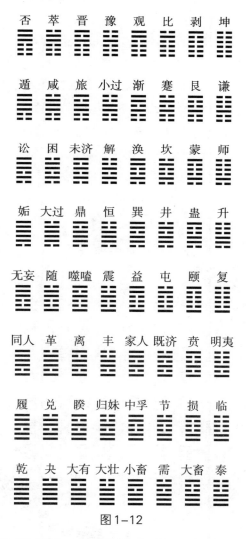

图 1-12

方图代表空间方位，圆图则代表时间，方圆图配起来便可掌握时空变化的因果关系，用以推算可能发生的事。

圆图的上方（南）仍为乾、下方（北）仍为坤，此"天地定位也"。

乾卦往左旋，顺着左边平行卦，即乾、夬、大有、大壮次序排下来，排完乾卦的平行卦，便往上提到兑卦的平行卦，即履、兑、睽……排完后再往上排离卦的平行卦，最后排震卦的平行卦，最后一个卦为复，正好排在坤卦的左方，从乾到复共为四八三十二卦。

接着也由坤卦旁左转上来，坤属地，地右转，故由坤卦由左往右排，即剥、比、观……排完排艮的平行卦，谦、艮、蹇、渐……接下来排坎卦的平行卦，最后排巽的平行卦，最后一卦为姤，正好在乾卦右边，由坤到姤也是四八三十二卦，见图1-13。

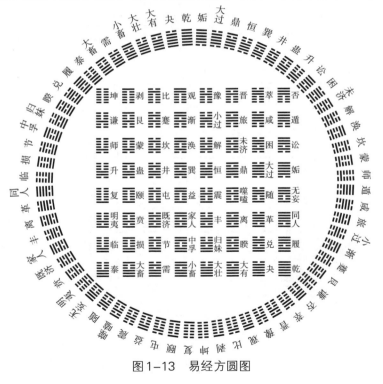

图1-13　易经方圆图

这个方圆图在探索所有空间及时间的互动关系，印度教徒及佛教徒都把这种关系视为宇宙的规律，亦即"业"的规律。

有关其中的科学面，将在第二章中另作讨论，最后引用大陆学者雷铎对方圆图的诠释，作为本章的结语：

> 由于《易经》有透过变化产生动态模式的观念，因此它在东方思想中大概和 S 矩阵理论最为接近。这两个系统中都是强调事件而不是物体，都主张通过变化来把握事物的本质。不应该把这种变化看成是强加于物理事件的基本定律，而应该看成是一种内在的倾向，它的发展是自然的，自行地发生的。

错综复杂——不要"挂"在那里

《易经》的基本原理是变易，学《易经》的目的便在观察其"变"，所谓的卦其实是不存在的，为了看清楚"变化"的情形，假设其暂停，便是卦。

《易经·系辞上传》第一章写道："是故刚柔相摩，八卦相荡，鼓之以雷霆，润之以风雨，日月运行，一寒一暑。"

《易经》是爻为阴阳的小象，爻者交也，表示宇宙现象都是交杂在一起的，是以一阴一阳之谓道。

阳：━是刚之爻，阴：╌是柔之爻，是谓刚柔相摩，相互交杂摩擦，故能产生动能。

相荡者，就如同在荡秋千或空中飞人式的，你荡过来，我荡过去，八卦是不断交互变化的。例如坎卦荡到离卦之下，则为☲☵火水未济，荡到上面则为☵☲水火既济，兑卦荡到巽卦之上，则为☱☴泽风大过也。

大自然的变化法则

刚柔相摩，八卦相荡，动能经摩擦而产生，就会发电，发电则成为雷霆，打雷以后，便会产生气流，带动水蒸气，然后就会下雨。

八卦中的震为雷，巽为风。

鼓是动能强化，鼓涨之意，大自然的创始是鼓之以雷霆，能量充沛膨胀，其间产生电能，电能带来气流，集结大量云气是宇宙星辰的创始。

最近美国天文学家公布了一则星球创始时的宇宙现象，只见大量云层集结，显现生命的开始，的确是"鼓之以雷霆，润之以风雨"。

以人类而言，必须谈到地球的物理，也就是地球本位的文化。地球物理最重要的法则，便是太阳系的原理，日月运行，一寒一暑。

太阳及月亮的运行，使地球的物理现象产生了变化，地球绕太阳及月亮绕地球均是逆时针方向，地球自转则是顺时针方向，是谓天道左旋，地道右转，两种不同方向的转动，维持了太阳系运转的和谐，才不会发生相撞的现象。

相反的转向，使太阳照射地球的角度发生了变化，因而有寒暑四季的产生，原则上四季的变化只有冬和夏，春天是冬天变夏天的过程，即由寒到暑的中介时段，秋天则是暑转寒的中介时段，所以地球物理文化的法则便是日月运行，一寒一暑了。

手中乾坤，掐指一算

由于刚柔相摩，八卦相荡，是宇宙变化及六十四卦形成的道理，所以只要掌握八卦的变化，便可以知天地料人事了。

古人便将后天八卦，放到左手的手指上，排成如图1-14的样子。

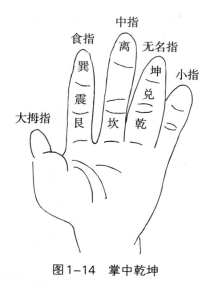

图1-14 掌中乾坤

无名指的根节上放乾卦，中指的根节上放坎卦，食指的根节放艮卦；无名指的中节放兑卦，中指的中节为中宫放"空"，食指的中节放震卦；无名指的尖节放坤卦，中指的尖节放离卦，食指的尖节放巽卦。

这样便可将宇宙的变化大法则放在手指上，荡来荡去了，如同把一副推算的仪器放在手中，多么方便！这也就是所谓的掌中乾坤了。

懂得八卦变化，配上后天八卦的易数，如果学得更深，也可将五行生克变化、天干地支的法则运用其中，掐指一算，便可得天地人事间的所有变化了，小说里诸葛亮的"算甲子"便是这个道理。

如果能配上《易经》二进位的数理逻辑，其科学的运用价值更高。

由于后天八卦的数，和《洛书》的方阵相同，隐藏宇宙能量均衡的诸多秘密，若能熟记之，在《易经》推算上的运用将可更有心得。见图1-15。

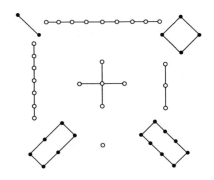

洛书方阵图（白子表奇数，黑子表偶数）

坤 二	离 九	巽 四
兑 七	五	震 三
乾 六	坎 一	艮 八

后天八卦数位方阵

图1-15

南怀瑾老师特别介绍一种古代记诵后天易数的方法，可供大家参考："一数坎兮二数坤，三震四巽数中分，五寄中宫六乾是，七兑八艮九离所。"

错和综——相对和正对

《易经》的基本原理是变易，学《易经》的目的便在观察其"变"，所谓的卦其实是不存在的，为了看清楚"变化"的情形，假设其暂停，便是卦，犹如将电影画面停格，将变化的现象暂时挂在那儿，可以看得清楚仔细一点。

所以卦是假设的，是种暂停现象，真正要去了解的是其中的变，所以学习《易经》和卜卦论象时，千万不要"挂"在那里。

变有顺变有逆变，顺往逆来，预知顺往顺数之，使现状亦必有其因果，知所以来，推所以往时便可更清楚些，所以顺往逆来都必须知道的，这便是所谓错综复杂的道理。

综者综卦也，立场不同时，卦象也不同，从不同的立场看卦象，更为客观些。

错者交错也，狗的牙齿都是交错的，所以特别有力量。立场相同，看法却不同，便是相错，相错者相辅则相成，相背时则力量抵消。

综卦者，把卦象倒过来看。

例如姤卦是☰☴天风，倒过来便成为☱☰泽天夬，姤卦和夬卦是相综，也就是相对立场的卦象。

姤者遇也，不断有不期的相遇，是谓邂逅。

对付这种现象，最好能当下决定，水来土掩，兵来将挡，快刀斩乱麻，是为夬。

所以姤和夬是相综的。

☱☶泽山咸的综卦为☳☴雷风恒，也就是说咸卦和恒卦是相综的，是相对的，由于咸，才有恒，由于恒，才能咸。

咸者无心之感，无私心的感应，自然能恒了。

恒者久之意也，能恒者必然有真正的感应，是为咸。

综卦者观察其不同立场的相互关系，很多卦象的原因皆来自这层关系。

六十四卦中，有八个卦象是绝对的，无论怎么看都一样，这八个卦是乾卦，乾☰者天也，怎么看都是天。坤卦，坤☷者地也，怎么看都是地，其卦象是独立而自发性的。其余还有坎卦☵、离卦☲、泽风☴大过卦、雷山☶小过卦、山雷☶颐卦、风泽☱中孚卦属于绝对卦，其余五十六卦则皆有其相对性。

立场相同，目标不同是为错。例如乾☰和坤☷，天和地同时存在，但风格正好相反。

离☲与坎☵，也是一样，火水虽相反，但也有相辅相成之效。

☴天风姤的错卦则是☳地雷复，姤表示有相遇的机会，抓住机会，也有复的可能。复卦开始后，偶遇的机会也将较多。

☶泽山咸卦的错卦是☶山泽损，损己利人则有咸，损人利己则无咸，损和咸间有交错关系。

☴天风姤的错卦是☳地雷复，但复的综卦则为☶山地剥，剥的错卦则为☱泽天夬，夬的综卦却为☴天风姤，其中便有错综复杂的关系。

互卦——事件内部的交杂关系

事起必有因，有些因晦昧不明，不小心看便看不出来，但对卦象的起源及可能的未来变化，却有着非常重要的影响，不可不预先观察到，这便是所谓的交互卦。

交互卦共有两爻，内卦的第二及第三爻，成为第一及第二爻，加上外卦的第一爻（即第四爻），成为内卦，为第一爻。

内卦的第三爻为第一爻，加上外卦的第一爻（即第四爻），和外卦的第二爻（即第五爻），成为外卦，是为第二爻。

以火雷噬嗑☲为例，交互卦的内卦为☶山，外卦为☵水，形成☵水山蹇卦。所以要噬嗑，是因为有蹇，有阻碍，陷在那儿，是以要除弊，噬嗑者除去弊也，亦即将第四的阳爻去除掉，便能成为☶山雷颐。

但水山蹇☵的交互卦，则是☵为内卦，☲为外卦，成为☲火水未济，所以有蹇，以事有未济，必须重新开始，《易经》中未济是最后一卦，故必须回到第一卦的☰乾卦，用乾的精神来对付蹇，阻碍自然会有除去的一天。

世事无常，纠缠不清，很多因素从表面上看不出来，所以交互卦中隐藏的变化是相当重要的。

除此之外，还可以观察交互卦中的主客观因素，交互卦中的内卦，由原本卦之第二、三、四爻组成，交杂的因素为内卦二、外卦一，是属主观卦象，如前面的蹇卦，内卦为坎，表示意志较强，但实力未成熟，外卦为原本之第三、四、五爻组成，是离卦，为火，表示客观情势已成熟，主客观明显不协调，故有蹇卦的阻碍。是以得以坚定忍耐的态度，以等待下一个机会。

综、错、互卦，使卦象中彼此有复杂关系，若再加上对各卦象数位的理解，六十四卦可发展出无数的卦象，变化更是牵一发而动全身，是以《易经·系辞上传》中，孔子写道："参伍以变，错综其数，通其变，遂成天下之文；极其数，遂定天下之象。非天下之至变，其孰能与于此。"

所以学《易经》的人，要懂得从多方面来看卦象，多站在对方立场观察，多从不同意见者的观点来做思考，了解彼此交杂的关系，而不是一味执着自己的立场或自己的理想，这样子只会制造更多冲突，是无法真正通"天文地理"之变化的。

宇宙是永远在动的

前面已经说过，宇宙中所有的事象都是不停运转而变化的，所以了解其运作现象的，称为"易"。

"易"中的卦象是假设的暂停现象，所以每一个卦象及其变化其实都是"动态"的。每一个爻都不停在动，所以卜卦时，也有卜其动爻的，称为"之卦"。

之者去也，之卦便是卦象变的方向，可以观察动到哪一爻了。

以乾卦为例，若动爻在第三爻，有人称为乾之履卦。

因为三爻动，阳转阴，成为☰☱天泽履。

若以龟背纹卜可能出现两个以上的动爻，若第二、第三爻皆动，则成为☰☳天雷无妄。

这时候，本卦是乾，之卦是履，所以要以乾的精神，朝履卦进行。

乾的卦辞是："元、亨、利、贞。"其象曰："天行健，君子以自强不息。"彖辞曰："大哉乾元，万物资始，乃统天。"

有关这方面的解释，留待第四篇详做说明，在此只表示如何来观察卦中的现象及意义。

由于动爻在第三，所以必须看第三爻的爻辞："九三，君子终日乾乾，夕惕若厉，无咎。"小象（第三爻之象辞）曰："终日乾乾，反复道也。"

也就是说第三爻动，是乾内卦精神的发挥，终日都需把握乾"天行健"的精神，早晚警惕。虽然辛苦，但可以没有麻烦或过错。

这便是履卦的精神了。

履的卦辞是："履虎尾，不咥（噬）人，亨。"彖辞的解释曰："履，柔履刚也，说，而应乎乾，是以履虎尾，不咥人，亨。"

第三爻为奇数，属刚，但现在变为阴，是以不对其位，故是以柔履刚。换言之以较温柔的地位，去执行刚强的任务，态度温和悦人，但必须有乾卦的意志力，如同踏在虎尾上，虽危险，但只要警觉，不会被咬伤，仍可保住亨通之卦象。

所以，之卦必须用所有可能变化的观点来做全盘观察，便可明了应有的处事态度了。

顺往逆来观察卦变

古人以善易者不卜。因为自己的卦象，只要客观而仔细地观察，根本心知肚明，何须卜筮。

但重点是动爻，即是之卦。

每一个爻都有爻辞及小象，可借此观察动爻的现象。但每一爻动，必有之卦，也就是变动方向的卦，例如乾卦的初爻动，为天风姤☴，二爻动为天火同人☲，三爻动为天泽履☱，四爻动为风天小畜☴，五爻动为火天大有☲，六爻动为泽天夬☱。

动中必有次序及因果。如果动爻是三，则前因为一爻动的姤及二爻动的同人。未来的变化，可能会有四爻动的小畜、五爻动的大有及六爻动的夬。

这样的之卦，称为本卦动，即是观察本卦的动能及其次序。本卦仍是乾，只观察乾中的爻动及隐藏的现象。

但若以分宫卦象的变动次序则又不一样了。

仍以乾为例，第一爻变为☴天风姤，但第二爻变时，是以已完成的姤卦为基础，变成天山遁☶。这种之卦是观察整个乾卦的可能发展方面，是以本卦也已经变了。观察的重点成了之卦的卦象，而非动爻的爻辞及小象了。

第三爻变则为天地否☷，第四爻再变则为风地观☴，第五爻再变，则为山地剥☶了。

分宫卦的第六变，并非六爻变，因为全变了，则成错卦了。本卦也消失了，所以第六变时，是外卦的第一爻变回来，即第四爻再变回，成为火地晋☶了。第七爻变则是内卦全变回来了，成为火天大有☲。

分宫卦象共有七变，成为七个分卦，加上本卦，共八个。八卦各有八个分卦，是为八八六十四卦象了。

这样的之卦，是本卦的变卦象，所以本卦也变了，不用观察爻辞，直接看之卦的卦辞及象辞即可。

"之卦"也称之为"卦之"，称"之卦"表示动爻后的卦象，称"卦之"则重点在卦象变化的方向。一静一动，其意义是相同的。

此外，分宫卦序的第三爻及第四爻变最重要，依卦序，包括本卦为第四、第五卦。这时候内在已变到第三爻了，等于我们内在的思考中，动一个念头或想做一件事已成熟，可以发展到外面去了。

内卦影响到外卦了，内变影响到外变了，外面环境也受到影响，所以第四爻也动了。

这两个之卦如果处理得不好，便要不三不四了。

第六爻变成第七卦，已离本卦了，所以是外卦第一爻（**全卦第四爻**）变了回来，称为游魂卦，整个卦的基础动了，是分宫卦的第七卦。

有动必有止，游魂必会归魂，所以第七变是内卦三爻全变回来，称归魂卦。主观态度再度全部掌握，只有外卦的中间爻（**即原第五爻**）仍属变爻。浪子回头，但外界因素仍有变化，是变动后重获主权的卦象，这个归魂卦在分宫卦变中是非常重要的。

所以第七卦为离魂卦，第八卦为归魂卦，这两个卦象掌握不好，就要乱七八糟了。

西方的逻辑，最多只是正反合的辩证，这样的思考法虽也触及两极中的思辨，但仍是太简单了。

逻辑绝非真相，观察到的因素太少了。

《易经》是十面八方看现象，分宫卦象便有八种次序。

本卦、综卦、错卦、互卦，再加上六个爻动的之卦，便有十个观点了。

扣除本卦重复，其实一个卦象可以有十七面的观点，如再加上位数（数理位元）的变化，那就不得了了。

所以孔子学易后，便自认为"虽千百世可知也"。

此外，汉朝的京房十六卦变及北宋邵康节的《皇极经世》，特别是邵康节自创的"梅花易数"，则更有他们自己数理逻辑的推算方法。

由于属孔子后世《易经》的探讨，故不在本书正文讨论范围，留待附录中另做简单说明。

总之，《易经》是部工具书，方法上是相当科学的，可以用来实验宇宙间的各种大小变化，这也是孔子所谓"玩易"的精神。

《易经》是用来"玩"的，可以自己做实验，自己创出一套观察的数理逻辑，但却不可太严肃，否则会成为一种思想、一种理论或一种学派，到那时《易经》不再是工具，也不再客观，这样的学易方法，便很容易"挂"在那里了。

第二章 《易经》的科学面

天一、地二、天三、地四、天五、地六、天七、地八、天九、地十。天数五、地数五，五位相得而各有合。天数二十有五，地数三十，凡天地之数五十有五，此所以成变化而行鬼神也。

——《易经·系辞上传》

21世纪数理逻辑的基础

夫易何为者也？夫易，开物成务，冒天下之道，如斯而已者也。是故圣人以通天下之志，以定天下之业，以断天下之疑。

21世纪开始，电脑资讯网络已完整地进入我们的生活。

电脑已成为人类最重要的生活工具，可惜的是绝大多数的人，仍处于知其然不知其所以然的位置，因而对生活及生命的掌握，依旧茫然。

电脑的思考方式是二进位，也就是0与1两种变化而已。

和传统的十进位数理逻辑不同，我们可由图2-1来观察两者的差异。

由图2-1看来，二进位能呈现的数较少，写起来也比较长，但它却大大地简化了数理逻辑判断力的过程。

0到9的数码，只剩下0与1两个，可以用通电及断电来做判断，这也是电脑运算能力的基础。

十进位比较重累积但不重判别，大量生产、大量销售，不必判断消费者的个别需求，但这个时代已经过去了，电脑处理资讯的能力大增，二进位法可以持续对资讯做"是否"的判断，个别的需要，分众市场成为电脑时代的主流。

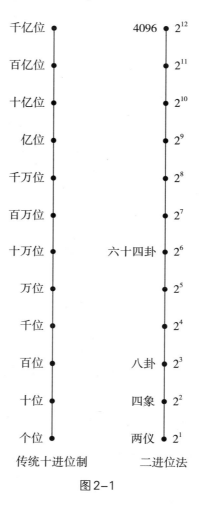

图2-1

越南战争时，美国的轰炸机动不动便丢下五千吨炸弹，但达到的作战目的最少。在波斯湾战争中，美国新型战斗机所携带的高科技武器，通过电脑资讯回馈体系，发挥的战斗力竟然是越战时代的五百倍以上。

在电脑资讯时代，量不一定有价值。

这便是二进位思考法和传统十进位思考逻辑最大的不同。

二进位思考法的科技效率

以前在超级市场或百货公司购物，收款员总得在收银机上算半天，特别是到计算能力较差的美国及日本，那真的要耐不住性子了。

但现在很轻松，只要在条码上一刷，电脑自己会判断，再加数字直接累计便可，不用再按键操作，时间快又正确，条码的设计便是二进位思考法的功劳。

前言中，笔者曾以数码说明二进位的辨识及数字计算方式，那个方法便是条码辨别及运算的基础，参见图2-2。

以此类推，只要多几个位元，便可处理百元、千元甚至万元的价格辨识，并合计之了。

十进位虽能累积到天文数字，但只能显现其量的惊人，对生活的实用上并无太大意义。传统型战争的火力、物力、人力的投入，到越南战争时，却打不过掌握人心的游击战。

二进位的新科技战争，出现在波斯湾战争，虽然花了不少钱，但耗用的时间很短，而且联军死伤人数不超过五百人，如果和越南战争中联军死伤人数相比，波斯湾战争似乎是个神话。

总数										
总数	0	0	0	0	0	0	0	0	0	0
1	1	0	0	0	0	0	0	0	0	0
2	0	1	0	0	0	0	0	0	0	0
3	1	1	0	0	0	0	0	0	0	0
4	0	0	1	0	0	0	0	0	0	0
5	1	0	1	0	0	0	0	0	0	0
6	0	1	1	0	0	0	0	0	0	0
7	1	1	1	0	0	0	0	0	0	0
8	0	0	0	1	0	0	0	0	0	0
9	1	0	0	1	0	0	0	0	0	0
10	0	1	0	1	0	0	0	0	0	0
11	1	1	0	1	0	0	0	0	0	0
12	0	0	1	1	0	0	0	0	0	0
13	1	0	1	1	0	0	0	0	0	0
14	0	1	1	1	0	0	0	0	0	0
15	1	1	1	1	0	0	0	0	0	0
16	0	0	0	0	1	0	0	0	0	0
17	1	0	0	0	1	0	0	0	0	0
18	0	1	0	0	1	0	0	0	0	0
19	1	1	0	0	1	0	0	0	0	0
20	0	0	1	0	1	0	0	0	0	0
21	1	0	1	0	1	0	0	0	0	0
22	0	1	1	0	1	0	0	0	0	0
23	1	1	1	0	1	0	0	0	0	0
24	0	0	0	1	1	0	0	0	0	0
25	1	0	0	1	1	0	0	0	0	0
26	0	1	0	1	1	0	0	0	0	0
27	1	1	0	1	1	0	0	0	0	0
28	0	0	1	1	1	0	0	0	0	0
29	1	0	1	1	1	0	0	0	0	0
30	0	1	1	1	1	0	0	0	0	0
31	1	1	1	1	1	0	0	0	0	0

图2-2 二进位的数字计算方式（条码的设计根据二进位法）

高科技的大媒体潮已经来临，通过电脑的运作，我们将可以在电信系统上，传送任何显像，无远弗届。并且可以在电视机的选台系统中，选择自己想看的影片，并重新播放，也可从头看正在进行中的任何球赛，资讯可以完全依个人的需要来掌握，便是靠二进位快速而及时的辨别及选择体系。

鸡兔问题的阴阳变化

目前世界上唯一的二进位抽象符号便是《易经》中的"—"及"– –"，由阳能"—"、阴能"– –"组成各种现象的抽象符号，并通过阴阳变化及"位"的不同，更可形成千千万万的变化，来观察及预测宇宙的各种现象。

《易经·系辞上传》上便称"一阴一阳之谓道"。

宇宙的能量是一定的，这里多一些，那里必少一些，物理学中也有物质不灭定律，多多少少之间有一个均衡，所谓的阴阳消长，便在说明这方面的变化。

算术的鸡兔问题，便是最典型的阴阳消长的数理逻辑。

鸡兔同笼，共一百足时，鸡几只？兔几只？共有二十四种变化。

总只数	26	27	28	29	30	31	32	33	34	35	36	37	38	39	40	41	42	43	44	45	46	47	48	49
鸡只数	2	4	6	8	10	12	14	16	18	20	22	24	26	28	30	32	34	36	38	40	42	44	46	48
兔只数	24	23	22	21	20	19	18	17	16	15	14	13	12	11	10	9	8	7	6	5	4	3	2	1

总只数愈多时，鸡必愈多，因鸡两足较少的缘故。

总只数愈少时，鸡必愈少，兔数则正好相反。

由于鸡足二，兔足四，所以增减时，变化稍为复杂一点。

据康熙皇帝下令编纂的《数理精蕴》中记载，皇帝以鸡兔同笼问题给群臣解答时，也未超过一百足，总足数愈少愈容易算，只要掌握上表的增降变化，便可很快得到答案。

例如：鸡兔同笼，共一百足，总数三十三头，鸡兔各多少只？由上页图表便很快得知鸡十六只，兔十七只。

$2 \times 16 + 4 \times 17 = 32 + 68 = 100$

鸡兔问题是日后化学问题算量的基础，除了增减变化外，还有性质不同的变动因素，种类愈复杂，在计算时必更为精细。

这个道理，配合无限小的理论，也是21世纪生化工程学最重要的基础。

孔子的易数大要

孔子在《易经·系辞上传》表示："夫易何为者也？夫易，开物成务，冒天下之道，如斯而已者也。是故圣人以通天下之志，以定天下之业，以断天下之疑。……是故易有太极，是生两仪，两仪生四象，四象生八卦，八卦定吉凶，吉凶生大业。"

换句话说，《易经》探讨的是宇宙变化的大道理，物质如何生灭，人事如何演化，全在"易"的变化中，所以通易者，可以通天下之志，定天下之业，断天下之疑。

其变化虽无穷，但也有其固定逻辑，即一生二、二生四、四生八、八生十六……。可以看出这是几何级数的衍化。

黎凯旋老师指出："太极实合具圆周、圆体、数学极限、太极曲线、太极电磁波等的原因，对我国古代的工程学、几何作图、求圆周率、微积分学有很大的影响。"

至于《系辞传》中所说的："天一、地二、天三、地四、天

五、地六、天七、地八、天九、地十。天数五、地数五，五位相得而各有合，天数二十有五，地数三十。凡天地之数五十有五，此所以成变化而行鬼神者也。"很显然这便是十进位法中求自然级数和的推演方法。

宇宙的变化本质其实只有阴与阳，在数理上即为0与1，这种二进位法得以辨识宇宙变化的迹象。

至于2，乃是0与1之合数，是推算用的，2是两仪之数。若再加一种变化则为3，由3生出无限。

老子《道德经》第四十二章便有"道生一、一生二、二生三、三生万物，万物负阴而抱阳，冲气以为和"之说。

3便是阴阳之和，有了便可推出4、5……到无穷。

孔子在《易经·系辞传》中，更提出了大衍数的方法二：

　　　　大衍之数五十，其用四十有九，分而为二以象两，挂一以象三，揲之以四以象四时，归奇于扐以象闰，五岁再闰，故再扐而后挂。

　　　　乾之策，二百一十有六，坤之策，百四十有四，凡三百有六十，当期之日，二篇之策，万有一千五百二十，当万物之数也。

这段文字一般用来做卜筮的方法，其详细办法留待附录中另做解释。但这些大衍数显然是二进位、自然级数及几何级数的融合推算法。

黎凯旋老师指出："至于孔子所谈的大衍数，到现代为止，仍旧是空前的一种很神妙的代数，几何、三角、天文历数融合法，曾使用了十九个未知数，以循环推求六十卦及三百八十四爻的变化。"

也就是这套惊人的数理逻辑，使孔子可以在《论语》中自豪地表示："虽千百世可知也。"

易学中的无限大和无限小

易学的基础是太极。

《周易·系辞传》中明白表示："易有太极，是生两仪，两仪生四象，四象生八卦……"

《周易》对太极的解释是"放弥六合"与"退藏于密"。

其间有大小之区别，大到"放弥六合"，六合者全宇宙也，全宇宙就是太极、万物生灭的背景，但同一个背景也可以小到退藏于密。

庄子说："大而无外，谓之大一；小而无内，谓之小一。"

宋儒沈括认为易之基础——太极，即是至大无外，至小无内。

西洋数学对极限的定义为："可以大于任意量而不能超越圆周或空间，也可以小于任意量而不等于零或无。"

现代物理学也已找到了这个极大及极小，理论上我们已能理解宇宙的无限，有无数个太阳系，宇宙中的极小，由原子、分子到量子，比电子及微中子还要小无数亿倍。

$$1=\frac{1}{2}+\frac{1}{2^2}+\frac{1}{2^3}+\frac{1}{2^4}+\frac{1}{2^5}+\cdots\cdots=\frac{1}{2^n}$$

时间上的极大——永恒，便也是极小的寂然不动。

孔子用"一"来做表示，阴与阳虽是两仪，其实是一体的两面，1与0其实是同质的，是极大和极小，是极长和极短。

也就是印度当代圣哲克里希那穆提所说的"无始无终，万物生于此，也灭于此"的背景。

道家的"无"及"自然"，佛家的"空"和"禅"，所指的都是这个太极。

莱布尼茨的微积分学，微分及积分中，有穷尽法、无限小法、流数法、极限法，所探讨的都和这个太极有异曲同工之妙。

中国人的第一个诺贝尔物理学奖

1957年，诺贝尔物理学奖由美籍华裔科学家杨振宁及李政道博士获得。

杨、李两人曾在1955年到1956年两年间，在美国《物理评论》杂志上，发表三篇质疑奇偶性不灭定律的论文。

奇偶性不灭定律，即是一般物理学上"对等性定律"（Low of paviey），它的代表符号是$K\pi_2$和$K\pi_3$。吴大猷博士在1958年《民间防空》中，发表的《奇偶性不灭定律之新发展》中，表示这个符号应翻译成奇偶律较为妥当。

吴大猷博士表示："奇偶性的观念，初极浅易，但其首次出现于物理学，则仅是三十余年前事。一九二三～一九二四年（1923—1924年），德国物理学家拿波特（Otte Laporte）分析极复杂的铁原子光谱，得一经验定律，即原子之能态，可分为二组……二组能态相异之点，即其奇性及偶性也。"

以《易经》来讲，则是太极的"负阴抱阳""阳奇而阴偶"

的道理。拿波特以 $K\pi_2$ 及 $K\pi_3$ 来表示，《易经》则以 — 及 -- 来做表示。

当时很多媒体报道，认为李、杨两位博士，推翻了此定律，其实是完全错的，更有不少老师在讲课中，指出两位博士修正了爱因斯坦的相对论，则更是风马牛不相及的笑话。

其实，李政道、杨振宁的三篇论文分别为：

1955 年 12 月 29 日发表的《重介子的质量衰变》。

1956 年 6 月 22 日发表的《微弱交互作用中的奇偶性不灭问题》。

1956 年 7 月 9 日发表的《奇偶性的可能干扰现象》。

其主要着眼点，在依据核子间的散射实验，以及原子核组合能等实验结果，得出来强弱的作用，推论如果奇偶律永恒不变，便无从知道 $K\pi_2$ 和 $K\pi_3$ 的奇偶性。

这些论文，经由当时任教于哥伦比亚大学的吴健雄博士推荐，由美国国立标准局进行实验，证明了原子能态二组的奇性及偶性，虽有其不灭性，但却也有其强弱或衰变性，因而证明李、杨两博士的论点有其重要性。

其实这便是《易经》中不易、变易和简易之探讨。

变易及不易在逻辑上是矛盾的，但其实是相辅相成的。

这种不易的定律，在物理学上，尚有牛顿的"物质不灭定律"、爱因斯坦的"质能不灭定律"以及其他的"能量不灭""运动量不灭""电荷不灭""重质子不灭定律"等，和拿波特的"奇偶性不灭定律"同样着眼于如如不动的太极。

但《易经》早已表示太极生两仪，无独必有偶，有偶必有奇，有强必有弱，有盛必有衰，阴阳消长，变化无穷。

杨振宁博士在得奖时的记者会中也曾指出，他之所以怀疑拿波特的奇偶性不灭定律，和在西南大学时代读《易经》的心得有关，《易经》中不但有阴阳相对的道理，同时也有阴阳消长或盛衰强弱的道理。

阴阳消长的趣味算术

易数的推算法，便是阴阳消长的关系变化，应用在算术，可有以下的趣味应用数学问题。

晋代的张丘建《算经》中的百鸡问题如下："今鸡翁（公鸡）一，值钱五，鸡母一，值钱三；鸡雏（小鸡）三，值钱一，凡百钱买鸡百只，问鸡翁、母、雏各几何？"

原算法为："鸡翁每增四，鸡母每减七，鸡雏每益三，即得。"

换句话说，公鸡每增加四只，母鸡便少得七只，小鸡则可增三只，是种等差级数的升降推算法，只要先求出一组答案，其他很快便可算出来。

用百格方圆代表百钱，算起来很方便，见图2-3。

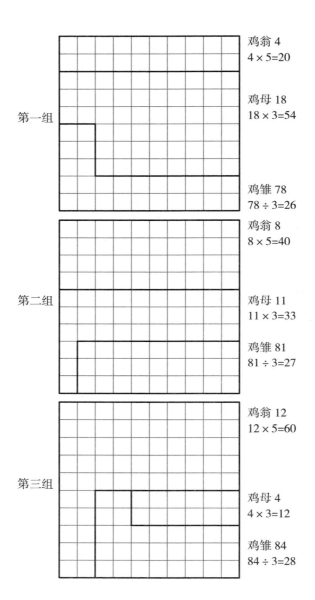

第一组

鸡翁 4
4 × 5=20

鸡母 18
18 × 3=54

鸡雏 78
78 ÷ 3=26

第二组

鸡翁 8
8 × 5=40

鸡母 11
11 × 3=33

鸡雏 81
81 ÷ 3=27

第三组

鸡翁 12
12 × 5=60

鸡母 4
4 × 3=12

鸡雏 84
84 ÷ 3=28

	鸡翁	鸡母	鸡雏
第一组	四	一八	七八
第二组	八	一一	八一
第三组	一二	四	八四
公 差	四	七	三

图2-3

只要懂得这种阴阳消长的判断法，这样的算术应用题，不但大人觉得有意思，小学生甚至于幼儿园大班，一样可以很快算出来。

明代数学家刘士龙，喜欢用诗歌题材编写数学习题，其中含有很多易数的道理，并可雅俗共赏，摘自黎凯旋老师的《易数浅说》中记载的几则如下：

（1）苏武当年去北边，不知经过多少年？分明记得天边月，二百三十五番圆。

算法是二三五除以十二（月）减七个闰月（三年一闰），等于十九年。

（2）远望巍巍塔七层，红灯点点倍加增，共灯三百八十一，请问尖端几盏灯？

这便是八卦乘方的等比级数，算法为381÷（1+2+4+8+16+32+64）=3，其速算法为末数加倍减一，381÷（64×2-1）=3。

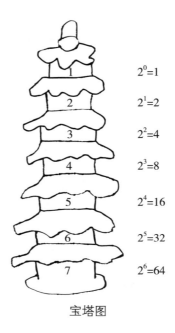

$2^0=1$

$2^1=2$

$2^2=4$

$2^3=8$

$2^4=16$

$2^5=32$

$2^6=64$

宝塔图

（3）哑子来买肉，难言钱数目，一斤少四十，九两多十六，试问能算者，应得多少肉？

一斤十六两，少四十文，九两多十六文，其差为七两五十六文，即每两八文钱，九两多十六文，故哑子之钱为 $8\times9+16=72+16=88$ 为八十八文钱，再除八文，则哑子应得肉十一两。

（4）赵嫂自夸善织麻，李宅张家雇了她，李宅六斤十二两，二斤四两是张家，共织七十二尺布，二人分布闹喧哗，借问高明能算士，如何分得布无差？

一斤十六两，故李宅为一○八两，张宅三十六两。

（108+36）÷72=2（每尺2两布）

李宅108÷2=54，故李宅应分五十四尺布。张宅36÷2=18，故张宅应得十八尺布。

（5）肆中酒客乱纷纷，薄酒名醨厚酒醇，好酒一瓶醉三客，薄酒三瓶醉一人，共同饮了一十九,三十三客醉颜生，试问高明能算士，几多醨酒几多醇？

关键是十九，画出十九方格，便可算出好酒十瓶，薄酒九瓶。

好酒											10瓶醉30客
薄酒											9瓶醉3客

（6）百兔纵横走入村，几多男女竞来争，一人一只难拿尽，四只三人恰无存，来往聚，闹纷纷，各人提得转家门，英贤如果能明算，算出村中有几人？

四只三人，四十只三十人，八十只六十人，剩下二十只十五人，总数应为60+15=75，故村中共有七十五人。

（7）笨伯持竿欲进屋，巨耐门框拦住行，横多四尺竖多二，急得笨伯放声哭，旁边有一聪明者，教他斜竿对两角，勉强方可进得去，算得竿长我佩服。

这是中国勾股弦的正勾股求弦法，即勾三、股四、弦五，加倍推知勾六、股八、弦十，竹竿为十尺。

以西洋直角三角形弦的算法为 $C^2=A^2+B^2$

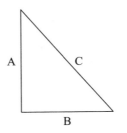

西洋直角三角形弦的算法为 $C^2=A^2+B^2$

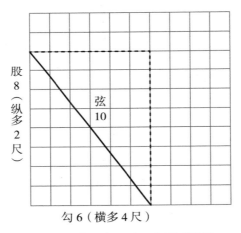

图2-4　中国勾股弦正勾股求弦法

极大、极少、全方位

0与1的持续不断判别力，使人类运算的正确率无限大，大媒体潮下，光纤输送信号能力超级强大，是以可针对数十万人的不同需求提供服务。

高科技武器的高度效率，太空宇宙航行的高准确度，都在于二进位方法，使太极的无限大极数，逐渐能为人类所运用，资讯网络的发展，便突飞猛进地迈向无穷无尽的量。

另一个方向，则为无限小，原子、中子小到量子，阴阳能量，无穷的小，并成为波动，电子和电波是同一体，是物质也是波动，掌握这个无限小的科技便是生化。

遗传因子、DNA的发现及了解，使医学有重大突破。未来癌症治疗不用再挖个大洞，不必再用辐射烧掉大块器官，只要运用细胞中的免疫分子，便可彻底消灭癌细胞了。

DNA从医药、生物、办案、食品、农业、畜牧业到复制动物，甚至人类都用得上，以后在生态、环保、教育及生产业上可能也会有重大的突破。

阴阳消长，无限大、无限小的变化，接下来追寻的便是那个寂然无为的太极。

但如果不懂得《易经》中的变易、不易及阴阳二进位的道理，一味往神秘主义钻，形成盲目崇拜和依赖，便要陷入迷信的窠臼中，只会带给自己和别人无限的灾难。

最后，我们来探讨全方位的问题，这个名词流行于电脑时代，代表完整性的观照，但通常只是嘴巴讲讲的宣传口号而已。

全方位的基础在"方位"，《易经》中的"天圆地方"，"地方"即是方位，也就是地利，每个位置有不同的能量，能量也是流动的，但阴阳消长，流动中有其均衡。中国古代的风水、阵法都属于这一门学问。

全方位便在于以完整的观点，彻底维持能量的均衡，使宇宙及社会长期处于和谐而不冲突中。

冲突必消耗能量，使一切无法和谐相生，进而造成不便及灾难。

兵法上云"知天知地，胜乃可全"。天圆地方完全掌握，自然可以"风调雨顺，国泰民安"了。

这也是易图中所要探讨的道理。

易图——天时、地利、人和的观察运用

孙子是绝对的理性主义者，他断然拒绝任何迷信及对神秘主义的依赖，但在其兵法中，仍有"知天知地，胜乃可全"的说法，他所谓的天和地，便是天时及地利。

"易图"是依八卦的能量分配画成的方位图，分为伏羲的先天八卦及文王的后天八卦。参见图2-5、图2-6。

图2-5　伏羲先天八卦方位图

图2-6　文王后天八卦图

先天为体，后天为用。

先天八卦是自然宇宙现象，它对人类有重大的影响，但人类对它却毫无影响，因为宇宙自然的能量太浩瀚无边了。人类总喜欢自夸人定胜天，征服自然，其实这不过是蜀犬吠日，最后只会自找苦吃而已。即使人类大声呼吁的生态环保，拯救自然，也不过是杞人忧天罢了，人类除了伤害自己以外，对大自然其实是完全无能为力的。

后天八卦为用，则在理解人类本位和大自然的关系。人类存活在自然中，自然供应无限资源，养活人类、利益人类，人类应彻底理解自己的力量和自然的关系，感谢它，进而能够敬天畏神，体认自我的渺小。

自然的变化，人类只能去了解它，并调整自己以适应其中的"易"。自然是不可能去掌握的，自然是如此的浩瀚无边，渺小如人类者如何影响得了它。

人类最多只能理解自然，尊重自然，顺应自然而已，这也是学易的基本态度。

老子在《道德经》中，更直接表明："人法地，地法天，天法自然。"

先天八卦理解天时

先天为体，人类亦在其中，只是非常小非常小的局部，对"天"，我们是没有任何影响力的，唯一能做的只是理解天时、顺应天时而已。

数百万个太阳系，数兆个星球世界，地球不过是名不见经传的一个，人类又算得了什么？

认为"禁祥去疑，至死无所之"的孙子，是绝对的理性主义者，他断然拒绝任何迷信及对神秘主义的依赖，但在其兵法中，仍有"知天知地，胜乃可全"的说法，他所谓的天和地，便是天时及地利。

天时为天之时机也，也就是天给的机会。

"天行健，君子以自强不息。"天是持续而不停地变化着，所以要随时保持警觉，才能发现天给的机会。

其实，天时的变化基础，仍是阴阳而已。其间包括地球绕太阳的方位及角度，地球自转的角度，以及月球绕地球转的方位及角度等诸种因素。

《八卦八节图》便是由先天八卦演变出来，将原来的空间换为时间，便可得出如图2-7所示的安排。

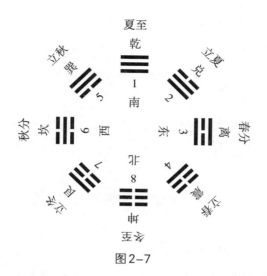

图2-7

以此为基础可演化出一年二十四个节气，其中更有寒暑及阴阳之变化，见图2-8。

图2-8

二十四个节气是地球绕太阳转的二十四个不同方位及角度，再对应天圆地方的六十四卦图，便可看出节气和卦象间的关系。

冬至、夏至、春分、秋分正好在公转的XY轴两端，也就是时钟的3、6、9、12位置上，其中间尚有四个主节气：立春、立夏、立秋、立冬正好在线的正中间位置，见图2-9。

太阳照射的角度，影响温度，进而对湿度、气压、风向也都会产生影响。

《孙子兵法》"五事"中的天，便是"阴阳、寒暑，时利也"。

火攻需靠风向及干燥之气，依赖天时最多，其爆发力也最大，火攻所仰赖者，便是天时。

月亮的盈亏变化，便是月亮绕地球转动时月亮处于地球和太阳间的角度不同而有所变化。

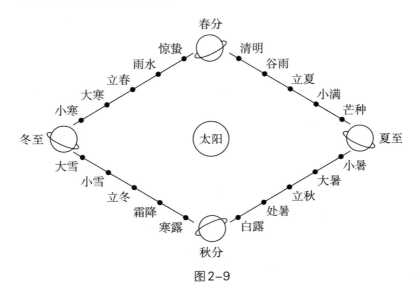

图2-9

月亮所带来的阴阳之气会影响地球上水的涨潮，对海洋、湖泽、大河影响颇大。不过，这属于方位学，和五行的地利有密切的关系。

后天八卦方位及五行学说

后天八卦主用，所以是用在人事的，以人的本位立场来了解天时和地利。

在推演方面，后天八卦常配合五行及天干、地支来做演绎，在卜筮、堪舆学及算命学中经常被运用。

其实五行、天干、地支仍属于自然的科学现象。

五行之学发展于何时，现在已不可考，但除了《尚书·洪范篇》略有提及外，即使在《易经》中都未有这方面记载，不少学者便认为是秦汉以后人所假托，但在战国时代的确有位著名的学者——提倡阴阳五行的邹衍。

邹衍在当时气势非常强，比同时的孟子和诸子百家都受到官方重视。

孟子见梁惠王，王曰："叟，不远千里而来，亦将有以利吾国乎？"口气上相当不客气。

即使孟子口中的显学——墨子及杨朱，也只是在民间拥有广大信徒，各诸侯国的官方并不欢迎他们。

邹衍则在每个国家都大受欢迎，他出门总有一大帮人跟着，到各国去都会有国宴，国君对他也很有礼貌，可以说是一代国师。

他自称道家，也自称阴阳家，他的理论基础建立在齐国，也就是今山东东半部，是华夏第一个文明——有巢氏的地盘，这里大多属鸟图腾族，文化层次高，出了不少智者，姜太公（吕望）、孙武、孙膑、鬼谷子学派都是这里的人，邹衍的阴阳五行也发展于此。

齐人以渔盐及贸易为生，接触海洋多，对自然的观察势必较细腻而有启发性。

邹衍学问非常好，他当时便曾经表示天下有九州，中国是其中之一，称为神州，到底他是如何知道的，不得而知。

但从他受到国师级的礼遇，足可见他必有惊人的预测及诠释自然现象的能力。

齐国多方士，兼具道家、化学家、医药家及神秘家的身份，大概是出自邹衍的学派。

由于秦始皇曾受方士之骗，是以焚书时，邹衍学派的书籍势不可免，几乎完全被烧光了。

不过他的阴阳五行，也是着重阴阳二进位的，然后产生金、木、水、火、土的生克变化。

五行的"行"是种动能，所以金木水火土并非实际的物质，而是动能的代表。

古人曾把离地球较近的五个行星，也称为金星、木星、水星、火星、土星，也就是说五行的符号是以地球为中心本位，所以五行属地球的文化，也是和后天八卦同质的。

五行的生克逻辑关系

首先来说明五行的意义。

金代表坚固和凝结之意，宇宙中凝聚力较强的都称为"金"行。

木即是树木，代表植物，是宇宙中生命力的根源，所谓"野火烧不尽，春风吹又生"，代表强韧的生命力，是为"木"行。

水代表流动性，川流不停，外柔内刚的能量，是为"水"行。

火代表热能，爆发力够，也是离心的能量，炽热、有力但却短暂，是为"火"行。

土是地球本身，是中心力量，生命力丰富、温顺、宽厚的"静"能，却能供应万物无尽的养分，是谓"土"行。

五行间的变化及相互影响，便是所谓的生克。

生克便是正反的两个作用，亦即阴阳的关系，五行如同卦象，生克便是其中的正反、福祸、是非、利害、成败等关系了。

阴阳家的五行相生，是顺时针方向，依次而生，木生火、火生土、土生金、金生水、水生木，见图2-10。

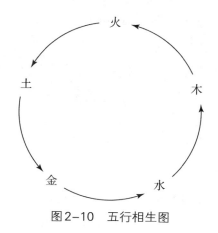

图2-10　五行相生图

相生是依顺序一个生一个。

相克则同方向，但跳格影响，亦即木克土、火克金、土克水、金克木、水克火，见图2-11。

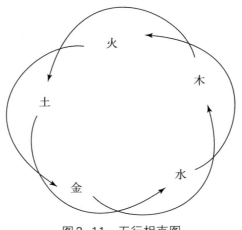

图2-11　五行相克图

五行比八卦更合乎物理逻辑，以物质而言，的确木可以生火，火烧过的灰烬归于土，金矿藏在土地中形成，而金遇湿则生水，水分有益于树木的成长。

五行的动能亦相同，森林多火灾，热能藏于土中，土的年代久，矿物多，凝结力强，产金之地雨多，地下水丰沛，台湾的产金地——金山、基隆、瑞芳多雨，北宜隧道碰到丰沛地下水，可见金的确生水，有水的地方，生命力便特别旺盛。

相克方面也很有道理，木会吸取土中养分而成长，由于每种生物都有毒素，吸收土地养分后，还会将毒素留在土中，如同动物将粪便排出一样。像榕树便是百木中相当毒的植物，榕树周围花草很少，便在于此。

火克金，任何的金属或矿物都是遇烈火便被熔化的；水来土掩，水遇土常被吸收，失去流动性，故土克水；金克木，伐木用的器具大多是金属制成；生命力遇凝结力则断，水克火更不用解释，大家也知道了。

五行方位及天干配合

五行的方位和《易经》相同，南上北下、东左西右。

东方木、西方金、北方水、南方火、中央土。

火

金　土　木

水

中国西方多金矿，东方草木易生，北方天气冷，南方天气热，可见这个方位图也只是真实的现象而已。

配合《易经》的卦位，震在东方为木，兑在西方为金，坎为水，离为火，是后天八卦位和五行的配合。

在《易经》的卜筮体系上，还有天干、地支的配合演绎，其实天干、地支更是种自然现象。

天干、地支的文字在甲骨文中就有了，可以说是相当早期便发展出来的符号。

天干是太阳系中，地球和各行星间运行的关系，由于星球磁场会影响地球的能量变化，气候及生物生长情形可能都因而会有变化，这个变化依星球的位置用十个符号来代表，即是甲、乙、丙、丁、戊、己、庚、辛、壬、癸。

这个符号也有其方位。若和五行配合，为东方甲乙木、南方丙丁火、西方庚辛金、北方壬癸水、中央戊己土。见图2-12。

壬　癸

庚　　戊　甲
辛　　己　乙

丙　丁

图2-12

能量是阴阳二进位的，天干这方面比五行要细腻些，甲乙同为木"行"，但甲代表阳，是生长的能，乙代表阴是成形的能。丙代表火的原素，丁则为成形的火。所以甲是木之阳、乙是木之阴。丙是火之阳、丁是火之阴。戊是土之阳、己是土之阴。庚是金之阳、辛是金之阴。壬是水之阳，癸是水之阴。

这套天干五行配合，在中医上便有普通的运用，配合五行生克关系，中医的病理学便是以此为基础的。

中医认为人的身体是个小宇宙，能量的均衡、运行皆有其完整性，甚至有自疗的能量，医药的目的并非杀菌治病，只是协助去除气脉运行的障碍，只要能量运行恢复正常，身体便有自疗功能。

这点已得到最进步的西方医学研究者认同了，癌症采用免疫疗法、艾滋病的鸡尾酒疗法都朝着这方面尝试，并获得很大的突破。

中医将人身的部位，分为肝属木、心属火、肺属金、肾属水、脾属土。所以五行生克的道理，金生水，肾水的完整来自健全的肺，治疗肾水不足，要先治疗肺之气。

所以得肺病的人会脸部发红，是因为肺不好，肾水不足，心火上升，所以火克金。不只肾不好，心脏也会有问题。

传统西医是头痛医头、脚痛医脚，但中医早知道，头痛是病症而非病源，有了生克关系便可找到病源了。

五行生克的道理是微妙的，例如土，可以生金克水，但也被火生，被木克。

以糖尿病而言，西医重点在调整血中糖分，是以控制饮食，以胰岛素控制血糖。

但有不少人，因血糖控制太低，陷入昏死中，这也是西医在治糖尿病上的盲点。

中医则认为血糖不是问题，只是症状，糖尿病甚至不是病，尿中排糖多，是因为身体处理糖分过程不佳的结果，是症状不是病源。

中医称血糖过高者会有渴的现象，而且常会消瘦，有的则会虚胖，故称消渴症，分为上消、中消、下消来分别处理。

简单说，糖尿病患者肾必不好，生水者金也，所以将肺部照顾好，呼吸系统先没有问题，所以要补气。

生金者土也，所以脾脏也要健全。

水生木，水不好，木必不佳，所以肾水不足，影响肝，容易产生肝火，进而造成心脏也不好。糖尿病患者常死于休克，是心脏的问题。

水也被土克，所以脾脏健全，糖尿现象便会减轻。

是以中医是照顾全面关系的，病在上者治其下，病在下者治其上，病在左者治其右，病在右者治其左，针灸的道理便在于此。

中医说肝生于左，西医依生理学说这错了，其实中医讲的是气化，是经络的运行，肝属木，木在东方，方位在左，所以五行生克的气化，肝生于左并没有错。

《黄帝内经》便是以五行生克及天干阴阳运作的道理，来培养身体这个"小宇宙"的。

地支和黄道十二宫

天干者天之干，天运行的主干。地支者地之枝，干分出来的支叉。

地支是天干运行中，地球上各方位所产生的影响。

天干为十，是五行的阴阳两极形成的。

地支有十二，则是六的阴阳数，这个六和一卦六爻有密切关系。

一卦有六爻，阴阳两极互动，在方位上有十二种动能，即是子、丑、寅、卯、辰、巳、午、未、申、酉、戌、亥十二地支了。

地支十二，代表的有十二个月，十二个时辰（*每时辰两个小时，共二十四个小时*）。

古代天文学有黄道十二宫，宫即是位，也就是方位之意。算命上有用十二宫推演，有用九宫推演的，九宫是后天八卦的九个方位，十二宫则是地支十二个方位。

黄道是太阳从东边升起，由西边降落，所绕的一圈就叫作黄道面。这个黄道面，每个月都不同。如果我们在晚上晴空万里时，观看天象，每一个星座，从东方出来，共有二十八个星宿（二十八星宿之名称为：斗、牛、女、虚、危、室、壁、奎、娄、胃、昴、毕、觜、参、井、鬼、柳、星、张、翼、轸、角、亢、氐、房、心、尾、箕），这二十八个星宿，在黄道面上（反面即月出月落面），每个月部位也都不同。

这是因为地球是行星，每个月位置不同，而二十八宿也大多是行星，故位置会不一样。

星球位置不同，相互磁场的影响亦不同，进而影响地球及其上面的物质（含人类）能量运作之不同，也是可以理解的。

这些现象，抽象归纳为十二个部分，用十二个符号（文字）来代表便是十二地支了。

八卦、五行、天干、地支的综合运用

天干、地支、五行、八卦其实只是种符号，如同西洋的数学符号一样，可以用来做推演的。

至于是否牵涉太多神秘主义，那就要看用的人了。

如果在推演上很理智，合乎自己逻辑的（不论是亚里士多德的传统逻辑、黑格尔的两极思辨逻辑，或《易经》的十面八方逻辑），而又不局限于固定模式（知其然而不知其所以然），便算是理智的，这种的"用"法便是科学的。

至于装神弄鬼者，那和这些符号更是毫无关系了。

由于磁场不同、能量不同，每年每月每日的变化皆不同，所以用天干地支可以形成 10×12 组，除以公约数 2，则为六十

种组合。

甲子、乙丑、丙寅、丁卯……天干地支的组合，也代表太阳系各星球和地球产生的万有引力，有年、有月、有日，六十年乙组、六十个月乙组，六十日再乙组，交叉应用，变化起来就不得了了。

这些变化以气象的变化最大，也最容易看得到。

天体运行，六十年是一个大转，即天文学上所谓的躔度，古代天文学家便以太阳和地球间一天走一度，走完了三百六十五度又四分之一度为一年；以三百六十天为一年，尚有剩余，将剩余的度数累积为闰月，是阴历的算法，阳历则有七个月是三十一天，但二月是二十八天，多五天正好补五日，另四分之一，四年有一闰年二月为二十九天，方法虽不同，数字到最后是一样的。

六十年叫作一甲子，这样算下来，亿万年的宇宙数字，便可不差分毫，是一个很伟大的数理法则，采用的是二进位组合，但对习惯十进位累积的现代人，似乎复杂了一点，因而不再被使用。但只要电脑的技术普及，这些算法，可能会出现完全不同的意义，甚至可以算出气象变化以及各种天灾地变。

邵康节的《皇极经世》的算法，便是以天干地支来组合的，据说这套学理传自孔子。历史上曾记载尧即位时（**当时无文字记录但仍有符号记载**），有五星联珠现象，即金、木、水、火、土五星在天上成一排。把这第一个六十年定为上元，称上元甲子，第二个六十年是中元甲子，第三个六十年便是下元甲子，共为一百八十年。

然后再推算之，第一个一百八十年为上元，第二个为中元，第三个为下元，如同连环套，便是所谓甲子法则，再配上五行、《易经》六十四卦象，便可知历史、社会以及其他的人类现象，孔子说"虽百世可知也"；孟子说"五百年必有王者出"，都是利用方法演算出来的。

不过简易中，仍有突易现象，则需要特别的警觉。

变化中有五行相生相克的道理，便是所谓的相冲，不过现在一般所谓的相冲或犯太岁，大多依书上记载依样画葫芦凑凑而已，并未经过精算，这种人云亦云，知其然不知其所以然的便是迷信。

不过这方面并非本书的主题，是以不宜多述，以免离题。最后以《后天八卦气化运行及身体气化、二十四节气关系一览图》作为本章结语，读者可观察并作为参考使用之。参见图2–13。（见下页）

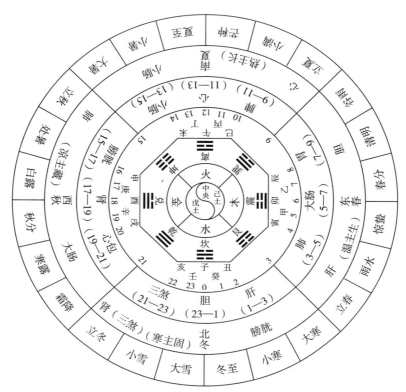

图 2-13 后天八卦气化运行及身体气化、二十四节气关系一览图

附：一百八十年天干地支年度一览表（1924—2103）

甲子 （1）	乙丑 （2）	丙寅 （3）	丁卯 （4）	戊辰 （5）	己巳 （6）	庚午 （7）	辛未 （8）	壬申 （9）	癸酉 （10）
1924	1925	1926	1927	1928	1929	1930	1931	1932	1933
1984	1985	1986	1987	1988	1989	1990	1991	1992	1993
2044	2045	2046	2047	2048	2049	2050	2051	2052	2053

甲戌	乙亥	丙子	丁丑	戊寅	己卯	庚辰	辛巳	壬午	癸未
（11）	（12）	（13）	（14）	（15）	（16）	（17）	（18）	（19）	（20）
1934	1935	1936	1937	1938	1939	1940	1941	1942	1943
1994	1995	1996	1997	1998	1999	2000	2001	2002	2003
2054	2055	2056	2057	2058	2059	2060	2061	2062	2063
甲申	乙酉	丙戌	丁亥	戊子	己丑	庚寅	辛卯	壬辰	癸巳
（21）	（22）	（23）	（24）	（25）	（26）	（27）	（28）	（29）	（30）
1944	1945	1946	1947	1948	1949	1950	1951	1952	1953
2004	2005	2006	2007	2008	2009	2010	2011	2012	2013
2064	2065	2066	2067	2068	2069	2070	2071	2072	2073
甲午	乙未	丙申	丁酉	戊戌	己亥	庚子	辛丑	壬寅	癸卯
（31）	（32）	（33）	（34）	（35）	（36）	（37）	（38）	（39）	（40）
1954	1955	1956	1957	1958	1959	1960	1961	1962	1963
2014	2015	2016	2017	2018	2019	2020	2021	2022	2023
2074	2075	2076	2077	2078	2079	2080	2081	2082	2083
甲辰	乙巳	丙午	丁未	戊申	己酉	庚戌	辛亥	壬子	癸丑
（41）	（42）	（43）	（44）	（45）	（46）	（47）	（48）	（49）	（50）
1964	1965	1966	1967	1968	1969	1970	1971	1972	1973
2024	2025	2026	2027	2028	2029	2030	2031	2032	2033
2084	2085	2086	2087	2088	2089	2090	2091	2092	2093
甲寅	乙卯	丙辰	丁巳	戊午	己未	庚申	辛酉	壬戌	癸亥
（51）	（52）	（53）	（54）	（55）	（56）	（57）	（58）	（59）	（60）
1974	1975	1976	1977	1978	1979	1980	1981	1982	1983
2034	2035	2036	2037	2038	2039	2040	2041	2042	2043
2094	2095	2096	2097	2098	2099	2100	2101	2102	2103

《河图》《洛书》的数理逻辑及力学原理

《河图》是天文磁场及能量配置的公式，其间隐藏有三角、几何及空间力学均衡的运用。《洛书》上的数理是属地球的，可以让人类来推演使用的，可能是某种地球能量的分配。

《河图》《洛书》的出现，是属于神话部分，不过它们显现出来的数理逻辑，却是古代天文学及工程力学的基础，而且中国的麻将、象棋、围棋的小道数理逻辑亦源于此。

孔子在《论语》中有言："凤鸟不至，河不出图，吾已矣夫！"

孔子早年生涯充满着挫折和不幸，声望虽高，但社会适应能力不强，并且算是相当穷困的。五十岁做大官，进行政治革新，但很快又被既得利益派排挤出来，只得辞官周游列国。

不过这段最困苦的时期，却是孔子生涯的大突破。接触了老子，使孔子的思辨有一百八十度的变化，周游列国的路线往南方走，是为了学术考察，而非一般史家所称的想再找做官的机会。

或许尝试心仍有，但孔子做官的入世兴趣早已不大，和子贡对话中的"沽之哉、沽之哉"，只是游戏态度而已。

另一个对孔子更重要的事情是他开始学习《易经》，并做非常深入的研究，为什么孔子会在五十岁才开始学习《易经》，留待下篇再详做探讨，在此不赘。

但学习《易经》使孔子的学识有非常大的突破，这段时期，约五十到六十岁间，是孔子最有创意的时候，对天地自然的科学观大有心得，并能广用在人事上，难怪这段时期他对做官一点兴趣也没有。

他自喻"五十知天命，六十而耳顺（寂然不动），七十而从心所欲不逾矩（可以完全自由自在了）"。

大概孔子已接上了那浩瀚无边、无始无终的背景了，成功、做官、赚钱这些琐碎小事，跟他已毫无关系了。

《河图》《洛书》中的创见，对他一定也是颇具启发性的，所以年老气衰，创意不再时，孔子也知自己的生命将尽，故而有以上之叹。

另外在《易经·系辞传》中，他更直接表示："河出图、洛出书，圣人则之。"

子不语怪力乱神，孔子对《河图》《洛书》的理解，绝非神秘主义的装神弄鬼，而是《易经》上的数理逻辑。

因此《河图》《洛书》的科学面，是研究《易经》必有的基础素养。

《河图》《洛书》的传说及记载

旧有的传说中，大禹治水的时候，工程方面碰到非常大的困难，结果在黄河上游，从河中浮出来一匹马，古人将之神化为龙马，这龙马背上有一个图案，图案上有些圈圈点点，这个图案便是《河图》。

传说中，大禹靠这个图，驱使鬼神，把中国的水患治平。不久，洛水里又出来一只乌龟，龟背上也有很多圈圈点点的图案，这个图案便是《洛书》，大禹靠着这个治服了河中魔鬼，才把水患彻底解决。

这种神话自然是无稽之谈。但无论《河图》或《洛书》都是古代数理逻辑的基础，大禹靠着它们设计工程、治理水患倒是可以理解的。

其实，最早的历史，也就是古代的《书经》（又称《尚书》）中，早就有《河图》及《洛书》的记载。

这部可以称为中国第一部史书的《尚书》，在《中候篇》中便有两段记载，一段是"河龙出图，洛龟书灵，赤文绿字，以授轩辕"。

轩辕者黄帝也，表示黄帝时，便已有《河图》及《洛书》了。

另一段记载："帝尧即政，荣光出河，休气四塞，龙马衔甲，赤文绿色，甲似龟背，五色有列星之分，斗政之度，帝王录记兴亡之数。"

其意思显示帝尧时，也出现了另外一幅《河图》及《洛书》。

换句话说，《河图》《洛书》可能不只一幅，并在某个时代会出现，似乎是一种强大的新能量（或可说为新的学说及理论）。

黄帝击败炎帝，推翻神农氏的共主政权，创造以兽、蛇为图腾的黄帝王朝，尧时虽称盛世，但却是黄帝王朝的末代共主，而且水旱灾连年，民不聊生。

鸟图腾的舜虽接受尧让位，却是只有一任共主的短命王朝。

接下来便是以治平大水患，受到众人拥戴的大禹，成为以水族图腾建立夏王朝的第一任共主，《河图》及《洛书》又出现了。

据说孔子所称的《河图》《洛书》，是存在春秋时晋国的武库中，武库大火后，原版的《河图》及《洛书》便消失了。

目前《周易本义》等古籍中的《河图》及《洛书》，据说是宋朝初由陈抟传给种放，再传给李溉，李溉传许坚，许坚传范谔昌，范谔昌传刘牧，刘牧辗转传给朱熹。

朱熹时乃以十数为《河图》，九数为《洛书》，以后虽有争议，但大多仍承认朱熹的版本为正统，见图2-14。

河图

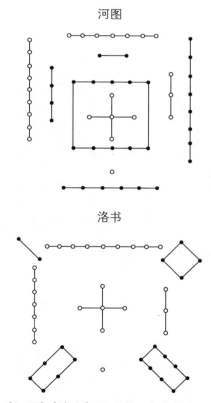

洛书

图2-14 《河图》《洛书》图（白子表奇数，黑子表偶数）

《河图》是根据天文星象画出来的

陈抟曾在华山修道，因此很多人认为《河图》和道家有密切关系。道家重视自然现象，并以之来观察并处理人事问题，《易经》《河图》及《洛书》等和道家有关是可以理解的。

除了前述方形《河图》，陈抟传下来的，还有一个圆形的《河图》，见图2-15。

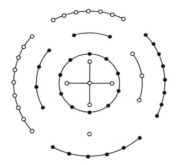

图2-15　圆河图（白子表奇数，黑子表偶数）

其实在汉朝时扬雄在《太玄经》中，便依《尚书·洪范篇》的五行方位，结合孔子所说的《河图》方位，做了如下的诠释："一六为水（在北方），二七为火（在南方），三八为木（在东方），四九为金（在西方），五十为土（在中央），一与六共宗，二与七为朋，三与八成友，四与九同道，五与十相守。"

郑玄则更进一步解释道："天地之气各有五（即奇偶数），五行之次：一曰水，天数也（奇）；二曰火，地数也（偶）；三曰木，天数也；四曰金，地数也；五曰土，天数也。此五者，阴无匹，阳无偶，故又合之地六为天一匹也（六为成数相对应一，又是偶数，故奇偶相配）。天七为地二偶也，地八为天三匹也，天九为地四偶也，地十为天五匹也。"

又说："布六于北方以象水，布八于东方以象木，布九于西方以象金，布七于南方以象火。"

这些水、木、金、火、土正也是太阳系五星的位置，可见《河图》的数是来自星象的观察。

中国古代的天文学，区分天体为三垣二十八宿，三垣为太微垣、紫微垣、天市垣，太微垣里有"郎位"十五星，排列正像《圆河图》中间的五个白点和十个黑点，其排列层次也有相似处，可做比较见图2-16。

圆河图

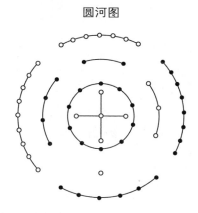

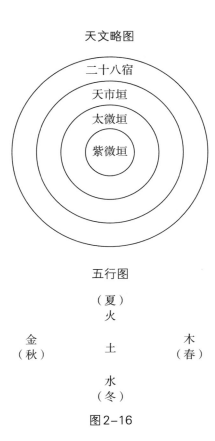

天文略图

二十八宿

天市垣

太微垣

紫微垣

五行图

（夏）
火

金　　　　　　　土　　　　　　　木
（秋）　　　　　　　　　　　　　（春）

水
（冬）

图2-16

《易经·系辞传》中，孔子写道："天垂象，见吉凶，圣人象之；河出图，洛出书处，圣人则之。"《河图》本为圆体，但作图时可以方图表示能量分布，是所谓"河图体圆而用方"。

《河图》的数理逻辑及实用

《河图》的版本可能很多，目前保存者应属最基本的模式，亦即1到10基础数的配置关系。

以数字表示，其配置见图2-17。

```
           7
           2
   8   3   5   10   4   9
           1
           6
```

图2-17　河图数字配置关系图

黎凯旋老师依此画出其"能量均衡图"见图2-18。

河图双螺旋

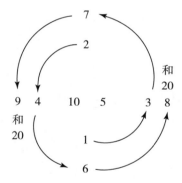

河图奇偶螺旋

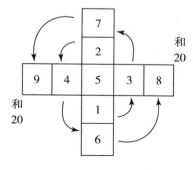

河图卍字方阵

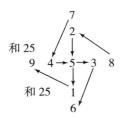

图2-18　河图能量均衡图

由此可见,《河图》代表宇宙一切的循环、对称、和谐及平衡。

若以此推展的衍数, 则为图2-19。

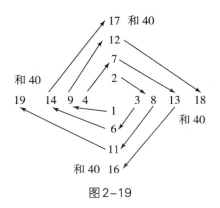

图2-19

以上的数字循环图, 便是所谓璇玑玉衡的转动方式。璇玑玉衡, 又名浑天仪, 是古代的天文测量器, 是一种可以转动的机器, 上刻有天体躔度及列星, 并附有窥管 (望远镜), 它的原理似乎来自《河图》的数理逻辑。

《河图》的纵轴7、2、1、6相加为16, 横轴8、3、4、9相加为24, 纵短横长, 比例为二比三, 呈椭圆形, 正好是大多数星球的实体。

中国古代数学书籍《九章算经》及《周髀算经》中有很多勾股弦的几何算法，以及量的配置方法，均以《河图》的数及方位分配为其基础，使中国古代大大小小的土木工程，不用现代精密仪器，仍可准确地完成。

《河图》协助了大禹治理洪水，若以工程学上的数理逻辑来观之，是可以理解的。

《洛书》是基本数理逻辑

《河图》是天文磁场及能量配置的公式，其间隐藏有三角、几何及空间力学均衡的运用。

那么与《河图》齐名的《洛书》又是做什么用的呢？

《尚书·洪范篇》说："天与禹，洛出书，谓神龟负文而出，列于背有数至于九，禹遂因而第之，以成九类。"

意思是说大禹治水时，曾在洛水发现龟甲文，上面九个数点组成的几何图形，大禹参照之而划分天下为九州，并且把一般政事也区分为九类，这便是所谓的"洪范九畴"。

汉朝的孔安国便主张："《河图》则八卦是也，《洛书》则九畴是也。"

九是基础数中的最大者，超过九的数字便不易掌握，孙子谈其兵法，便以"九地"及"九变"诠释地形的运用及军形兵势的变化方法，虽然其中隐藏多种变化，但孙子仍具体列出九个名词，那是因为超过九之数，读者便不易掌握了。

我们再回到《洛书》图形，并看其数的分布状况。见图2-20。

洛书

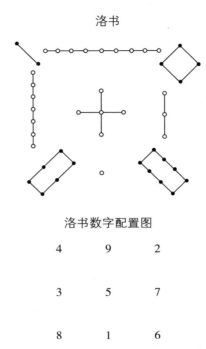

洛书数字配置图

4	9	2
3	5	7
8	1	6

图2-20　洛书图形及其数字的配置关系

其中有两点要特别注意：

一是《洛书》的正四方及中间为奇数，四隅则分别配置偶数。

二是它和后天八卦的数及方位完全相同，先天为体，后天为用，显示《洛书》上的数理是属地球的，可以让人类来推演使用的，可能是某种地球能量的分配。见图2-21。

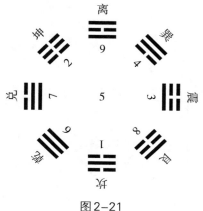

图2-21

算命中的九宫算法，便是《洛书》这九个数字来演算的。

这九个数最重要的是它的均衡。见图2-22。

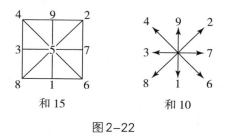

图2-22

不论哪一条方向，三个数相加都是15，扣除中数5，相对数字和皆为10。

黎凯旋老师便指出《洛书》的九个数字关系，见图2-23。

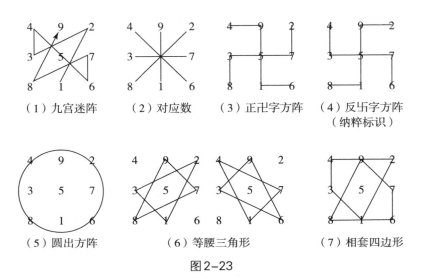

（1）九宫迷阵　　（2）对应数　　（3）正卍字方阵　　（4）反卐字方阵
（纳粹标识）

（5）圆出方阵　　　　（6）等腰三角形　　　　（7）相套四边形

图2-23

这些数字的均衡关系，在中国古代被用在多种用途上：

（1）数学运算上，其对角线相加均为15，1到9的总和为45，正好是15的三倍。对角线456，公差1；357，公差2；258，公差3；159，公差4。

（2）显示宇宙及地球能量配置，是平衡、对应、和谐及循环的。

（3）用在中医上，可观察人身气、血、神经电流的升降周流。

（4）用在音律安排上，可显示宇宙自然天籁之声，并可用以计算音量。

（5）在军事学上，可用在兵阵的安排，兵力部署及指挥的动力及方向，据传诸葛亮的八阵图便是以此为基础设计的。

《洛书》方阵的运用

《洛书》的三三方阵，其实可以有八种不同变化，这种能量互换原理，或许便是八阵图的部署道理了。参见图2-24。

4	9	2
3	5	7
8	1	6

（1）

2	9	4
7	5	3
6	1	8

（2）

6	1	8
7	5	3
2	9	4

（3）

8	1	6
3	5	7
4	9	2

（4）

8	3	4
1	5	9
6	7	2

（5）

6	7	2
1	5	9
8	3	4

（6）

2	7	6
9	5	1
4	3	8

（7）

4	3	8
9	5	1
2	7	6

（8）

图2-24

宋朝人杨辉及丁易东，更把《洛书》的三三方阵，加衍为四四、五五、六六、七七、八八、九九、百子及连环诸阵，作为中国数理逻辑的基础。

杨辉的四四方阵变化参见图2-25。

（1）为自然数排列的1到16方阵，四边的中数互调，即3换14，2换15，8换9，5换12，成为（2）。

（2）之方阵，不论哪条线相加，都是34，和三三方阵。

将（2）之左行内外数对调，即4及14调，15及1调，排在最下行。左二行对调排下二行，依此类推，成为杨辉花十六为（3）。各线相加亦是34。

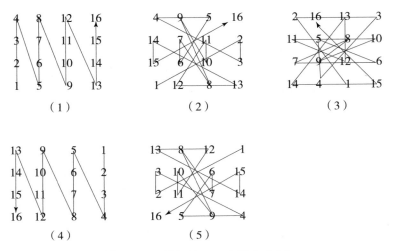

图2-25 杨辉的四四方阵变化图

　　再将（2）外四角对换，1换16，4换13，复以内四角对换，6换11，7换10，则为杨辉易换术，成为恢复倒排之自然数系列表为（4）。

　　若将（1）先以外四角对换，1换16，4换13，后以四角对换，6换11，7换10，则此易换术，横、直、上、下、斜角相加亦皆为34为（5）。

　　将四四方阵的数字依序连接起来，可看出其间的对应线。

　　由此可见，《洛书》的变化和地球能量的分布有相当密切的关系，也是中国古代数理逻辑的基础。

第三章　五十以学易

孔子晚而喜易，序象、系、象、说卦、文言。读易，韦编三绝，曰："假我数年，若是，我于易则彬彬矣。"

——《史记·孔子世家》

孔子的易学观

跟着不稳定而动，随着不安全起舞，便可以感觉到那份"不动"，便是生命中唯一的宁静。这也是《易经》最重要的精神，理解阴阳变化的道理，便可达到《易经》中寂然无为的境界。

《论语·述而篇》记载：子曰："加我数年，五十以学易，可以无大过矣！"

很多人认为这段文字有错误，朱熹便认为五十应作"卒"字，因为讲这句话时，孔子应该将近七十岁了。

《史记》中，并没有孔子学易的记载，《孔子世家》中，只有在最后表示，子曰："假我数年，若是，我于易则彬彬矣。"

可以肯定的是，孔子晚年非常喜欢《易经》，几乎是全神贯注地投入这方面的研究，但孔子究竟几岁开始学易，以及《述而篇》这句话到底在什么时候讲的，可能已经很难考证了。

但《史记》的记载若没有错误，**孔子有关《易经》的著作极多，包括《序卦》、《说卦》、《杂卦》、《象辞》两篇、《彖辞》两篇、《系辞传》两篇、《文言》共十篇，也就是所谓的《十翼》。**

古人写作是用刀刻于竹简之上，就算有人代工，这么庞大的著作，内容又如此精彩，这样的成就绝非两三年可以完成的。

况且《易经》又是如此难懂，就算孔子是天才，也不是三五年可以读通的。

何况孔子在学习上绝不是天才，他不只一次表示自己是"困而学之"的。即使到了晚年，他仍自叹在洞悉能力方面，远不如他的年轻弟子颜回。

所以若说孔子五十岁开始学易，也并不为过。

孔子一生称得上坎坷，出身低，在庙中当小杂工长大，靠自己的过人努力，二十岁左右，当上了祭祀的小官。

由于仕途瓶颈多，三十岁左右便弃官，在家里设教室授徒，这便是孔子自谓的"三十而立"。

教书匠生涯二十年

春秋晚期，社会变化很大，各国国君都讲求实用之术，头脑动得快，处事效率高，能说善道的，很容易得到破格任用，所以追求学问蔚为风气，教书匠自然也应运而生。

孔子只是这些教书匠中的一员，更不是很多史学研究者所谓的第一位老师。

由于不是很有地位的老师，所以孔子采用的是"有教无类"的行销策略，尽量多收门徒，一方面可以多传播自己的理念，另一方面也可以有较多的收入。

子曰："自行束脩以上，吾未尝无诲焉。"（《论语·述而篇》）

束脩是一束干肉，师礼中最薄者，只要有此最低的敬师礼，便可入孔门为弟子，可见孔子是相当"薄利多销"的。

孔子教的是礼、乐、射、御、书、数，也就是所谓的六艺。

这是周王朝官方文化的六种基本课程。有文、有武、有音乐，还有数理逻辑，倒是相当完整的课程安排。

但这些课程只能算是入门，真正的周文化登室秘笈——《易经》，似乎还不在孔子的学识范围。

这期间除了有一年因为鲁国动乱，一向以改革派形象自居的孔子，唯恐遭既得利益派迫害，曾出亡齐国，一方面学习齐乐，一方面打算另求发展，但因机会不大，在做完齐乐的研究后，因鲁国政治已趋稳定，于是重返故乡，继续教书匠的生活。

这样的生涯持续近二十年，直到五十岁，孔子的人生才又有了重大改变。

这期间，声望愈来愈高的孔子，倒不是完全没有出仕的机会。但他似乎深知自己的理想，不会被鲁国官僚体系接受，与其空处其位，不如培养一群优秀的青年，对这个社会或许更有帮助，他也曾向他人表白他的这份志气。

　　或谓孔子曰："子奚不为政？"子曰："书云：'孝乎惟孝，友于兄弟。'施于有政，是亦为政，奚其为为政？"（《论语·为政篇》）

有人问孔子说："先生为何不从政呢？"孔子表示："《书经》上说：'一个能遵守孝道的人，也一定可以友爱于兄弟。'只要把我的'道'，教给从政的人，便也算是参与政治了，何必一定要自己从政呢？"

教育改革家，政治保守派

五十岁左右的孔子，进入他人生重要的转变期。

（1）他接受宿敌阳货邀请，出任鲁国官员。

（2）他会见了影响他一生最重要的大智者——老子。

（3）可能在这段期间，他开始学习《易经》。

孔子的政治改革，是想恢复周公旦建立的旧秩序，这位革新派的教育家，在政治上却是个保守派。

他的基本政治理想，是周公旦的宗法及封建制度精神："君君、臣臣、父父、子子。"

阳货是鲁国之所以君不君、臣不臣的乱源，身为季氏家臣，却把季桓子囚禁了起来，他本人似乎便是孔子要革新的对象，因此，阳货是不可能欣赏孔子的。

不过，春秋末年，竞争压力加大，活在齐、晋、楚等强国之间的鲁国，过去虽是周公旦嫡传的大诸侯，现今却连生存空间都受到严重的威胁。

连阳货也意识到时机到了，不改革是不行了。

因此，他打算利用孔子——这位坚持十数年不从政的反对党舆论领袖。

《论语·阳货篇》中便记载有阳货邀请孔子出仕的事件。

不过，孔子真正出仕，却是在阳货垮台之后。

根据《史记·孔子世家》记载，鲁定公九年，阳货奔于齐，其后，定公用孔子为中都宰。一年，更由中都宰为司空，再由司空升为大司寇。

这年，孔子五十一岁，刚步入官场便坐上直升机，一年内连跳数级，可见鲁国国君和三家大夫（季氏、孟氏、叔孙氏）对他的倚重。

隔年的夹谷事件，鲁、齐会盟的外交战中，充分显现孔子的确有被破格提拔的本钱。

精通外交礼节，加上智慧及勇气，粉碎了齐国想绑架鲁定公的阴谋，孔子的表现几乎比渑池会中的蔺相如精彩，里子、面子几乎都赢了。

夹谷事件，使孔子声望大增。

所以，他决定乘胜追击，彻底解决鲁国君弱臣强的问题，而推动"堕三都"的建议。

三都即是鲁国三家大夫季孙、叔孙、孟孙氏的都邑——郈、费、成。

三大夫违反封建制度，不但私蓄武力，而且封邑超出三百丈，宜下令削减，以恢复鲁国国君的实力及权威。

这种铲除既得利益势力的工作，本来便是非常困难的，更何况三大夫的实力早强过了鲁君。

这无疑是在虎口拔牙，太岁头上动土。

但为了政治理想，孔子还是断然实施，结果自然是被迫下台了。

鲁定公十三年，"堕三都"计划失败，孔子表示负起政治责任，乃坚持下野，准备自我放逐去周游列国，也实际去看看这个乱世，领会这个乱世。

孔子见老子，智慧迸火花

《史记·老子列传》记载："孔子适周，将问礼于老子。"

《庄子·天运篇》记载："孔子行年五十有一而不闻道，乃南之沛，见老聃。""孔子见老聃归，三日不谈。"

孔子问礼于老子，是什么年代？众说纷纭，但以现有资料观察，应该是在孔子仕鲁期间，也就是在孔子五十岁出头之时。

老子和孔子会面，中国式的智慧迸出了火花。

象征黄河南北两大文明——儒家和道家，第一次碰撞，也第一次融合。

孔子是有形知识的代表，困而学成的他，几乎是当代最有知识的人。

老子讲求自然，无知是他唯一的知。

孔子是名满天下的学者，鲁国的国君、官员经常找他咨询国事的解决之道。

老子是位默默无闻，周王室"图书馆"的管理员。

但是，孔子深深感觉到，他虽然能教导别人解决难题，却无法解开自己的心结，虽常说"世事于我如浮云"，但对生命总觉得充满了无力感，也充满着无名的烦恼。

精通古今中外礼仪制度，大家公认他是专家、大师。但他的学问或许对别人有帮助，但对自己反而无处着力。他相信这个世界上一定有人可以帮助他。他预感一般的学者、名家可能做不到，因为这些人一直都还在求教于自己，似乎比自己更放不开。

但在这个浩瀚的世界上，一定有可以解开他困惑的人。

他派出亲信的弟子，秘密在各地寻访。

出身黑道的子路，人脉关系广，传来了一则消息。

有位在洛阳周王室图书馆任管理员的老头子，有别人无法了解的智慧。

这个老头子到底有多少岁？没有人知道，只知道他很老很老，所以称为老子。

他外表平凡，什么事也不做，成天大部分时间静坐在那儿发呆。只有认识他的人，才知道他的不平凡。他似乎是个隐藏的宝藏，他的"存在"就是一项奇迹。

老子其犹龙邪？

虽然是位知识分子，孔子的心却颇能敞开，何况自己的确有很多无法解开的无名烦恼。因此他特地到洛阳去向这位不知名的老头请教。

当他一见到老子，立刻直觉地感到这是个伟大的深具悟性且心智完整的天才。几乎可以马上感觉他有某种东西，却又是那么的模糊、神秘、难以捉摸。

外表看来极为平凡，但可以感到那个不起眼的外壳内，有个最不平凡的"存在"，有某些东西被隐藏着，眼前这个老人是座人间罕有的宝山。

《史记·老子列传》有这么一段记载：

孔子适周，将问礼于老子。

老子曰："子所言者，其人与骨皆已朽矣，独其言在耳。且君子得其时则驾，不得其时则蓬累而行。吾闻之，良贾深藏若虚，君子盛德容貌若愚，去子之骄气与多欲，态色与淫志，是皆无益于子之身。吾所以告子，若是而已。"

孔子去，谓弟子曰："鸟，吾知其能飞；鱼，吾知其能游；兽，吾知其能走。走者可以为罔，游者可以为纶，飞者可以为矰，至于龙，吾不能知其乘风云而上天。吾今日见老子，其犹龙邪！"

孔子请教老子，何种礼制最适合于这个时代？

老子回答道："这就是你无名烦恼的原因了。你所谈论的这些，都是死掉的东西，身体和骨头都腐朽了，只留下僵硬的抽象文字，这些不是活的，都是没有价值的。

"君子的行为，要顺着时势，不得其时，将会白忙一场，把自己活活累死。

"我听说好的生意人，财富和赚钱都是深藏不露的，真正有道德的君子，表面看来大多显得愚笨。

"不要想那么多，去除你的骄气和多欲，外表的虚伪及空谈的理念，那些对你都不会有什么好处的，我能告诉你的，就只有这些了。"

生命是活生生的，不专注在这个"当下"，而去执着只剩下死文字的经典礼制，根本毫无益处，所有的理念、理论都是旧经验而已，以这些旧的东西来局限活生生的新生命，这绝对是愚钝的。

老子的观点，如同禅学的"直指人心，见性成佛"。

其实《易经》的精华也在于此。

孔子和老子谈论的当然不只这些，《史记》所记载的只是小小的一部分。

这两位大智者一定交换了不少宇宙、自然、人生的看法。

孔子被老子的智慧震醒了，魂不守舍地回到车上。

弟子感到非常奇怪，这位在任何场合都能高谈阔论的老师，今天怎么了？他们从未看到孔子如此的不安过，似乎有点激动地颤抖着，几乎令人无法置信。

孔子缓和了一下情绪，说道："这个人真危险，他是个深渊，没有人能学到像他那样子。鸟，我知道它们怎么能飞；鱼，我也知道它们怎么能游；兽，我也知道它们如何跑得那么快。这些生命虽然神奇，但既然知道它们的技巧，便可用网罟、用钓饵、用陷阱来抓它们。但一条龙，就没有人知道它是怎么走的，怎么飞的，怎么腾云驾雾，又能随时消失藏身。总之，老子是一条龙，是不可知，无法学的。"

五十知天命，六十耳顺，七十从心所欲

孔子离开鲁国，依考据应是在鲁定公十三年，是年，孔子五十三岁。

孔子周游列国的表面理由是游学，所以重要的弟子大多随行，队伍相当庞大。

第一站，是鲁国旁边的卫国。

卫国虽然已经衰微，但和齐国一样，是个商业国家。

商业国家比较活泼、自由，在保守的鲁国住惯了，又一向主张改革的孔子，发现卫国官僚体系较松动，比鲁国更有接受性。

对这样的体制，孔子感到很新鲜，有点重出江湖的心动。

导火线则是新加入的弟子——子贡。子贡是卫国人，出身商业世家，年纪才二十四岁，由于口才好，又长袖善舞，政坛的人脉关系不错，他有意将孔子推荐给卫灵公。

> 子贡曰："有美玉于斯，韫椟而藏诸？求善贾而沽诸？"
> 子曰："沽之哉！沽之哉！我待贾者也！"（《论语·子罕篇》）

口气上显示孔子的心，似属半开玩笑性质。

卫灵公的确也对孔子感兴趣，但却迟迟不决定，反而闹出了宠姬南子违反礼节召见孔子的尴尬事，孔子不得不离开卫国。

孔子一行经过曹国，到达宋国，再由宋国经陈国南下蔡国。

这次的游学相当辛苦，除旅途劳累外，国际不时发生的冲突及战争，数度将这个庞大队伍卷入，孔子与最赏识的弟子颜回还一度失去了联系。此外，甚至数度断绝粮食，很多人都生病了。

《史记·孔子世家》便记载"在陈绝粮"的事件：

> 不得行，绝粮。从者病，莫能兴。孔子讲诵弦歌不衰。
> 子路愠见，曰："君子亦有穷乎？"
> 孔子曰："君子固穷，小人穷斯滥矣！"

子路是孔子的大弟子，却也是个性上最不相同的一位，不过孔子还是非常喜爱他，他也是孔子的私人保镖。

对出游以来的重重困难、挫折及不顺利，他非常的不解，好人应有好报，为何命运反而更多坎坷？

但经过了多年的困难，孔子已更成熟了，他深深地体会到，环境永远是一样的，不管对君子或小人，"存在"的现实便是唯一的真理，除了这个现实的"发生"外，并没有另外一个真理。

任何人都不可能要环境来适应"你"，只有"你"去适应环境。因此"穷"与"富"并不重要，差别在个人，君子不在乎穷，能固有"本性"，小人不耐于穷，所以一碰到困难，就要怨天尤人，无所不用其极！

周游列国前后十四年，孔子已经从五十三岁到六十七岁了，这段时期，他对生命的看法完全成熟了。

　　五十而知天命，六十而耳顺，七十而从心所欲，不逾矩。（《论语·为政篇》）

这似乎便是《易经》精神最高的发挥。

政治观点转"有为"成"无为"

回到鲁国后的孔子，极其鼓励其弟子参与政事，在实务之中去体认夫子之道。

《论语·雍也篇》记载：

季康子问："仲由（子路）可使从政也与？"子曰："由也果（做事果断），于从政乎何有？"曰："赐（子贡）也可使从政也与？"曰："赐也达（通达事理），于从政乎何有？"曰："求（冉有）也可使从政也与？"曰："求也艺（多才多艺），于从政乎何有？"

这些子弟各有其才干和特色，参与政事自然是没有什么困难了。

不过，孔子本人对政事，却仍只是个旁观者，不愿以高龄再直接参与政治了。

《左传·哀公十一年》记载：

季孙欲以田赋，使冉有访诸仲尼。仲尼曰："丘不识也。"三发，卒曰："子为国老，待子而行，若之何子之不言也？"仲尼不对。

季康子想要增收田赋，让冉有去请问孔子意见，孔子说："这种事我不懂。"连续三次都没有答案，最后季康子强硬地表示："先生您为国之大老，我们都在期待您的意见，为什么不愿提供您的看法呢？"孔子还是不表示意见。

对积极的财税事件，不表赞成也不表反对，而是彻底的沉默。反对了，便必须有替代方案，或是削弱政府施政能力，因此，反对和赞成都是积极从事，而孔子却选择消极以对，他要季康子完全没有借口地看出增税不过是在满足执政者的一己之贪而已。

《论语·颜渊篇》记载：

> 季康子问政于孔子，曰："如杀无道以就有道，何如？"
> 孔子对曰："子为政，焉用杀？子欲善而民善矣！君子之德
> 风，小人之德草，草上之风，必偃。"

这是晚年的孔子对"乱世用重典"的看法。

季康子问政于孔子说："彻底以杀戮来制止无道，使一切回
复到有道，先生认为如何？"孔子回答道："君子为政，何必有杀
戮，只要您肯为善，人民必会跟着为善，君子之德如同风，小人
之德有如草，草被风吹过，一定会依风的方向而倒的。"

孔子的观点愈来愈接近老子，不用暴力，不用管教，只要在
上者以身教行之，大道便自己会推动，一切都不用努力，只要顺
其自然便可以了。

为政者言教不若身教，不要只以口号和政令做给人看，要
以自己无为（尊重自然）的存在，作为范本，是为政者最重要
的修养。

严刑峻法去建立新秩序，常只会带来更多的灾难而已。

同篇记载：

> 季康子问政于孔子，孔子对曰："政者正也，子帅以正，
> 孰敢不正？"

季康子问政于孔子，孔子答道："政治最重要的是行正事，

你能以正道为民表率，还有谁敢不遵从正道呢？"

即使是执政者，最重要的仍是从自己做起，内在的成长才是最后的答案，外塑的力量或许可以短期达成表面效果，但只能有一时的成果，只有执政者自己内在的成长，才能使民众导向正道。

季康子患盗，问于孔子。孔子对曰："苟子之不欲，虽赏之不窃。"（《论语·颜渊篇》）

季康子为盗贼（治安不佳）烦恼，问孔子有何对策，孔子答道："只要您能去除自己的欲望，就算以奖赏去鼓励盗贼，也不会有人去做的。"

政治虽是众人的事，却必须由个人做起，每个人均了解生命的本质和责任，便不会有什么治安的问题了。

整理教材，体会生命大道

孔子晚年除了积极传道于弟子，并鼓励他们入世从政以改变社会风气外，更将自己悟道之所得，尽可能地整理于日常的教材中。

子曰："吾自卫反鲁，然后乐正，雅颂各得其所。"（《论语·子罕篇》）

孔子说："在从卫国（返国的最后一站）回到鲁国后，乐理才得到正确的整理，《雅篇》《颂篇》各得其所。"

子曰："兴于诗，立于礼，成于乐。"(《论语·泰伯篇》)

孔子说："我用诗做教育的启蒙，用礼仪做整体架构，用音乐做最后的达成。"

"诗"是本性，是自然，不讲大道理，只在自然中表达性情，成道的人大多是诗人而非哲学家。

礼是人际的架构，礼者理也，自然宇宙运行之理，是最基础的"理"。

音乐是完整的喜悦，没有音乐，连宇宙大道都会显得枯燥而无趣。唱歌、跳舞，缺乏这一份喜乐，生命的品质就完全不一样了。

诗、礼、乐都是表现"自然之道"的工具，也是孔子传道的教材。

历史也是孔子晚年重要的研究标的。

《史记·孔子世家》记载，颜渊死后，孔子因世事而作《春秋》。

颜渊是孔门弟子中，资质最高，被孔子视为继承大道之不二人选，是以先孔子而死，孔子非常哀恸。

颜渊死时四十一岁，年长颜渊三十岁的孔子为七十一岁。

即使到了晚年，孔子仍视颜渊为人间的新希望，颜渊的所作所为，本身便是"道"。

子谓颜渊曰："惜乎！吾见其进也，吾未见其止也。"

（《论语·子罕篇》）

颜渊死后，孔子怀念其人道："真可惜啊！我只看到他在不断进步，不断在成长，从未停顿下来啊！"

哀公问："弟子孰为好学？"孔子对曰："有颜回者好学，不迁怒，不贰过，不幸短命死矣，今也则亡，未闻好学者也。"（《论语·雍也篇》）

鲁哀公问孔子："弟子中谁最好学？"孔子回答道："曾经有一位叫作颜回的最好学，从不迁怒他人，也不会犯两次同样的过错，却不幸短命而死，现在再也看不到这种弟子，也未再有能称为好学的了。"

颜回不断地成长，不断在变化，不固执，不自限！完全向生命敞开，没有自我，没有执着，随遇而安，永远不改其乐，这便是大道的精神，难怪孔子也为之心动不已。

在孔门弟子中，在谈学问、讲才艺、作文章、好思辨方面，比颜回更行的人多的是，但老年的孔子已不再以知识为学问，只有能领悟生命本质，体认宇宙大道，了解那正在发生的才是唯一真理，安心地接受一切，在其中享受生命，永远向"未知"敞开学习的，才是真正好学。

永远的宁静，故不迁怒；永远的警觉，故不贰过。这样的弟子的确是"空前绝后"的。

颜渊去世，虽让孔子哀恸无比，但也让孔子完全惊醒了。

生死原本便是件自然的事，不因人的期待及希望而有所改变，坏人、好人、贤人、愚人都不会有什么差别。

像颜渊这种人，生也快乐，死也高兴，生死对他来说根本不会有什么"分别"。

或许颜渊死得相当安详，相当宁静。他的"死亡"，似乎也是"天命"对孔子的一种考验。

周游列国，便是为了在乱世中体验自然之"道"，作《春秋》便是在记录这种混乱社会中，世事的无常。

孟子便曾表示：

> 世道衰微，邪说暴行有作，臣弑其君者有之，子弑其父者有之，孔子惧，作春秋。
>
> 春秋，天子之事也，是故孔子曰："知我者，其惟春秋乎！罪我者，其惟春秋乎！"（《孟子·滕文公下》）

"混乱的世事使大道衰微，旁门邪说，残暴行为比比皆是，臣属弑杀其君主，儿子弑杀其父亲，到处常见。

"孔子对这种乱局深为警惕，所以特别以《鲁国史》，作成《春秋》一书。

"《春秋》者，记载天子（自然宇宙天理）之事，所以孔子自己也表示：'想要知道我对世事的看法，只有从《春秋》这部书得知了，日后会让我受到批判的，也将是这部《春秋》了。'"

孔子完成了《春秋》，使那些乱臣贼子大为恐惧，也有所警惕了。

生命是永远不停的，问题是永远解决不完的，变化是难以掌握的，顺其自然，便能顺乎大道。

但《春秋》的真义并不在表面的文字，而在文字背后隐藏的真理。能透视此者，可谓真正了解夫子之道，只着重表面文字的，将会被《春秋》所误导，这也将成为孔子的罪过。

夫子之言性与天道，不可得而闻也

孔子虽自认为述而不作，其实到最后的几年，孔子几乎是多产作家。

除了整理教材外，《春秋》和《易经》也是在这时候完成的，这些作品都倾向对宇宙、自然、人事等大道之探讨。

述而不作，充分显现不加入自己的主见，作者只是工具，所以能自然体现大道之理。如同释迦牟尼所说的，四十年的讲道，事实上"我"没有说过半句话。

是"大道"通过这个肉身在创作，这个肉身并没有做过什么事。

这样的生命才能最丰盛、最鲜活，这也是《易经》最重要的精神。

这段时期的孔子，和弟子间的距离，也愈拉愈远了，很多人虽有感于孔子的教诲，但却无法完全体会其精神。

连以豁达著称的子贡，都不禁感慨道：

夫子之文章，可得而闻也，夫子之言性与天道，不可得而闻也。(《论语·公冶长篇》)

孔夫子的言语和文章，还可以让我们了解他告诉我们的道理，但孔夫子在谈本性和天道时，是不可以用表面语言来了解的。

生命的觉醒是在宁静中达成的，语言是没有什么帮助的。语言或许能给我们指出了解的途径，协助我们内在的成长，但真正的大道仍在那些语言的空隙间，那些没有被讲出来的，不需要用语言来表达的。

我们常说"无字天书"，天书是不用文字的，那份空白，那份不存在，那份没有思想，正是天书的精髓。

孔子也充分明白并表示，真正的学问，是在平凡的生活中，体会生命的真相，去进行那不依自己意愿而进行的生活。

达巷党人曰："大哉孔子！博学而无所成名。"

子闻之，谓门弟子曰："吾何执？执御乎？执射乎？吾执御矣！"（《论语·子罕篇》）

达巷党人说："孔子真伟大啊！学问如此广博，却不执着于任何专门才艺。"

孔子听到了，便告诉他的弟子说："我需要专精某些能力吗？专精于驾马车，或专精于射箭，如果要选择，我宁可选择那平凡的驾马车的工作了。"

能在平凡中为人服务，才是最实在的生命，也才是最终的觉醒。

子曰："吾有知乎哉，无知也。有鄙夫问于我，空空如

也，我叩其两端而竭焉。"(《论语·子罕篇》)

孔子说："我真的知'道'吗？我是一无所知啊！那些质朴的人问道于我，我只能表达我空无的心智给他看，这样才能让他去了解大道的完整性，能体验生命的两个极端（有和无），而自然在其中流动，便可以开始去追寻大道了。"

这正是《易经》的二进位思考法，体验生命是在阴阳变化中自然发展的。

大道是完整的，它包括生死、美丑、阴阳、善恶，大道没有执着，有生必有死，有死才有生，当一件可喜的事发生时，也必有一个可悲的副作用在酝酿着。

老子说："圣人不死，大盗不止。"

壮年期的孔子不能领悟这句话的精髓，但到了晚年，智慧成熟了，孔子也接近成道了，所以他的教学，也懂得"叩其两端而竭焉"。

成道在于自己，愿意体验自然的完整，臣服于自然的变化，不再有自我欲念，不再有自我选择，不再追求自我的理想，便可立即接上那个浩瀚无边、无始无终的"背景"了，这也是孔子晚年最真挚的体认。

子曰："仁远乎哉？我欲仁，斯仁至矣！"(《论语·述而篇》)

孔子说："大道真的离我们很远吗？只要我接受大道，大道就已经在我身上了。"

这是孔子一生中，讲过的最重要的一句话，也代表他真正成道了。

孟子说："人皆可成尧舜。"都在说明同一个道理。

生命的本质是空无、自然，这便是神。

但一般时候，我们都不知"道"，神性在你的核心中，神性不用去追求，只要回到"家"，回到自己的本性便可以发现。

成道并不难，需要的是那份了解。停掉所有头脑的思考，不选择、不期待、不执着，自然毫无悔恨，没有担心、没有焦虑。所有的烦恼都可以接受，其余还有什么？

没有头脑的制约，你一定会发现剩下来的是空无的核心，暴风雨中的台风眼。

生命不断在变易中，有阳必有阴，本来便是不安全的，这个世界本来就是不稳定的，但我们很少以这个"本来面目"来接受它，我们总在期待安全，追求稳定，这便是所有痛苦及郁闷的源头。

跟着不稳定而动，随着不安全起舞，如同坐在车子中随着车子的速度前进，便可以感觉到那份"不动"，那份"不动"便是生命中唯一的宁静。

这也是《易经》最重要的精神，理解阴阳变化的道理，便可达到《易经》中寂然无为的境界。

鲁哀公十六年，夏四月，己丑，孔子卒，享年七十三岁。

辛苦的生涯，不断的挑战，困而学之的孔子，最后也领悟了大道。老子像神仙，但孔子像凡人，也因为这样，他更有资格成为"众生"的老师。

跟《易经》相关的作品，便是在这段期间完成的。

从《易·系辞传》看《易经》的宇宙观

天尊地卑，乾坤定矣。卑高以陈，贵贱位矣。动静有常，刚柔断矣。方以类聚，物以群分，吉凶生矣。在天成象，在地成形，变化见矣。

自古以来，中国将古人所著之书，合于常道、常法者称为"经"，有些甚至作者不明，也不影响其地位及价值，如《诗经》《书经》等。

有经便有传，传是老师对经的口传注解，本无文字，但恐后世口传有误，故仍以文字方式书于简册，称为"传"。

孔子自称述而不作，便是他的作品大多是"传"——传授先人之经，而非自我的创作。

孔子对《易经》的著作都属于"传"，一般称之为《十翼》。

《博物志》记载："圣人制作曰经，著述曰传。"

传者，传经之作，经文常简单，但奥义深，必须由读通的人来作大家可以了解的语言，便是传。

有关《易经》的辞及传详列见表3–1及表3–2：

表3-1

易经	画	卦（相传伏羲作）
	文	卦辞（相传周文王作）
		爻辞（相传周公作）

表3-2

易传（孔子作，即所谓十翼）	彖辞上下传	彖辞断言也，如同医者对卦象、卦辞所下的诊断。
	象辞上下传	注释卦辞及爻辞。注释卦辞的叫大象，注释爻辞的叫小象。
	系辞上下传	系在六十四卦后面的注释，泛论易经本无、象、数、理之大义。
	序卦传	说明六十四卦先后次序之道理。
	说卦传	论阴阳变化的本质，以通宇宙大道理。
	杂卦传	说明易中阴阳常变之理。
	文言	阐明乾坤两主卦，十二爻错综复杂交变之理。

《十翼》，其实只有七个传，其中《彖辞》《象辞》《系辞传》均为上下两传，故称十个传。

《彖辞》及《象辞》都附属于卦辞及爻辞之后，每个卦中再做个别解释。其余六个传——《系辞传》上下、《序卦》、《说卦》、《杂卦》、《文言》则是独立的，想要了解孔子对《易经》的研究心得，则可从这六个卦传来下手。

最好先读《系辞传》的上下篇，其中有数、象、理、体、用，脉络贯通，条理分明，可以对"易传"有个初步的轮廓和概念，《易经》的"卦"到底在说些什么？在这里有初步的说明。

也有人怀疑《系辞传》并非孔子所作，不过这些考据其实并不重要。因为《系辞传》就算非孔子真品，但其文字之美而简，义理之丰富、深刻仍自有其价值，研究《易经》前，仍不能不先读《易·系辞传》。

南怀瑾老师便认为《易·系辞传》就文字简明美丽上，不亚于老子的《道德经》，和《论语》（由孔子弟子所记录）相比，更不可同日而语，到底老师的功力强太多了。

天尊地卑定乾坤

> 天尊地卑，乾坤定矣。卑高以陈，贵贱位矣。动静有常，刚柔断矣。方以类聚，物以群分，吉凶生矣。在天成象，在地成形，变化见矣。
>
> 是故刚柔相摩，八卦相荡，鼓之以雷霆，润之以风雨，日月运行，一寒一暑。
>
> 乾道成男，坤道成女。乾知大始，坤作成物。
>
> 乾以易知，坤以简能，易则易知，简则易从。易知则有亲，易从则有功。有亲则可久，有功则可大，可久则贤人之德，可大则贤人之业。易简而天下之理得矣，天下之理得，而成位乎其中矣。（《易·系辞上传·第一章》）

这段文字不但美，而且也相当白话，但即使将它译得更白话一点，相信还是有人看不懂，只是浪费本书篇幅而已。因此笔者决定不再做翻译，而直接说明其大意，以明白《易经》的象、数、理在生活上的具体运用。

从"天尊地卑"到"变化见矣"这段文字，其实便是西洋的"创世纪"，或中国传说中的"盘古开天"。

阴阳变化，宇宙万物得以开物成务。

这个尊、卑、贵、贱只是形容文字，并没有贵贱的价值观，否则便会落入神秘主义，心有二分，《易经》的符号学便读不通了。

尊者仰而高也、远也，卑则俯而低也、近也。天在上，地在下，天远地近，乾坤的精神自在其中，所以说"天尊地卑，乾坤定矣"。

有的低，有的高，以次序排序起来，贵则高远，贱则低近，如山高而泽低，空间和位置各如其宜，是以卑高以陈（**阵也、排列也**），贵、贱便各有其位。

阳动能，阴静能，阳则刚而强，阴则柔而顺，天道变化多而不断，地道安静，凝固却也充满生命力。

动静各成常理，不相冲突，刚柔便可各自发挥其功能，宇宙万物的能量便在均衡中。

方是空间位置，也可以视之为分类，例如高山有高山的动植物，寒带、热带、陆上、水里各有其生态及生物。

相类同的"物"，集成一群，自认为别于他物。有的以空间分，有的以性质分。

众生本一体，分别心由自己生。

分别的各派都想赢，合纵连横，有冲突、有和谐、有对抗、有合作，是以吉凶生矣。

天高而远，所以我们只能观察，触摸不到。地低而近，我们可以亲身处于其中，天地间又有相应的变化，下雨了，地湿了，太阳出来了，水蒸气上升了……所有的变化几乎都在这天地之间。

阳能和阴能，互相组合，成八卦。八卦相互重卦，有上有下，八八六十四卦便形成了。其间动能的变化，如同雷霆，鼓者气涨也，天地气涨，阴阳相撞，便成雷霆。气流有动必有静，静者成形，是以用风雨变化以润之。

天上日月变化，有昼夜，昼热夜冷，地球绕太阳有春夏秋冬，春者由冷转热，秋者由热转冷，所以本质上只有一寒一暑之变化。

这段文字是开物成务后，地球的各种自然及气象变化。

接下来人文要登场了。

乾是阳，是动能，代表男性本质，坤是阴，是静能，代表女性本质。

但并不是男人就是阳，是乾；女人就是阴，是坤。

每个人都是父母生的，每个人都阳里有阴，阴里有阳，有些女人甚至比男人更阳刚。

乾、坤只是本质的代号而已。

乾是动能，如男性的精子，是个开创的力量。

坤是静能，如女性的子宫，是个成务的力量。

动能很容易看得见，所以"乾以易知"。安静的虽不易见，但能量更凝结，更容易有结果，是"坤以简能"。

动能的变化虽复杂，但有一定规则，所以容易知道，静能虽不易知，但只要顺其自然，都会有结果，所以简从。

"易知"所以大家都可亲近它，"简从"所以也很容易有成果。亲近了才可以久远，有效果了力量才能扩大。

历代多少名君贤相，但影响力比不上关公、济公、孙悟空，亲近的才能久远，自然有效果，不是人为刻意努力的，才可以大。

可久是贤人之德，可大则是贤人之业。

亲和力够，可以久远的，是贤人体现的德行。

顺其自然，无为而治，浩瀚无边的事业才是贤人可以去进行的。

理解易的复杂中有简单的容"易"之理，便可得天下的至理，宇宙、自然、人间所有的变化，便可看得清清楚楚了。

"系辞"是用来指出吉凶的

圣人设卦观象，系辞焉而明吉凶，刚柔相推而生变化。是故吉凶者，失得之象也。悔吝者，忧虞之象也。变化者，进退之象也。刚柔者，昼夜之象也。六爻之动，三极之道也。

是故君子所居而安者，易之序也。所乐而玩者，爻之辞也。是故君子居则观其象而玩其辞，动则观其变而玩其占。是以自天祐之，吉无不利。（《易·系辞上传·第二章》）

这段文字在说明《易经》作者创作《易经》的基本道理，以及后人应如何来学习《易经》的基本方法。

卦是由阴阳变化组成，八卦是自然界八种基础现象，以三爻一卦组成，所以圣人是以天地宇宙现象而设卦的。

文王重叠八卦成六十四卦，卦下系有卦辞，爻下系有爻辞，系者连系也，卦辞及爻辞便是系辞，这些系辞是在解释阴阳变化中，所会发生的吉凶变化。

六十四重卦，六爻成卦，各爻有一到六的位，本质上则有阴阳的变化，不是"一"则是"--"，是以刚柔依位置不同，往上推便可产生各种不同的变化。

所谓的吉凶者，是得失的象征，得则吉，失则凶。

忧者麻烦，烦恼也，虞者挫折，思虑也。

所谓悔者，后悔之意，因为有麻烦所以会后悔。

吝者审慎也，因为有挫折及不顺，所以会审慎。

阴阳的变化，象征阴阳之进退也，是以在人事有吉凶悔吝，在天象有昼夜及春夏秋冬，循环不断的变化，相辅而相成。

六爻中，每两爻象征天、地、人的变化，天地的变化必影响人事，所以从六爻的互动变化中，也可看出天、地、人间的自然大道。

以上是《易经》的成卦及变化的根源。接着是学习《易经》的态度。

是故，君子能安居在生活上，是因为了解变易的秩序啊！研读吉凶所在的卦辞及爻辞时，不宜太严肃，要以轻松的态度，客观地看到这些吉凶悔吝可能的变化，了解而不必认同地游戏其间。

学《易经》其实不一定要占卜，自己面临的现象，其实早已心知肚明，重点在观察这些现象的因果关系及可能的变化，分析、研判并推演之。是所以"观其象而玩其辞"。

推演出各种变化，再拟定应对策略。推动之，再静观其变化，是以"动则观其变而玩其占（预测其变化）"。

自己帮助自己的，"天"才能保佑之，成事虽在天，谋事仍在人，尽人事才能听天命，豁达又能在宁静中努力的人，自然是大吉大利，无往而不利了。

卦有大小，辞有险易

> 彖者，言乎象者也。爻者，言乎变者也。吉凶者，言乎其失得也。悔吝者，言乎其小疵也。无咎者，善补过也。
>
> 是故列贵贱者存乎位，齐小大者存乎卦，辨吉凶者存乎辞，忧悔吝者存乎介，震无咎者存乎悔。
>
> 是故卦有小大，辞有险易，辞也者，各指其所之。

（《易·系辞上传·第三章》）

这段文字在解释卦、爻、辞的意义及其功能。

彖是古代的一种动物，可以咬断铁链。于是便以彖辞作为卦象的断语，也就是对卦象的判断及结论。

彖辞用来判断现象，如医者之判断，良医断病正确，庸医则常有错误，所以对卦象的判断良否是非常重要的。

爻者交也，宇宙间事物彼此相交并且不断变化，世事无常，变化不断，卦象只是假设的暂停，所以善易者不会挂在那儿，爻辞便在说明这些变化了。

整体是没有吉凶的，物质、能量不变定律，这里多了，某些地方必少了，吉凶是对个体、对局部而言，得了是吉，失了是凶，有人吉必有人凶，这是相对的，而且循环变化，吉中有凶，凶中有吉。舍了也是得，得了必须舍。失败是成功之母，其实成功也常是失败之母。

小疵者小毛病也，悔是小麻烦，吝是小挫折，这些小毛病要占人生的一半，加上另四分之一的凶，是以人生不如意事，十常八九。

无咎是没有毛病，但重点在善于补过，随时随地注意自己的小缺点，只有这样保持警觉，才能做到无咎，十之八九的不如意事，便会减少些。

位是方位，卦是现象，辞是说明。

位必须当位，当位便有高低贵贱之分。

一个花瓶在路边摊卖一百元，同样的商品在百货公司可以卖五百元，在古董店可能卖上五万元。同样东西，方位不同，价值的判断也会不同。

卦的爻位不同，运道也会不一样，阳在偶位，阴在奇位，此爻均不对位，可以影响吉凶的变化。

卦有大小，地天成泰，天地变否。六十四卦是八卦叠出来的，有内卦，有外卦，位对了成大卦，不对位成小卦。火地晋，太阳升出地平线，旭日东升，是为晋，晋者进也。地火明夷，火在地下，明必遭到伤害（夷），所以是地狱之火。同样火与地重叠，内外位不同，有大亦有小。

吉凶是个体及局部的观点，是种概念，所以用来辨吉凶的，是说明卦象的辞而已，超越个体，以整体的观点，便无吉凶。所以只要放得下"自我"的概念，吉凶悔吝以平常心处之，烦恼即菩提，那一切都平平安安了。

介者硬朗之意，如同一个人顶天立地站在那里，行得正、坐得稳，心存正念，即使面临忧悔吝，也必能逢凶化吉了。

震者起念也，可以随时弥补自己的小过失，经常自我反省，自然不会有什么后悔了。

卦有好、有坏、有大、有小，辞有吉、有凶、有险、有易，皆来自阴阳变化，吉中有凶，凶中有吉，所以卦象不重要，在看它往哪方面变化。各指其所之的"之"，便是之卦或卦之的"之"，指往哪儿变化。学《易经》的重点，不在碰到好卦或坏卦，而在观察卦的变化方向，及早拟定策略才能逢凶化吉。

易是以天地的变化为准则

易与天地准，故能弥纶天地之道。

仰以观于天文，俯以察于地理，是故知幽明之故。

原始反终，故知死生之说。精气为物，游魂为变，是故知鬼神之情状。

与天地相似，故不违。知周乎万物而道济天下，故不过。旁行而不流，乐天知命，故不忧。安土敦乎仁，故能爱。

范围天地之化而不过，曲成万物而不遗，通乎昼夜之道而知，故神无方而易无体。（《易·系辞上传·第四章》）

这段文字在说明易理之浩瀚广大，学易者必须体验其精华，才不会落入占卜算命之小术。

《易经》被认为是五经之首，是经典中的经典。

《易经》在表达宇宙万物的基本法则，天地之道都在其中可以探索出来的。

这些符号及彼此间的关系，是多少圣哲仰观天象，记录天文星象变化，俯察地理形势及方位，理解能量的运行及分布，所以不管容易看得到的（明），以及不容易看得到的（幽），都可以在《易经》中观察及推演。

宇宙万物，从哪儿来，往哪儿去，可以推算，所以一切有关死生的观念，能量如何凝结而成物，能量如何转换运行都能够推算，由此可以理解鬼神的所有情状了。

阴阳互动，三爻成卦，配合易图方位、五行生克，加上天干、地支的推算，宇宙间所有幽明（鬼神情状）皆在其中。

《易经》中的鬼神祇是能量的一体两面，吉凶、好坏是无法选择的。要断鬼魔便得先断神明，神魔同时消失，道称作"无"，禅称为"空"，易则称为"不易"。

《易经》所描述的便是天地，便是自然，便是那个已经发生的，所以与天地相似，故不违（没有不一样）。

通过《易经》这部工具书，可以完整地知道万物变化的道理，用以处理天下事，自然也不会有什么过错了。

走旁门左道者因权变而用些小手段。懂得《易经》的人，即使要权谋也自然会合乎正道。

这便是老子《道德经》所谓的：

将欲歙之，必固张之，将欲弱之，必固强之，将欲废之，必固举之，将欲夺之，必固与之，是谓微明。

这并不是阴谋，而是阴阳变化的自然道理。

这样才能洞悉所有自然的变易、简易及突易和不易，所以能乐天知命而不忧，安定地在现有的生活条件下，表现仁者之心，也才能有真正的"爱"。

所作所为，所见所闻，包括了天地宇宙大道理，而不违背之，顺天乐命。

曲成者，圆满也。老子便说曲则全，曲线到最后是绕一圈，无始无终，回到了"家"，生与灭全统一了，任何事物也都包括在其中，没有遗漏。

明极暗生，暗极明生，白天和晚上是互相融合的，超越明暗的观念，便超越了善恶，回归本体的太极，是学易的最高境界。

所以神是没有方位，无法追寻的。易是变动不居，故并无体相。

一阴一阳之谓道

一阴一阳之谓道。

继之者善也，成之者性也，仁者见之谓之仁，知者见之谓之知，百姓日用而不知，故君子之道鲜矣！

显诸仁，藏诸用，鼓万物而不与圣人同忧，盛德大业至矣哉。

富有之谓大业，日新之谓盛德，生生之谓易，成象之谓

乾，效法之谓坤，极数知来之谓占，通变之谓事，阴阳不测之谓神。(《易·系辞上传·第五章》)

宇宙中万物，有阴必有阳，有阳必有阴，孤阳不生，孤阴不长，男女、雄雌是生命的基础；明暗、善恶、进止……都是一阴一阳之互动，这个活生生的现象，便是道。

道是生命，是活生生的，也就是一阴一阳的互动。

阴阳互动互生，持续不息，天行健之象者便是善。

性者，人之本也，天之本也，物之本也，称人性、天性、物性，一阴一阳持续变化之情形，所以继之者善也，成之者性也。

这个一阴一阳的道，便是宇宙的本体，仁者见之称它为"仁"，知者见知称它为"知"，"仁"和"知"便是那个宇宙本体。

人之初，性本善，孔子曰："我欲仁，斯仁至矣！"

我们都是这个本体的一部分，但一般人却无法领会，所以努力去追求善，追求佛，追求神。

愈追求愈达不到，但头脑总会要我们去做些努力，总得做些事，头脑是不可能"无为"的，所以"君子之道，鲜（少之又少）矣"！

接下来这段要注意了，很多儒者都误在这儿。

显诸仁，藏诸用，鼓万物而不与圣人同忧。

率性之谓道，无为就没有自我思考，随着天命（一阴一阳）

之流而动，仁自然就表现出来了。

但仁不可为，不可以说我要做仁，或我要表现仁，要做、要表现的是欲望，有欲望就不可能再是"仁"了。所以必须藏诸用，不求表现，而是自然的流露。

西洋文化讲求表现，所以年轻人都求会表现、会作秀，每个人都怕输，每个人都要赢，最好天天过年、出太阳，可能吗？

孔子接下来讲重点了，鼓万物就是用这种精神去和万物相处，并鼓动之，热情地生活着，而不要自认为圣人，动不动就忧国忧民！

爱自己，爱生命，尊重他人，尊重环境，不要动不动就大谈爱国家、爱社会。

从小爱做起，不奢谈大爱，"大爱"常成为野心家的借口。因自己的"理想"，鼓动大家为自己而死，一将功成万骨枯，在孔子的眼光看来是绝对愚蠢的。

所以"鼓万物不与圣人同忧"，盛德大业至矣哉！

富有不是有钱，有钱人都是乞丐，忙忙碌碌去追寻更有钱，有钱人永远有钱的需求，希望更多的钱，所以是乞丐。

可以累积事业，但不要累积金钱，为做事而赚钱，不要为赚钱而做事。

《易经》的富有是自然，供给万事万物最丰盛的自然，取之不尽，用之不竭。顺其自然，尊敬自然，审慎地生活在其间，这就是"道"。

道只有付出，没有占有，永远付出，付出不尽的便是真正的大爱，所以富有之谓大业。

生命是新的，记忆是旧的，知识是旧的，经验是旧的，理想也是旧的；意识形态更是旧得像僵尸。

只有生命是新的，所以"苟日新，日日新，又日新"，不要以旧的局限新的，要永远处在"新"的中，不要老化，便是日新之谓盛德。

生生不息，永远是新的，那便是学易最重要的精神了。这样的精神呈现的便是乾卦之象，所以乾卦之能量，是天行健，君子以自强不息。

无为不是消极，不是懒惰，而是"无我"的热情，所以无忧无虑，奋斗不懈，无为者无所不为也。

不过也不可一味"冲"，所以效法之谓坤。坤是大地，大地滋养万物而不居功，默默行动，安静也有安静强大又丰盛的生命力，所以坤卦之能量是厚德载物。

善易者不卜，更不必去烧龟背，这太残忍了。只要用数去推演，便可知千万世了，所以极数之来为之占。

孔子的占卦术是有它玄学上的根据的，是数理逻辑中的或然率加上行列式的演算法，附录中自有详解，在此不赘。

观卦、占卦，再以综错互杂及爻变来推算，便是通变。能通变者便能掌握事之理了。

阴阳之变化中，还有一个不动的中心，暴风雨的台风眼，也就是那个"不易"，寂然无为，如如不动，那便是神了。

能阴能阳，又不为阴阳所制。禅学中不执着"有"，也不执着"无"，就是真正的自然，这也是《易经》最高境界的"神"了！

"易"在探讨宇宙秩序

夫易,广矣大矣!以言乎远则不御,以言乎迩则静而正,以言乎天地之间则备矣!

夫乾,其静也专,其动也直,是以大生焉。

夫坤,其静也翕,其动也辟,是以广生焉。

广大配天地,变通配四时,阴阳之义配日月,易简之善配至德。(《易·系辞上传·第六章》)

《易经》所涉及和探讨的范围非常大、非常广,远到毫无边际。但也近到身边的大小事都属于《易经》的标的,真是远在天边,近在眼前,只有完全宁静,找到生命的正中核心,才能看清楚《易经》,天地间所有的事,只要《易经》通了,便一切都能融会贯通了。

乾卦,天行健,君子以自强不息,动到最高境界,中心是不动的,《易经》中的"不易",便是其静也专,专则核心也,核心是不动的。宇宙的运转是圆形的,任何圆的转动,核心是不动的。这样周围的动能力量才能更大,无始无终、至大至刚的生命力由中而生,是以大生焉。

坤卦,厚德载物,德合元疆。坤的本质是静能,是能凝结。翕者含苞待放,虽安静却潜能雄厚。辟者打开也,坤卦的动能在承接万物能量,拥有强大接受力,如元始之"空无",有无限无量承接力,故有广大的生命能量。

其虽至广至大,含天地一切事业,但其变化如同春夏秋冬四时，阴极阳来，阳极阴来，阴中有阳，阳中有阴，也如同日月之变化，有其一定变化中的道理，这便是简易之理。

理解《易经》中最简单的道理，宇宙最高的真善美俱在其中了。

这也是孔子敢说"吾五十而知天命，六十而耳顺，七十而从心所欲不逾矩"的缘故了。

效法天的秩序，理解地的能量

> 子曰：易其至矣乎！
>
> 夫易，圣人所以崇德而广业也。知崇礼卑，崇效天，卑法地，天地设位，而易行乎其中矣。
>
> 成性存存，道义之门。（《易·系辞上传·第七章》）

孔子大声地强调，易是这个宇宙中最高、最大的学问了。

圣人修自己最高的德行，开广自己最伟大的事业，都在《易经》中了。

追求智慧和知识要高瞻远瞩，要去往最高的境界，是谓"知崇"。

礼者履也，做事要从最基础开始，脚踏实地是谓礼卑。

崇高处要有如乾卦（天），像天一样的无量无边，广大浩瀚。

像大地般的实在，并且有包容力。

天地之间，乾坤定位，阴阳变化皆在其中，懂得《易经》，便没有看不透，理不清的了。

这便是性，所以率性谓之道，性就是那个存在，如如不动的境界，一个片刻、一个片刻在发生的，在存在的，时间完全停顿，这个本性的如如不动，便是一切道，一切义（理）之门了。

从《易·系辞传》看《易经》的体用观

夫易，圣人之所以极深而研几也，唯深也，故能通天下之志；唯几也，故能成天下之务。唯神也，故不疾而速，不行而至。

《易·系辞传》是孔子《易经》思想最主要的部分。

其中《易·系辞上传》的前七章，谈论的是《易经》的本质意义，也是孔子研究《易经》最重要的心得报告。

第八章开始，解释《易经》的用法，包括卦象及卦爻的意义及其道理，以及数学推演下占卦和卜卦的方法。

《易经》之用，对孔子而言，绝非怪力乱神的神秘主义，而是数理逻辑的推演，或许含有不少宇宙的奥秘，但绝非装神弄鬼的迷信。

圣人用易见天下之赜

圣人有以见天下之赜，而拟诸其形容，象其物宜，是故谓之象。

圣人有以见天下之动，而观其会通，以行其典礼，系辞焉以断其吉凶，是故谓之爻。

言天下之至赜，而不可恶也，言天下之至动，而不可乱也。拟之而后言，议之而后动，拟议以成其变化。

"鸣鹤在阴，其子和之；我有好爵，吾与尔靡之。"

子曰："君子居其室，出其言善，则千里之外应之，况其迩者乎？居其室，出其言不善，则千里之外违之，况其迩者乎？言出乎身，加乎民，行发乎迩，见乎远。言行，君子之枢机。枢机之发，荣辱之主也。言行，君子之所以动天地也，可不慎乎？"

"同人，先号咷而后笑。"子曰："君子之道，或出或处，或默或语，二人同心，其利断金。同心之言，其臭如兰。"

"初六，藉用白茅，无咎。"子曰："苟错诸地而可矣，藉之用茅，何咎之有，慎之至也。夫茅之为物薄，而用可重也，慎斯术也，以往，其所失矣。"

"劳谦，君子有终，吉。"子曰："劳而不伐，有功而不德，厚之至也。语以其功下人者也。德言盛，礼言恭，谦也者，致恭以存其位者也。"

"亢龙有悔。"子曰："贵而无位，高而无民，贤人在下位而无辅，是以动而有悔也。"

"不出户庭，无咎。"子曰："乱之所生也，则言语以为阶，君不密则失臣，臣不密则失身，几事不密则害成，是以君子慎密而不出也。"

子曰："作易者，其知盗乎？易曰：'负且乘，致寇至。'负也者，小人之事也；乘也者，君子之器也。小人而乘君子之器，盗思夺之矣；上慢下暴，盗思伐之矣；慢藏诲盗，冶

容诲淫。易曰：'负且乘，致寇至。'盗之招也。"（《易·系辞上传·第八章》）

赜，奥秘之义也。

宇宙的奥秘一般人是看不到的，但圣人却能洞识之，并将天下宇宙的奥秘，以阴阳动能的符号，整理形容之，大概地将其容貌表现出来，这便叫作"象"。

宇宙是持续运作的，从来不曾停歇，圣人将这些动能详细观察，并贯通其奥秘，整理出其意义，便是"系辞"。

"系辞"者，联系在卦象下的说明也。

系辞用以判断变化可能带来的吉凶，也就是爻的意义，爻者交也，事物现象交杂在一起之意也。

圣人洞识宇宙的奥秘，但不做好恶美丑的批评，说明宇宙间复杂的动能变化，也能洞识其因果而不混乱。拟者是以具体的语言说出抽象卦象的大致意义，并能指出它可能的变化动向，完整地以综卦、错卦、交卦、之卦看出其中的一切变化，这也是《易经》中象、数、理的功用。

"鸣鹤在阴，其子和之。我有好爵，吾与尔靡之。"这是中孚卦风泽的九二爻之爻辞。

鹤是种鸟类，头顶红，全身白，出产在中国北方，据说可以活一千年，是种长寿鸟。

鹤声尖锐、刺耳，像是地雷炸了，或铜锣大响之声，所以古人形容失败之慌张象为风声鹤唳。

母鹤躲在阴暗处出声长唳，小鹤便会齐声跟着叫。

这就象征同好者彼此呼应，所以说我有好酒，要不要一起来痛饮一番啊？

中孚便是以至诚之心，呼朋引伴，不做立场或心态的局限，包容一切人类，这也是学易者的心境啊！

所以孔子特别强调，君子在其家中，所讲出来的道理，若是善的，虽是千里之外，也会有人呼应之。但若是不善的，则千里之外也会有人违抗之，影响如此大，何况是近在身边的人，更非受其影响不可了。

言教不如身教，说出来的道理，还要以身作则，才能发挥影响别人的实力。

行为的准则，也会由近而远地扩展出去，所以言行是君子最重要的事，也是一切的核心。

由这个核心发动的能量，是一切荣辱的根本。

所以君子的一言一行是足以影响天地宇宙的，不得不戒慎小心啊！

同人为卦名，天火同人☰，天下皆火，言其热情澎湃之象。

其九五爻的爻辞，便是先号啕而后笑。

九五爻是阳位之最尊，以同人卦而言，时位皆得，所以好像两位老朋友见面，很快乐地呼叫，拥抱而大笑。

同人者与人同心，也就是一般所称的同志。

可惜现在的同志，大多嘴巴叫叫而已，心不同，志也不一。

所以孔子强调，只要能真正同人，不论在家在外，说话或不说话，即使彼此保持宁静，他们的力量仍足以斩断坚硬的金属，他们相处时的交谈，其气味有如珍贵兰花的清香啊！

这也是同人卦最珍贵的地方："二人同心，其利断金，同心之言，其臭如兰。"

"初六，藉用白茅，无咎。"这是大过卦初爻的爻辞，泽风大过 ䷛，风在海洋下吹，是以大过，负担过大了。

白茅是生长在长江水边的长细草，白色有甘味，祭祀供品的垫底用物。"藉用白茅"，即指要如同使用白茅做祭典的那样审慎敬重的心态。

大过是压力太重的卦象，还好只在初爻，刚开始便发现情况不对，只要怀着戒慎的心，就可以无过错（咎）了。

孔子指出，假使将祭品放置在地上也是可以的，所以要用白茅垫底，也没有什么不对，只是表达特别谨慎之心罢了。

白茅这种东西只是一种草，其实也没有什么了不得的，但既然使用在祭典上，便可视为贵重物品，只要心存谨慎戒惧，就不会有什么过错发生了。

"劳谦，君子有终，吉。"是谦卦九三爻的爻辞，谦卦为地山 ䷎，山本来是在最高处，却愿意处于地下，是为谦卦的卦象。

劳、谦是自己很辛苦，又很谦虚，努力工作，不要任何权力、地位。这样子当然可以终其生而吉了。

努力工作却不居功，有功劳也不认为是自己的德行，这种人的修养实力坚厚无比，认为自己的努力辛劳都是应该做的，才是真正的"谦"。

德者盛也，故称盛德。礼者恭也，故称恭礼。

盛德，恭礼，由内心发出恭敬之心，自然能够恭己敬人，永保其受人尊敬的地位。

"亢龙有悔"是乾卦☰上九的爻辞。

亢龙是动能过度了，乾卦的动能是积极的，但在第五爻的九五飞龙在天时，已经到动的极高点了，再高可能要出事。

乐极生悲，盛极必衰是自然之理。

高过头必曲高和寡，叫好不叫座，所以贵而无位，高而无民。太崇高，反而感受不到吸引力了。

离开大众太远了，即使部属中有贤能之人也接触不到，所以贤人在下位而无辅，这样子自然是"高处不胜寒"了，是以动而有悔，冲得太高，反而是高处寂寞，心事无人知了。

"不出户庭，无咎。"这是节卦初爻的爻辞。

水泽节☵，泽上之水，是以被节制住了。

被节制住了，自然也会有无力发展的局限，但有所节制至少不会惹大祸。所以其初爻是不出户庭，无咎。

不出门便不会有问题，出门可能要动辄得咎了。

孔子对这一爻的解释是要谨慎，卦象需要节制，代表有危机，所以一定要非常小心。

乱可能将因此而引发，特别是在"语言"方面，要注意祸从口出。君王在语言方面不小心，臣属可能因而离心离德，臣属在语言方面不小心，则可能会惹祸上身。该守密的时候疏忽了，事情的成功必受到影响，所以君子必须审慎严守秘密，不可轻言，这是节卦最重要的意义。

"负且乘，致寇至。"是解卦六三爻的爻辞。

解卦是雷水解☵，俗话说一雷破九台，风雨碰到打雷，阴阳一冲击，气流便散了，所以雷水必称解了。

但孔子却说："作易者，其知盗乎？"盗什么呢？天地之间本来便是盗来盗去，彼此能量分享，佛经上说"王贼并称"，王和贼其实是一样的贪，成者为王，败者为寇，都是在盗，都是在贪心。

所以重点是警觉，不论成败随时警觉自己的"贪"心，自然会流出慈悲心。富者分享，穷者守贫，就算盗来盗去，这个社会也不会有太多的问题。

"负"是背着财富，"乘"指坐着马车，太招摇了，所以一定会引来盗贼，所谓"匹夫无罪，怀璧其罪"，富有的人太为富不仁，这个社会一定会混乱的。混乱的主因不在穷人，在富人。

背着财富骄人是小人的行为，却乘坐马车，马车是君子之器。古人富者不贵，贵者不富，是以商人的社会地位较低。如果富和贵得兼，便是小人而乘君子之器，自然会激发更多的贪心，更大的贪心，所以"盗思夺之矣"！

在上位者傲慢不警觉天地之盗心，下位者必充满暴戾，贪心更强了。

慢藏是该隐藏的不隐藏，自然是诲盗了，也就是会吸引盗贼。"冶容"就打扮太冶艳、太性感，自然会引来淫贼了。

所以《易经》的道理是不要吸引犯罪才最重要，贪心人人都有，不贪是需要特别修养，很难得的。所以治理这个社会，最重要是富人不骄慢，美女不显色，使引诱力降到最低。

如果是负而且乘，自然会引诱寇至，是自己招盗贼来的，怨不得人家啊！

天地之数，成变化而行鬼神

天一、地二、天三、地四、天五、地六、天七、地八、天九、地十。天数五，地数五，五位相得而各有合，天数二十有五，地数三十。凡天地之数五十有五，此所以成变化而行鬼神者也。

大衍之数五十，其用四十有九，分而为二以象两。挂一以象三，揲之以四以象四时。归奇于扐以象闰，五岁再闰，故再扐而后挂。

乾之策，二百一十有六。坤之策，百四十有四。凡三百有六十，当期之日。二篇之策，万有一千五百二十，当万物之数也。

是故四营而成易，十有八变而成卦，八卦而小成。引而伸之，触类而长之，天下之能事毕矣！

显道神德行，是故可与酬酢，可与祐神矣。子曰：知变化之道者，其知神之所为乎。(《易·系辞上传·第九章》)

这篇是探讨《易经》中占卦和卜筮的方法及道理。

子不语怪力乱神，所以《易经》的占卜不是算命的乱断，更不是装神弄鬼的神秘主义。

《易经》的占卜是数学，是或然率和行列式的数理逻辑，是纯数学的推算。

不过孔子仍大胆表示，懂得这套易的数理逻辑，便可以"知变化之道者，其知神之所为乎！"

易学通了，可以通神之奥秘，所以孔子说："五十以学易，可以无大过矣。"

《易经》先天八卦，是自然现象的体验，乾一、兑二、离三、震四、巽五、坎六、艮七、坤八，其中有奇数，有偶数，奇数为阳，偶数为阴。先天八卦，相对卦相加为九，后天八卦相对两卦相加为十。见图3-1、图3-2。

图3-1　先天八卦方位图

图3-2　后天八卦方位图

从一到十，五个奇数，五个偶数，是数理逻辑推演的基础。所以天一、地二、天三、地四、天五、地六、天七、地八、天九、地十。单数属阳、属天，双数属阴、属地。

西洋数学也是以一到十为数学的基础数。

在推演上，这十个数，再加上本体空无的零，便可推到无限。

不过数的本体仍只有二，即零与一、阴和阳，最高数七和八，阳数积往前推，所以七推到九，阳爻称九。阴数消极往后逆，所以八回到六，阴爻称六。

阳爻数九，阴爻数六，是易数的根本。

天数有五个，地数也有五个，加起来是十，如同左右手各五个手指头合并为合十，五位相得而各有合。

天数一、三、五、七、九相加为二十五。

地数二、四、六、八、十相加为三十。

天地之数加起来为五十五，这五十五个数字变化，可以包括天地间所有的变化，是以靠五十五个数字，此所以成鬼神而行变化也。

但卜筮时的大衍之数只有五十。

亦即用蓍草来卜卦时，只要五十根。

为什么天地之数五十有五，大衍之数只有五十。

因为有五个数象征日、月、火、水、木五星是不动的。

大衍之数五十，其用四十有九。因为动的时候，本体的核心不动，所以留下一代表本体，只有四十九来做变化。

分而为二以象两，筮的时候，双手把四十九根蓍草，随意分而为二，把右手那部分先放在一边。象征天地分开之随机数，表示太极生两仪之意，为第一营。

挂一以象三，是将原来右手那份放在一边的蓍草，任取一根，挂在左手小指和无名指间，此挂一，和上次的天、地两份，共来象三,三是三才，象征天、地、人三才，是为第二营。

揲之以四以象四时，揲就是数，左手的蓍草每四根一组，象征春、夏、秋、冬四时循环变化。四根一组放下，最后一组可以剩下一、二、三或四根（**最后四根保留**），是为第三营前半。

这些剩下的蓍草，不论几根，都扐之于左手中指和无名指间，归奇于扐以象闰，是为第四营的后半。

再把原放下的右手蓍草，也是四根一数，是为第三营之后半。

数到最后剩下的数，夹在左手食指和中指间，是为第四营之后半。

这便是归奇于扐以象闰，奇便是剩余之蓍草。每五年必有两闰，是以第三营及第四营的后半是有两次扐，象征五岁再闰，完成第一变。

这时候，以左手一挂两扐的蓍草合在一起，假设共有五根，那么原有四十九减五得四十四。

第一变之数是五，余四十四。

再以剩余四十四根蓍草如前再做一次变。假设得八，余四十四减八为三十六。

再以三十六根蓍草从头操作一次得八。

三变总和是五、八、八，相加为二十一，以四十九减二十一得二十八，二十八除以四，得七为阳爻。

是为再扐而后卦，三变得一爻，十八变才得出一卦，这种手续非常复杂，即使很熟练的人，每一卦也要花上半个小时以上。

有关卜筮的详细办法，留待附录做具体说明，在此暂不浪费篇幅。

乾之策二百一十有六，是经过以上的分、挂、揲、扐十八变的程序，老阳即☰乾之正策，每爻为三十六，六爻一卦为三十六乘六得二百一十六。

坤为老阴☷，每爻之正策二十四，六爻一卦，得二十四乘六共一百四十四。

为何阳爻正策三十六，阳数九，乘四时，九四三十六，坤数六，乘四时，六四二十四。

乾坤两策相加为三百六十，是为一年之日数。

不过事实上不只三百六十日，多出来的相加起来，每五年两头各多出一个月，是以五年有两个闰月。

《易经》共六十四卦，阴阳卦各三十二，以三十二乘阳之策二百一十六，得六千九百一十二。以三十二乘坤之策百四十有四，得四千六百零八。两数相加为一万一千五百二十，是为万物之数。

如前所述，四营得一变，变者易也，是故四营而成易。十有八变为一卦象。要经过十八次手续才能成一卦。

所以俗语也有"女大十八变"之说法也。

而这些一万一千五百二十的数，以及其无穷的变化，便表现在六十四卦的错综复杂及所有动爻的变化上了。

八卦的乾坤离坎巽兑震艮，是八种宇宙主要能量的象，引而申之，重叠为八八六十四卦，再触类而长之，天下之能量变化的事物均包括在其中了。

这些数理逻辑足以显现道、神的奥秘与精神，所有不可知也会有可知的契机，这样子主持神鬼的祭祀就没有问题了。所以说显道神德行，是故可与酬酢，可与祐神矣！

真能懂得这套卜筮的道理，便可知道天地鬼神的奥秘了。

所以孔子最后强调："知变化之道者，其知神之所为乎？"

易有四道：辞、变、象、占

易有圣人之道四焉，以言者尚其辞，以动者尚其变，以制器者尚其象，以卜筮者尚其占。

是故君子将有为也，将有行也，问焉而以言，其受命也如向。无有远近幽深，遂知来物，非天下之至精，其孰能与于此？

参伍以变，错综其数，通其变，遂成天地之文。极其数，遂定天下之象，非天下之至变，其孰能与于此？

易无思也，无为也，寂然不动，感而遂通天下之故。非天下之至神，其孰能与于此？

夫易，圣人之所以极深而研几也，唯深也，故能通天下之志；唯几也，故能成天下之务。唯神也，故不疾而速，不行而至。

子曰："易有圣人之道四焉"者，此之谓也。(《易·系辞上传·第十章》)

学《易经》在通四种圣人之道：言、动、制器、卜筮。

尚者崇尚也，注重也，遵守也。

以言语来讲，重点在辞，即卦辞、象辞、爻辞、彖辞等。

以动能而言，要重视阴阳之变，及爻位的升降和方位。

制器者，观察的工具也，就要注意其卦象了。

卜筮者推算也，自然要注重其数的演变，是为占也。

懂得《易经》的四道，有所为或有所行时，可问辞是怎么讲的，依其言而行，便可得其神通微妙，故其受命也如向，完全合乎自然之道也。

不管远近，不管明不明显，不管未来如何变化，都可以预先知道，如果不是理解了天地变化的精微，又怎么做得到呢？

三爻为内卦之最高爻，五爻为外卦的中心爻，三爻变外卦，五爻是卦之中心，是以称参伍之变。

错卦、综卦等的推算，为错综之数。

掌握参伍之变、错综之数，便可通天下之变，成为天地文，文者纹也，即天地间变化之迹象也。

极易卦之数理，便可活用天地之象，而明确之了。

如此，自然可以理解天地之间所有的变化了。

动极而静，变中有常。宇宙的循环变化中，也有个不动的核心，这个"不动"是学易者的最高境界。

顺着变而变，顺着动而动，所以地球上的人类无法感受地球的动，以及整个太阳系的动。

理解易之变动，顺从之，故无思又无为也。

这个无思、无为，便是那个寂然不动的核心。

宇宙有个核心，人身是小宇宙，也有个核心，能进入这个核心，才能完全感受天地间的活动。

这也是佛学的空无，道学的无为，禅宗的中观之道了。

所以除非达此境界，才能到达天下的至神了。

研究《易经》，不是表面的算命，更非肤浅的套公式，而是要极深而研几的。

只有尽量深入，才能通天下之志，把天下的学问都搞通了。

只有掌握几微之变化，才能完全掌握天下一切事务。

易的最高境界便是知神、成神，所以不用表面的急速努力，顺其自然，也可以不疾而速，不行而至。

这个无思、无为、极深、研几也是圣人学习《易经》的四个大道理了。

开物成务，开创天地

子曰："夫易，何为者也？夫易，开物成务，冒天下之道，如斯而已者也。"

是故圣人以通天下之志，以定天下之业，以断天下之疑。

是故蓍之德，圆而神。卦之德，方以知，六爻之义，易以贡。圣人以此洗心，退藏于密。吉凶与民同患，神以知来。知以藏往，其孰能与于此哉？

古之聪明睿知，神武而不杀者夫，是以明于天之道，而察于民之故，是兴神物以前民用，圣人以此斋戒，以神明其德夫。

是故阖户谓之坤，辟户谓之乾，一阖一辟谓之变，往来不穷谓之通，见乃谓之象；形乃谓之器，制而用之谓之法，利用出入，民咸用之谓之神。

是故易有太极，是生两仪，两仪生四象，四象生八卦。八卦定吉凶，吉凶生大业。

是故法象莫大乎天地，变通莫大乎四时，悬象著明莫大乎日月，崇高莫大乎富贵。备物致用，立成器以为天下利，莫大乎圣人。探赜索隐，钩深致远，以定天下之吉凶，成天下之亹亹者，莫大乎蓍龟。

是故天生神物，圣之则之。天地变化，圣人效之。天垂象，见吉凶，圣人象之。河出图，洛出书，圣人则之。

易有四象，所以示也。系辞焉，所以告也。定之以吉凶，所以断也。（《易·系辞上传·第十一章》）

《易经》到底是怎样的一本书？孔子认为《易经》是开物成务，即开发宇宙物质世界的根本，并且用以诠释人世间的事务。冒者笼罩也，所以《易经》可以笼罩天下的一切大道理，《易经》的作用便在于此，是理解宇宙现象的工具书。

学通了《易经》便可了解天下人的心态和志向，成就天下人的大事业，判断天下一切的奥秘及疑惑。

蓍草的心是圆而空的，象征天地间的圆融神妙。卦象必须从多方面来观察，由整体来了解，卦中的六爻代表各种过程和方位。

圣人以易作为修道的根本，逐渐清除心中欲望，到达完全的寂然不动，没有自己的立场及理想，吉凶完全和众生同患共难。

通过对宇宙奥秘的理解，可以先知于未来，但却不表示自己的神奇，而保藏得如同空无，只有学通《易经》的人才做得到如此。

古代聪明睿智的帝王，神武勇猛却慈悲而不轻易杀人者，在于明白此天地奥秘之道，而能理解人民的心态及生活，并扩展此神妙的功能，为人民创造利益，这些君王都能以此作为自己的斋戒，也使自己的德行达到合乎这些奥秘的神明境界。

能量关闭是谓坤，能量敞开是谓乾，一开一关是谓变，有变才有通，这种随时的变是谓通，所以为人处事要懂得变通。

在这种无穷无尽的变通中，仍看得见的我们称它为象，能够有固定形体的便是工具，把这些"象"和"器"整理出一定作用的，便称为法。

能够了解这一开一关、一阴一阳变通道理，而运用在生命成长及生活上的人，便谓之神。

宇宙变易的大道理，最起初是个混沌的整体，叫作太极，太极有动静之能量，而产生阴阳两仪，继续地动下去，阳中生阴为少阴，阴中生阴是为老阴，即是四时的秋、冬气象，阴中生阳为少阳，阳中生阳为老阳，是为春、夏气象，老阴、少阴、老阳、少阳是为四象。四象再生阴阳则组成八卦，八卦重叠成六十四卦，宇宙生命中的吉凶，大业的成长衰颓均在其中。

把这种阴阳变化呈显得最完整的是天地间的现象，变化得最有秩序的便是春夏秋冬四时，将这些变化悬挂在高空，让我们看得清清楚楚的，便是日月的变化了。

生命中最崇高的富贵，是要将所有物质、精神都发挥其最高功用，能将这些能量变化形成工具而让万民同获其利的，便是圣人的工作了。

探索天地间的奥秘和宝藏，能够研究到很深并分辨其几微，便可判定天下的吉凶了。能够用来了解这天地间万事万物的，莫过于蓍草和龟壳这些卜筮的用品了。

看似简单，其中却有神奇处，圣人理解之，并且照着做，天地间阴阳变通，更是我们应效法的道理，这些自然所显现的"象"，便可依此判断人事的吉凶。

河出图，洛出书，便是自然显现的神秘能量记录，学易者不可不研究而理解之。

《易经》中的四象，阴阳互动再生，便是在明示天地的法则，每个卦下边的系辞，是在告诉我们卦象的意义，了解卦及辞的道理，便可以判断天下万事万物的吉凶了。

得天道者大吉大利

易曰："自天祐之；吉无不利。"子曰："祐者，助也。天之所助者，顺也；人之所助者，信也。履信思乎顺，又以尚贤也。是以'自天祐之，吉无不利'也。"

子曰："书不尽言，言不尽意。"然则圣人之意，其不可见乎？

子曰："圣人立象以尽意，设卦以尽情伪，系辞焉以尽其言，变而通之以尽利，鼓之舞之以尽神。"

乾坤，其易之缊邪？乾坤成列，而易立乎其中矣，乾坤毁，则无以见易，易不可见，则乾坤或几乎息矣。

是故形而上者谓之道，形而下者谓之器，化而裁之谓之变，推而行之谓之通，举而措之天下之民谓之事业。

是故夫象，圣人有以见天下之赜，而拟诸其形容，象其物宜，是故谓之象。圣人有以见天下之动，而观其会通，以行其典礼，系辞焉以断其吉凶，是故谓之爻。

极天下之赜者，存乎卦。鼓天下之动者，存乎辞，化而裁之，存乎变。推而行之，存乎通。神而明之，存乎其人。默而成之，不言而信，存乎德行。（《易·系辞上传·第十二章》）

"自天祐之，吉无不利"是大有卦（火天☰☰）的上九爻的爻辞。此爻一切顺天意，是以来自天的保佑，自然是大吉而无不利了。孔子进一步表示，佑者帮助也，能够得到天之助的是因为顺应天之自然，能够得到人们帮助的，是能够得到对方的信任，能信任别人，也得到别人信任的，一切事都会很顺利，如果还懂得尊重贤能的人，便能得到天的帮助，自然是大吉而无不利了。

自然是没有声音，没有言语的，那份天籁之声是完整的宁静，所以天书也是无字的，寂然无为，这也是《易经》的最高境界。

所以孔子说任何书本都无法表达天意，任何语言都不能呈现真理，真理是宁静的，是无言的，所谓书不尽言，言不尽意。

所以圣人体会的真实大道，可能也无法用言语正确地表示出来。

因此只有靠卦象表达其中意义，用阴阳符号来呈现其中变化，再用系辞来进一步地说明，能够理解其中变通的，便能发挥易的作用；能完全掌握其中精神，便能获得其智慧，达到神明的境界。

乾坤这两个卦象是整个《易经》的根本，乾坤依次序及方位排列，易的变化神妙及秩序便在其中了。

如果乾坤的变化大乱，也就不再有《易经》了，宇宙也会再度混沌，所以《系辞传》开宗明义指出"天尊地卑，乾坤定矣"。

《易经》形而上地探讨天地间的大道，形而下的是用以观察人事的工具，能够理解而加以修饰运用，便能处变及应变，能够进而化为行动的便能万事畅通，能够以其中道理来安置及经营天下众生的便可建立大事业。

通过易象，圣人得以看到天地间的奥秘，拟出一个图案来表达其大致模样，所以称之为"象"。

圣人通过易的阴阳变化，看到天地间能量的运动，观察其中变通之道，并找出一定的法则，再以系辞来表达其中的吉凶，所以称之为爻。

探究天下的奥秘，要靠卦象，发挥鼓动能量作用的在于卦辞的说明，理解之并进一步修饰，以运用在阴阳的变化道理，而且能推而行之在生活上的，是懂得变通的人。

《易经》的智慧至高如同神明，却也是每个人都可以运用的，懂得其中道理，在宁静中便能达成目的，不必言语说明，只是"他"的存在便能得到别人信任，他的一举一动本身便是最好的德行。

这便是孔子所说的："五十而知天命，六十而耳顺，七十而从心所欲不逾矩。"不是要让自己的行为努力成德行，而是他存在的本身便是德行，他的态度和行为，自然完全合乎德行了。

从《易·系辞传》看《易经》的生命观

古者包牺氏之王天下也。仰则观象于天，俯则观法于地，观鸟兽之文，与地之宜，近取诸身，远取诸物，于是始作八卦，以通神明之德，以类万物之情。

《易经》是探讨及了解宇宙、自然、人事一切现象的工具书，要让学易者能够具体落实在生活上，在《系辞下传》中，孔子进一步诠释他的易理生命观。

天地之道，贞观也者

八卦成列，象在其中矣。因而重之，爻在其中矣。刚柔相推，变在其中矣。系辞焉而命之，动在其中矣。

吉凶悔吝者，生乎动者也，刚柔者，立本者也，变通者，趣时者也。吉凶者，贞胜者也。天地之道，贞观者也。日月之道，贞明者也。天下也动，贞夫一者也。

夫乾，确然示人易矣；夫坤，隤然示人简矣。

爻也者，效此者也。象也者，像此者也。爻象动乎内，吉凶见乎外，功业见乎变，圣人之情见乎辞。

天地之大德曰生，圣人之大宝曰位。何以守位？曰仁，何以聚人？曰财。理财正辞，禁民为非曰义。(《易·系辞下传·第一章》)

孔子的《系辞传》分上下两部，是因为《易经》本身便是上下两经。上经三十卦，由乾、坤到离、坎，谈的是宇宙本体的变化，应用到人事的观察；下经三十四卦，则是以阴阳变化直接着眼于人生及世间百态。

有人便认为上传是孔子研究上经的报告，下传则是研究下经的心得，下传的范围偏向人生哲学，也是一种领导哲学。

八卦是《易经》的基础，象征天、地、日、月、风、雷、山、泽等八大现象。所以"八卦成列，象在其中矣"！

《周易》以八卦的三爻，重叠成六爻，八八六十四卦因而出现，上三爻为外卦，下三爻为内卦，由内而外，各爻有其不同意义，是以"因而重之，爻在其中矣"。

阳为刚，阴为柔，阴阳相互由第一爻到第六爻，变化互生，时阴时阳，是谓"刚柔相推，变在其中矣"。

"系辞"在说明卦及爻的意义，让我们知道阴阳变动的道理。是以"系辞焉而命之，动在其中矣"。

《易经》的变动，便产生了吉凶悔吝的情形了。

吉是好的、有利的，吉的相反便是凶，凶是坏的、有害的。

悔吝是小凶，悔是烦恼、是麻烦。吝是困难、是阻碍、是悭吝。

吉、凶、悔、吝、大凶及小凶占了四分之三，所以人生不如意事十常八九。因此一动不如一静，动的大部分会变得比较不好。

刚柔互用，是为人处世的根本，懂得这个变通的，才能掌握时势之所趋。"趣时者"是能掌握时代精神之意。

贞者，正也。以正道胜者，才能掌握吉凶，吉凶没有绝对，故易之道，在正为胜。

贞观者正观也，天地之道变化奥秘无穷，重要的是要以正道来做观察。

日月之道，便是宇宙对地球影响最大的天道，日月升降盈亏之道，是地球的重要文化。不论日月的光明如何变化，重要的是正道的光明。

天下之大动是那个正"一"，也就是那个"不动"，真正的动能是宇宙的秩序，也是所谓的吾道"一"以贯之的"一"。

乾是动能，动能表现出来的便是变化。

坤是静能，自然呈现出简单、和顺之道。

在这些变化及简单中，天之大道理自在其中矣。

爻便在效法这个天地之道，象是在描写这个天地之道。爻动了，卦象也动了，这个动便会产生外界的吉凶。

在这些动之中，功业便会有成有败。圣人便将这些成败的感想表现在"系辞"上。

"天地之大德"就是处在这个活生生的变动中，在这个变动中，圣人最重要的任务是找到自己的定位。

坚定守住自己定位的是仁爱的德行，能够吸引人气的也才能真正聚财，但理财必须有正道，而不是耍技巧，不择手段地抢钱。

君子爱财，得之有道，工作和事业才是重要的，可以因工作来赚钱，不可为赚钱而工作。

工作必须是正道，不是只要喜欢，只要赚钱，什么事都可以做。

中国商神陶朱公对此便非常重视，做生意最重要的是顺从天地阴阳变化之道。

所以赚钱固然重要，却要禁民为非，要以正道去赚钱，否则愈有钱就愈是不义了。

仰观天，俯察地

古者包牺氏之王天下也。仰则观象于天，俯则观法于地，观鸟兽之文，与地之宜，近取诸身，远取诸物，于是始作八卦，以通神明之德，以类万物之情。

作结绳而为罔罟，以佃以渔，盖取诸离。

包牺氏殁，神农氏作，斫木为耜，揉木为耒，耒耨之利，以教天下，盖取诸益。

日中为市，致天下之民，聚天下之货，交易而退，各得其所，盖取诸噬嗑。

神农氏殁，黄帝、尧、舜氏作，通其变，使民不倦。神而化之，使民宜之。易，穷则变，变则通，通则久，是以自天佑之，吉不利，黄帝、尧、舜垂衣裳而天下治，盖取诸乾坤。

刳木为舟，剡木为楫，舟楫之利，以济不通，致远，以利天下，盖取诸涣。

服牛乘马，引重致远，以利天下，盖取诸随。

重门击柝，以待暴客，盖取诸豫。

断木为杵，掘地为臼，臼杵之利，万民以济，盖取诸小过。

弦木为弧，剡木为矢，弧矢之利，以威天下，盖取诸睽。

上古穴居而野处，后世圣人，易之以宫室，上栋下宇，以待风雨，盖取诸大壮。

古之葬者，厚衣之以薪，葬之中野，不封不树，丧期无数。后世圣人，易之以棺椁，盖取诸大过。

上古结绳而治，后世圣人易之以书契，百官以治，万民以察，盖取诸夬。（《易·系辞下传·第二章》）

这段是在探讨中国神话时代的历史哲学，万事慎于始，神话对族群发展有极深度的影响及意义，所以考古学系改称为人类学系，这是人类本质、社会文化非常重要的基础，但由于考据不易，资料矛盾混乱，一直为学院派史学家所忽略及卑视。

中国文明僵化，缺乏活力及新鲜感，多少是受到传统学院派历史哲学的局限。

这段文字所描绘的便是孔子对中国神话时代的历史哲学观。

相传易卦是完成在包牺氏（即伏羲氏）为天下共主的时代。先秦以前中国并无国家主义，即使周公旦以宗法及封建制度首开家族天下的制度，但周天子仍是诸侯的共主，绝非秦国以后的皇帝。

共主是领导权而非统治权，是以文化及文明发展来主导其领导权。

"包牺氏"也不宜视为一个人，而应以族群观之，这个族群是以游猎及畜牧为主，武装力量较强，有维护安全的功能，活动力也较大，特别是和自然的互动较积极而频繁。

也许因为这样，所以会发展出《易经》的符号卦象。

游猎时天象及地理都是重要条件，所以包牺氏是仰观天象，俯察地理，再观察鸟兽的生存形态及环境适应的互动，了解自己的身体及心理，远观天地间的万事万物各种变化及发展，而作出八卦的。

宇宙动能非阴即阳，阴阳组合天、地、日、月、风、雷、山、泽等八种卦象。

阴阳及八卦符号涵盖了宇宙自然变化的道理，是以能通神明（宇宙奥秘）之德，比类出万物之情谊。

包牺氏是游猎族群，其文明是结绳为网罟，以捕捉鸟兽，钓取鱼虾。这个文明的重点在离卦☲，亦即火卦。

游猎大多活跃于晴天，和太阳有很大关系。由于以动物为主食，因为有了火，可以熟食，肉类毒性减少了，美味增加了，使这个文明有突破性的新发展。

包牺氏退位后，由神农氏继位为共主。

神农氏的后代日后被称为炎帝，意指以农耕为文明发展的太阳图腾族群。

农业族群重视土地，生活倾向稳定，和自然界的关系更为密切，耒和耜都是翻土用的犁，犁的头部是尖的刃部，叫作耜；尖以上的木柄，叫作耒。

神农氏将以木作为耒耜来耕耘土地的文明，教导天下之人，这是取风雷☷的益卦之意。

风起雨来，风雨中初雷响，称为惊蛰，大地生命力恢复，风雨停止，天气转好，冬眠生物醒了，土地的营养也复苏了。

这是自然给予人类的好处，故称为益。

农业文明兴起后，各人的种植不同，有谷米、杂粮、麦豆、蔬菜、水果，各人依需要交易，是以有市集产生。日中为市，或三天一次，或五天一次，致天下之民，聚天下之货，在此交易，做完生意，各得其所而回去，这是噬嗑的卦意。

噬嗑是火雷卦䷔，太阳下打雷，必有不顺的动能在其中，第四爻的阳爻不对位，又在众阴爻间，是以如有一物在口中梗住，由初爻及上九爻咬断之，成为䷚山雷颐，颐者养生活也。交易的目的在取得和谐，各以所需交换之以养生也。

神农氏退位后，由黄帝、尧、舜等继位为共主，这个时段，中国各族群的文明更发达了，相互融合，相互影响，人们的生活不断进步，自然成长的力量，使大家处在高度和谐中。

所以"通其变，使民不倦，神而化之，使民宜之"。

天地之间没有不变的，一切人事物，随时变，随地变，变了才能使能量畅通。能量畅通，生命才能长久。

永远要新陈代谢，旧的不断在汰换中，一切才能活生生的，这是天地自然的大道理，顺着它，一切就大吉大利了。

所以易的道理，是穷则变，变则通，通则久，是以自天佑之，吉无不利。

垂衣裳代表坐着不动，衣裳下垂，是以无为而天下大治，这是因为顺着天地大道和乾坤的主流卦象大意啊！

天下变得更大了，很多大河川，包括黄河、淮河、长江亘阻其中，所以"刳木为舟，剡木为楫"，以舟楫之利渡水，以打破阻碍，所以交互变动的能量能达到远方，这是涣卦的卦意。

涣是风水 ䷺ 之象，风吹过水面，带动水流，这是种自然扩散的力量，是以"致远以利天下"了。

社会富有了，文明进步了，带动了贪念，富人骄，贫民怨，盗贼因而生，富人用制度抢钱，穷人以暴力夺财，所以要学会保护，保护个人，也保护社会，所以"重门击柝，以待暴客，盖取诸豫 ䷏（雷地）"。

雷响大地，警讯也。是以立刻要做防微杜渐的功夫，所以抓罪犯固然重要，但防止第二个罪犯才是治本工作。去除所有人的"贪念"，包括富人及穷人，自己有贪念，是引发暴力的原因，将贪念一刀两断，在起念时便对治它，便是豫的卦意。

文明愈进步，文化愈堕落。

吃饱饭不够，还要吃好吃的，甚至比吃贵的。

"断木为杵，掘地为臼"，食品加工业开始了，这些臼杵之利，的确给消费者不少好处，但也提升了人们的口腹之欲，想吃好的、喝贵的，这便是小过。

小过 ䷽（雷山），山上有雷，雨之象，两阳在四阴的包围下，三爻、四爻之阳在内外之间，努力将有所作为，但却有力不从心之感，是为小过，是过失的开始也。

"弦木为弧，剡木为矢"，指制作武器。弧矢之作用，在于逞威于天下，准备打仗了，是为睽卦 ䷥。

睽，火泽也，火在泽上，阴阳睽违，必有争执及争斗之象。

以战止战，其战愈烈，泽上之火，有如火攻军船也，必有重大损伤。赤壁之战中，三国决裂因此而生。

上古之人，穴居于野处，可避风雨及野兽。后世圣人变化之成为宫室，上有栋下有宇，空间大、舒适又壮观，但却超乎居住的基础功能，是为大壮☳☰之象。

雷天大壮，雷在天上响，过分强调其显赫及权威，是进步，也是罪恶及混乱的根源。

古代有人死了，以树枝厚厚包裹之，加以火葬，不封以墓碑，也不种树做记号，更不需要送葬，死了就死了，薄葬以送之即可。后世的圣人则设计了棺椁及无数的葬仪和丧期，是取大过之卦意。

泽风大过☱☴，两阴爻包围阳爻，力不足必为所破，风在泽下，乃必掀起大浪之象。

葬仪固是进步，但执着表面文章，比谁的葬礼豪华，心中的悲戚不见了；葬礼成了活人比财富比地位的工具，这未免"大过"了。

上古人以结绳做约定，简单却能信守，是以天下大治。后世圣人易之以书契，定法律，设百官以处理政治，以察万民之事，法律多如牛毛，盖取之夬卦之象。

夬者决也，泽天☱☰之象，阳气高到顶点，阳极阴生，亢龙有悔，法令滋章，盗贼多有，是为夬之象也。

孔子的历史哲学，虽不反对文明，不反对制度，但他对文明发展并不乐观，有进步必有问题，有赢必有输，有利必有害，那怎么办呢？

《易经》中有解决的智慧，那便在了解一阴一阳中，有格物致知，研究物质现象，必可促使文明发展，但有发展必有吉凶悔吝，坏的比好的多。

但易在变动中，还有个不易，易无思亦无为，那个不是物质作用的，寂然无为，顺天应地的"心"，也是禅宗的见性成佛，是唯一解决格物致知——文明发展后遗症的天地之道。

格物致知和见性成佛，阴阳互动和寂然无为，必须均衡发展，这个世界就不会有问题，《易经》历史哲学的智慧也在于此。

卦象是用来看清其变动的

是故易者，象也。象也者，像也。彖者，材也。爻也者，效天下之动者也。

是故吉凶生悔吝著也。（《易·系辞下传·第三章》）

易是不断变动的，但为了看清楚其变动，可以假设暂停之，那便是"卦"，卦是用来观察其现象的。

卦象是模拟的意思，用抽象符号，也模拟其现象，所以只能说"像"而已。

彖是断言，剥开卦象内容，看其材料，以做判断。

是以"彖者，材也"。

爻者是事态的能量交杂错综之意，有阳有阴，相推排列，是以仿效天下能量变化的意思。

有变动，才有吉凶、好坏，有吉凶好坏，悔吝的烦恼及阻碍自然更显著了。

阳卦多阴，阴卦多阳

阳卦多阴，阴卦多阳，其故何也？阳卦奇，阴卦耦。

其德行何也？阳一君而二民，君子之道也，阴二君而一民，小人之道也。（《易·系辞下传·第四章》）

这一章，孔子为我们指出阴阳卦象的基础意义。

阴极阳生，阳极阴生是宇宙变易之理，是以阳卦出现时阴必生，是其潜能多阴也。阴卦出现，阳必生，是其潜能多阳也。

卜金钱卦时，三卜成一爻，阳多阴少为阴爻，阴多阳少为阳爻，卦向取其未来性也。

德行者，本性之作用也。阳卦是一阳而二阴，一君统二民，例如坎卦☵，艮卦☶，震卦☳，为属阳之卦，是以坎中男，艮少男，震长男，属阳卦，以一统二，运用自如，如同一个身体指挥两只手，核心一个，外围阴阳互动，稳定、和谐便没有问题。

阴卦是二阳而一阴，二君统一民，象征双头马车之象。例如巽卦☴，兑卦☱，离卦☲，为属阴之卦，是以巽长女，兑少女，离中女。以二统一，两个心指挥一只手，必混乱而不协调，故为小人之道也。

天下同归而殊途

易曰："憧憧往来，朋从尔思。"子曰："天下何思何虑，天下同归而殊途，一致而百虑。天下何思何虑？日往则月来，月往则日来，日月相推而明生焉。寒往则暑来，暑往则寒来。

寒暑相推而岁成焉。往者屈也，来者信也，屈信相感而利生焉。尺蠖之屈，以求信也。龙蛇之蛰，以存身也。精义入神，以致用也。利用安身，以崇德也。过此以往，未之或知也。穷神知化，德之盛也。"

易曰："困于石，据于蒺藜，入于其宫，不见其妻，凶"。子曰："非所困而困焉，名必辱；非所据而据焉，身必危，既辱且危，死期将至，妻其可得见邪。"

易曰："公用射隼于高墉之上，获之，无不利。"子曰："隼者，禽也；弓矢者，器也；射之者，人也。君子藏器于身，待时而动，何不利之有？动而不括，是以出而有获，语成器而动者也。"

子曰："小人不耻不仁，不畏不义，不见利不劝，不威不惩，小惩而大诫，此小人之福也。易曰：'屦校灭趾，无咎。'此之谓也。"

善不积，不足以成名，恶不积，不足以灭身，小人以小善为无益而弗为也，以小恶为无伤而弗去也。故恶积而不可掩，罪大而不可解。易曰："何校灭耳，凶。"

子曰："危者，安其位者也；亡者，保其存者也；乱者，有其治者也。是故君子安而不忘危，存而不忘亡，治而不忘乱，是以身安而国家可保也。易曰：'其亡其亡，系于苞桑。'"

子曰："德薄而位尊，知小而谋大，力小而任重，鲜不及矣。易曰：'鼎折足，覆公𫗧，其形渥、凶。'言不胜其任也。"

子曰："知几其神乎，君子上交不谄，下交不渎，其知几乎？几者，动之微，吉之先见者也。君子见几而作，不俟终日。易曰：'介于石，不终日，贞吉。'介如石焉，宁用终日？断可识矣。君子知微知彰，知柔知刚，万夫之望。"

子曰："颜氏之子，其殆庶几乎，有不善，未尝不知，知之，未尝复行也。易曰：'不远复，无祗悔，元吉。'"

天地绸缊，万物化醇，男女构精，万物化生。易曰："三人行，则损一人。一人行，则得其友。"言致一也。

子曰："君子安其身而后动，易其心而后语，定其交而后求。君子修此三者，故全也。危以动，则民不与也。惧以语，则民不应也。无交而求，则民不与也，莫之与，则伤之者至矣。易曰：'莫益之，或击之，立心勿恒，凶。'"（《易·系辞下传·第五章》）

这段文字，是《易经》中人事文化的主流精神。

"憧憧往来，朋从尔思"是咸卦九四爻的爻辞。泽山咸䷞，泽在山上，特别美而动人，有如日月潭。

咸为无心之感，自然的感动，是以咸卦最重要的是动能爻。九四为阳爻，不对位（**四属偶**），又为外卦之初，是心里起了涟漪，心思不定也。

"朋"是很多之意，即"朋"友的朋，同类而众多也。

"憧憧往来"形容人类思想之多而不定，脑子的意念多得不得了，喋喋不休的，好像疯子一般，这的确是一般人类头脑中的现象。

但孔子却说：天下事有什么好想的，人类的思想其实全是妄想，所以不要太执着于意识形态。所有思想是殊途而同归，宇宙只有一个真相，虽然想法很多，解释也有很多种，真相却只有一个。所谓"天下同归而殊途，一致而百虑"。

只有一个真相，那便是太阳下来，月亮升上，月亮西沉，旭日东升，太阳及月亮的互动，光明和黑暗因此而生。寒冬过了，暑夏来，暑夏结束，寒冬又至，寒暑的变化一年一次，故相推而岁成也。

失去的好像是委屈了，来的也好像是成功，其实委屈，成功只是己方的感觉，一去一来，一得一失，一成一败，以整体来看并没有利害及好坏的分别。

失败为成功之母，成功亦为失败之母，理解这个一屈一伸的循环，才能感到生命的真正好处。

尺蠖泛指蚯蚓、蚕宝宝等。它爬行时，一定先屈起身体，先屈才能伸，才能有移动力量，是以尺蠖之屈，以求伸也。

龙蛇类寒冬时需冬眠，冬眠时嘴里含块泥巴，钻到泥土里不食不动，用以保持生命的能量。是龙蛇之蛰，以存身也。委屈是为了保存生命力。

懂得此天地万物道理，能把握这个精神的便是生命的智慧，彻底了解成败在生命中的意义，不论吉凶悔吝，身心均能安然接受者，是《易经》中之最高德行了。

所以"精义入神，以致用也，利用安身，以崇德也"。

物质能量必是阴阳互动相推，因果关系必不可为，理解这个道理，就可以鉴往知来了。这并不是迷信，看透因果变化，便可穷神而知化了。只要心不动，吉凶悔吝又能怎么样，所以自己才是一切的主宰，是以"过此以往，未之或知也，穷神知化，德之盛也"。

《易经》真正要学的也在于这种"心"的境界。

"困于石，据于蒺藜，入于其宫，不见其妻，凶。"这是困卦六三爻的爻辞。

人生不如意事十常八九，处困之道是非常重要的。

泽水困☲，水在泽下，泽中无水，鱼虾都被困住了。

六三爻是阴爻，不当位，又为内卦的上爻，困中进取是为大凶。

困在乱石中，躲在杂木下，躲到天黑才回家，不见其妻，妻和子可能全被抓了，困得如此悲惨，还想逃，自然是大凶了。

在困境中想进取，将更危险，这种困境是自取的，所以孔子说"非所困而困焉"，这种困，必会受辱。不该坚持的太坚持，身必危。

内卦坎，主观条件不及，处困之道，是安于困再伺机而动，绝不可硬碰硬急于脱困。否则既辱且危，死期将至，怎能见到自己的妻子呢？

"公用射隼于高墉之上，获之，无不利。"

这是解卦上六爻的爻辞。雷水解☲，雷在云雨上，一雷破九台，雷水则解也。

这个爻辞是一幅狩猎图。

公是有身份地位的人，在高台上射隼鸟，一副轻松模样，显现天下太平，风雨已解，是以无不利也。

孔子说：君子藏器在身，带着自己的智慧及本事，等待适当的时机才动，如同公之射隼，何不利之有。

"动而不括"，不括是不保留之意，全力以赴，所以本事有，又肯等待适合机会，是以出而有获也。

"屦校灭趾，无咎。"是火雷噬嗑初九爻的爻辞。火雷噬嗑 ䷔，晴天打雷表示气流不顺。

屦校是木屐之意，古代中国人是穿木屐的，穿木屐走路，脚歪了一下，脚指头碰伤，虽有麻烦，但只要小心，并无太大伤害。

但人生最需小心的却在此，一般人大多不会为"不为仁"而不好意思，也不担心自己不义的行为，不以威力，对他也不觉得受惩，这种人不把刀架在脖子上是不会想改过的，也是不见棺材不落泪的。

所以有点小伤害，让他心存警戒，是小人之福也。

《易经》的阴阳相推互生，在教导我们要防微杜渐。

"何校灭耳，凶。"是噬嗑卦上九爻的爻辞。

何校是负着刑械，还伤了耳朵，这下子必凶了。

从小伤害变成凶，是因为累积了坏能量。

所以孔子说："善不积，不足以成名，恶不积，不足以灭身。"小人大多以小善无益于自己而不为，小恶无伤于自己而不去除。

运动很重要，大家都知道，但对健康及减肥的影响较慢，所以大多数人知而不做。吃槟榔不利健康，但影响也很慢，所以很难戒掉，非到得了口腔癌，绝不后悔。

刘备在白帝城托孤时，便交代儿子刘禅，"莫以善小而不为，莫以恶小而为之"。

天地是慈悲的，总是给我们机会，但人却是盲目的，执着于自己的"贪"，以至于恶贯满盈，恶积到不可掩，罪大到不可解，自然非大凶不可了。

"其亡其亡，系于苞桑。"是否卦九五爻的爻辞。

天地否䷋，能量不交流，故否。

高位者骄其位，不懂下民之心，在下者卑其位，只会暴力抗争，上下不交流，势必成否。

上有政策，下有对策，这种上下不沟通，用巧技互相敷衍，对大局是很不利的。

只求安定，不想挑战、求进步者必危，是以安其位者必危。

只一味保持自己的既得利益，势必灭亡，是以保其存者必亡。

无敌国外患者必松懈，所以乱生于治，太执着于太平盛世者必乱。

因此孔子提出了最重要的处世态度。

"安而不忘危，存而不忘亡，治而不忘乱，是以身安而国可保也。"

苞是指大草窠，系在桑枝上，太危险了。

"鼎折足，覆公餗，其形渥、凶。"是鼎卦九四爻的爻辞。

火风鼎䷱，火下有风，火必更旺，是有新的气象将生也。

九四爻不当位，外卦初爻太强，有新的气象，大家急着变强，好像饭肴刚煮好，大家抢着吃，使煮食的鼎脚都压断了，菜肴翻覆了，一片狼藉不堪的样子。这一爻是太积极而成凶。

孔子表示这是因为不能胜任其位置的工作啊！

德薄而位尊，没有能力，却占据高位。

智小而谋大，智慧不够，却眼高手低，一味想做大事。

力小而任重，勉强去承揽自己不能胜任的工作，那就没有不失败的了。

"介于石，不终日，贞吉。"是豫卦六二爻的爻辞。

雷地豫䷏，雷响大地，是警讯，也是生命的复苏。

第二爻，当其位，立场坚定。

如石头般的坚定，但保持警觉，不是死板地僵化在那里，是以不用终日介如石，这种态度既正又吉。

保持警觉，所以能知几，能知几便能掌握阴阳变化的神奇了。

能知几，才能有智慧，有智慧的君子，与上位者相交而不谄媚，与下属相交时，也不骄傲。随时保持警觉，便能知变化之机。

几者是动之微，阴阳互生相推，能知动能之微，就能知道怎么获吉了。

君子以警觉之心，见几而作，所以不用终日介于石。

不用终日介于石，随时保持阴阳互生的警觉性，所以知微知彰，知柔知刚，这种人是万夫所期望的领导人物了。

"不远复，无祗悔，元吉。"是复卦初九爻的爻辞。

复是地雷复䷗，一阳复生之卦，严冬将尽，春回大地也。

阳爻刚起，力量不大，所以不要一下冲太远，这样便不会有麻烦，如此的开始是吉的。

任何动心起念，最好一开始就对治，不给欲念任何机会，万念空寂，心如明镜，便是此爻之意。

孔子说：能够做到这样的，只有颜氏之子做得到。这位颜氏之子，便是孔子的高足颜渊。

只有颜渊做得到，完全能知道这个"几"。所以有不善未尝不知，知之必改，所以能够真正做到不贰过。

"三人行，则损一人，一人行，则得其友，言致一也。"是损卦六三爻的爻辞。

山泽损☶☵，泽在山下，会损及山的根基。六三也不当位，阴爻在内卦上爻，力量不足也。

"天地绸缪"即阴阳的变化，阴阳和谐，天地灵气化醇而生新气象。

生物界中，男女构精，所有生命均因此而起，所以阴阳要配对而和谐，天地就不会有太大问题。

第三者就有麻烦了，三角恋爱，必有一人受损。

不是有人出局，就是脚踏两条船者，两脚皆踏空。

所以一定得有人放弃，放弃了这个人便成为一人，这个人反而会吸引新的对象，重要的是有阴有阳，才会配对统一的。

"莫益之，或击之，立心勿恒，凶。"这是益卦初九爻辞。

风雷益☵☴，初爻虽当位，却压在三个阴爻之下，力不及也，是以不可急着抢夺利益。

益是利益，刚开始的利益，可能是对方作为诱饵的小甜头，要特别小心，不要急着去获利，甚至最好拒绝之，不要执着在获利上，这种利不可能恒久，所以必凶。

接着孔子提出了全益的方法。

"君子安其身而后动，易其心而后语，定其交而后求。"

立场安定再去求动，彼此交换其心才有得谈的，确认交往的感情，才能相互有所求。

君子之交能做到这三者，是全益也。

立场还不安定，只想变化，将没有人可以跟随；心有疑虑，只喊口号、用威胁的，没有人会响应；交情不足，一味要求，没有人会给予。没有人愿接受的，即使可以看到利益，不但得不到，还会受到伤害。

小利益，不要被引诱，甚至要拒绝，不要老是一心想获益，这是益卦的重要精神。

益是自然而来的，时机成熟，方向正确，自然会有大益，一心只想贪的，贪之令这最后一卦，太过用力，便成了"贫"。

益中有损，损中有益，爱生恨，恨亦可生爱，成生败，败中亦可逆而胜之，这便是《易经》的重要智慧了。

乾能及坤能是打开易之门

子曰："乾坤，其易之门邪。"

乾，阳物也；坤，阴物也。阴阳合德，而刚柔有体，以体天地之撰，以通神明之德。其称名也，杂而不越，于稽其类，其衰世之意邪？

夫易，彰往而察来，而微显阐幽，开而当名辨物，正言断辞，则备矣。

其称名也小，其取类也大，其旨远，其辞文，其言曲而中，其事肆而隐，因贰以济民行，以明失得之报。(《易·系辞下传·第六章》)

有人认为《易经》是性书，阴阳符号是人类生殖器的象征，主要便是由于这章文字中的"乾，阳物也；坤，阴物也。阴阳合德，而刚柔有体"。

其实，将男性生殖器称为阳物或阳具，女性称为阴物或阴户，这是唐宋以后的名词，秦汉以前任何书籍，包括医学生理书都没有这种用法。

这里的物，便是我们常讲的"东西"，乾是阳能的东西，坤是阴能的东西。

门即是入门。**研究《易经》，乾卦及坤卦是入门。易其实便是阴能和阳能的各种组合变化。**乾卦是纯阳能，六爻皆阳，坤卦是纯阴能，六爻皆阴。

所以研究《易经》，乾卦及坤卦是入门，是一把重要的钥匙。

乾是阳能，坤是阴能，阴阳能量相互组合，形成天地间的这种现象，其间刚柔相推而互动，也是宇宙中最神奇奥秘的道。

卦象的名称虽然广杂却不过分难懂，其符号及卦名也都有一定的道理，但所有变化都是"不如意十常八九"，所以《易经》多少也探索世道日衰的情形。

《易经》可以协助我们彰显过去的经验，以明察未来的方向，并且将那些不容易看清楚的变化，稍微让它更清楚一些。

细察各种卦象，可以发现其卦名都相当合理而妥当，卦辞、爻辞的断言也算正确，这一部《易经》可算是很完备。

其卦名范围虽小，但所描述的事情其实是很广大的，探索的宗旨是远大的，文辞也很优美而有文学性。

《易经》中所说出来的话都很圆融，很恰当。包含的道理很广泛，但却充满奥秘性。

用阴阳两种能量来说明人世间因果行为，并明白这些变化中所有的得失。

作易者，其有忧患乎

易之兴也，其于中古乎？作易者，其有忧患乎？

是故履，德之基也。谦，德之柄也。复，德之本也。恒，德之固也。损，德之修也。益，德之裕也。困，德之辨也。井，德之地也。巽，德之制也。

履，和而互。谦，尊而光。复，小而辨于物。恒，杂而不厌。损，先难而后易。益，长裕而不设。困，穷而通，井，居其所而迁，巽，称而隐。

履以和行，谦以制礼，复以自知；恒以一德，损以远害，益以兴利，困以寡怨，井以辨义，巽以行权。（《易·系辞下传·第七章》）

《易经》传说是先古伏羲氏的作品，但《易经》文化的兴盛，却是在殷商时代，殷商属鸟图腾族，文明发展甚早，以渔盐贸易为生，重视智谋运用，包括阴阳五行、奇门遁甲、兵法学等均于此文化中成长。儒学虽属周文化，但周公旦当时兴盛儒学却也在这个地方，即使孔子的祖先也属于这个族群文明。

《易经》的创作在先古，但《易经》中的《归藏易》却是殷商文化的作品，也就是孔子所说"易之兴也，其于中古"的殷商时代也。《易经》的作用是工具书，用以培养智慧，理解天地间的一切精神。

《易经》的易理在于《周易》的"卦辞"，"卦辞"是周文王被囚时，琢磨出来的作品，用以判断阴阳变化中，各卦象的吉凶，为的是理解生命中的苦难及阻碍。所以"作易者，其有忧患乎"？

接着，孔子提出了履、谦、复、恒、损、益、困、井、巽等九个卦来加以解说。

履，天泽☰☱。天下之泽海，执行其中也。浮沉于世间之意。浮沉世间必须以德为基础，故履，德之基也。

谦，地山☷☶。山高而处地之下，谦虚之至也，所以谦是德行中坚之柄也。

复，地雷☷☳。一阳始复，力虽不及，德行已回到根本，是德之本也。

恒，雷风☳☴。雷起风涌，恒常之理，只要有恒，德行便能稳固。

损，山泽☶☱。泽在山下，必损山之根基也，有损伤便必须修补之，故损，德之修也。

益，风雷☴☳。雷响风起，气候突变，但风雨中，雷后响，风雨停也，故益。益者，德行必宽裕。

困，泽水☱☵。水在泽下，泽无水，鱼虾必困也，困者必先理解困之原因，是以困，德之辨也。

井，水风☵☴。水下有风，泉涌而成井，井虽有局限，却足以养人，故为德之地也。

巽，风重卦☴☴。风中有风，气流顺着推，久而成制度，故为德之制也。

履和而至，是人生的开始，要很和睦地脚踏实地。

谦虚的人，得人拥戴及尊敬，是以谦，尊而先。

复者，反求诸己也。反省自己的行为，是以虽小事，也需辨别之。

恒者，持久也。虽杂事也不厌其久，才能恒，才能累积实力而获得成功。

损者，失也。有失必有得，阴去阳自来，祸福相依，吃亏便是占便宜，故损，先难而后易。

益者，得也。得而不能舍，必满而溢，造成灾难，故益时，虽宽裕但不宜太贪，否则会出问题。

困者，艰也。艰者穷也，穷则变，变则通，故困穷而通也。

井者，范围也。在这些局限中养生，但不可死守，就懂得活用变通，是以井居其所而迁。

巽者，风动也。顺风之动而动，对称其力量，不对抗，自隐在其中也。

履卦之义，在与人和睦相处，故履以和行。

谦卦的道理，便是社会的礼节，故谦以制礼。

复卦之义在自省，一阳回转，自知之明，故复以自知。

恒卦在不变，不变并非僵死，而是回到一，回到整体，故恒以一德。

损卦在舍得，有舍才有得，虽未得而祸远矣！

益卦之时必获利，有了利便要多付出，是以益以兴利。

困卦在守穷，守穷之人不争，不争自然少人怨了。

井卦之义，在局限范围中养生，做事有分寸，是义理之辨也。

巽卦之义在顺，顺者是最重要的权变之道，故巽以行权也。

刚柔相易，明于忧患

易之为书也不可远，为道也屡迁。变动不居，周流六虚，上下无常，刚柔相易，不可为典要，唯变所适。

其出入以度，外内使知惧，又明于忧患与故，无有师保，如临父母。初率其辞，而揆其方，既有典常，苟非其人，道不虚行。（《易·系辞下传·第八章》）

《易经》的道理是人生，不是远在天边的抽象理论，是浅近而平凡的，所以不必将之视为高远的学问。

《易经》的道理便是变化，一切无常，时也运也不断在变，所以不可"挂"在那里。

六虚是六合，东西南北上下，前后左右上下，六合是宇宙空间。阴阳之能，变动而不定居，充满于六合中，无所不在。

阴能阳能上下无常，相推变易，没有一定的道理，要应变、要顺变，所以"不可为典要，唯变所适"。

阴阳能的变易中，一进一出间也有其一定法则，内卦、外卦可互变，所以要用整体的观点，将卦象看得清清楚楚的，所以"其出入以度，外内使知惧"。

《易经》的变易、简易及不易的道理，各爻间阴阳相推互动，是用以明白人世间的忧患也。

懂得《易经》，便可知自然变化的道理，不必再依赖任何神秘力量的保护，只要如同在父母的旁边，戒慎恭敬，便可顺天而应地，是以"无有师保，如临父母"。

率者，顺也。顺着卦辞、爻辞的引导，便可以找到自己的方向，这便是宇宙自然一切的典范，人必须有此智慧，而不依赖鬼神，只有靠自己，《易经》的道理才不会成虚空。

是以"初率其辞，而揆其方，既有典常，苟非其人，道不虚行"。

六爻相杂，是时空的变化

易之为书也，原始要终以为质也。六爻相杂，唯其时物也。

其初难知，其上易知，本末也。初辞拟之，卒成之终。若夫杂物撰德，辨是与非，则非其中爻不备。噫！亦要存亡吉凶，则居可知矣。知者观其象辞，则思过半矣。

二与四，同功而异位，其善不同：二多誉，四多惧，近也。柔之为道，不利远者，其要无咎，其用柔中也。

三与五，同功而异位：三多凶，五多功，贵贱之等也，其柔危，其刚胜邪？（《易·系辞下传·第九章》）

《易经》探讨宇宙动能、静能间的变化及互生，看起来很复杂，其实从头到尾，都是因果，都是物质现象，都属于物理学。

人事现象属于物质的较多，属于精神的较少，思想是由于脑细胞活动的关系，其实也是一种物质作用。记忆、理论、意识形态，都是大脑作用，有一定逻辑，有一定因果，所以都是物质。

精神是超越物质的，精神虽以大脑来理解，但却在理解后超越，了断因果关系，是超越逻辑的突变。

六爻中的阳能及阴能，依序相杂排列，有空间因素，也有时间因素，善于处理时空关系及问题的，便能够突破，便能够超越。

卦象开始不容易知道，但只要将错综复杂的关系以整体观点来看，加上将动爻的变化逐步了解，一切就会变得很简单了，这是因为《易经》可以让我们厘清本末的关系。

拟是比拟、大概之意，卦辞及爻辞是种比拟的说明，完整理解之，便能断定这个卦的吉凶悔吝及变化方向了。

若想在这些复杂的事物中，找到重要的因素（撰德），以辨别其间的是与非，则要完整观察卦中间四爻的位置和阴阳。除了初爻和上爻外的中间几个爻，象征事物中的几微变化，存亡、吉凶，都可以从其中看得出来。

彖辞便是卦的判断，这个判断是由爻的安排及变化中做观察的，所以有智慧的君子要多观察彖辞的意思，《易经》的道理就可以弄清楚泰半了。

这中间四爻中，二爻和四爻是偶数位，功能相同，但位置不一样，二爻是内卦的中爻，四爻是外卦的初爻，二爻在卦中是阴柔而稳定，四爻承担内卦之力，初变为外爻，承受内外的压力。例如乾卦二爻的爻辞是"见龙在田"，力虽不足，位甚稳定。四爻爻辞"或跃在渊"，是种冒险，跳了上去，结果吉凶未卜，所以说"同功而异位，其善不同"。

二爻机会好，见龙已在田，故利见大人也。四爻或跃在渊，需要小心戒慎，最多也只能无咎而已。

所以"二多誉，四多惧"。

二、四为阴柔位，力不足，利于近者，不利于远者。二较近，较能掌握，四在外，较远、不利。是以重点在能够无咎，其精神是用其柔中之性。

三爻和五爻，也是同功而异位，三爻为内卦上爻，接近外卦，内外卦的接驳爻，三、四两爻，都不稳定，若不当位，将成为"不三不四"之尴尬局面。五爻在外爻之中，正位而稳，乾卦三爻"君子终日乾乾，夕惕若，厉无咎"。整天都要很认真、很拼命，晚上也小心戒慎不放松，如此努力所得不过无咎而已。是以"三多凶"。

乾卦五爻"飞龙在天，利见大人"。力量已达高峰，是以"五多功"。

三、五之分，贵贱也。贵者高远，外卦之象；贱者低近，内卦之象。所以三、五之分，是贵贱的级数而已。

三、五爻奇数位，是以用阳不用阴，故"其柔危，其刚胜邪"。

有天道、有人道、有地道

> 易之为书也，广大悉备，有天道焉，有人道焉，有地道焉，兼三才而两之，故六。六者，非它也，三才之道也。
>
> 道有变动，故曰爻；爻有等，故曰物；物相杂，故曰文；文不当，故吉凶生焉。（《易·系辞下传·第十章》）

《易经》这本书的内容，包括了宇宙自然所有的变化，原本的八卦有三爻，便代表天道、地道、人道的阴阳变化，是为三才。

周文王以三爻重叠为六爻，使阴阳变化的相对性更为明显，兼三才（天、地、人之道）而两之（阴阳），二三得六，六爻是天地人三才的阴阳变化也。

宇宙的能量不断在变化，这便是爻。爻者交也，能量交互变化之意，由初爻到上爻，有六种先后变化，而形成各种现象。八卦便是天地火水雷风泽山八种东西，所以说"爻有等，故曰物"。

重叠三爻形成六爻的六十四卦，以自然能量形成的东西，来观察人生百态的"用"，例如泽水困☵，水在泽下，泽无水，鱼虾皆困。火天大有☰，日正当中，能量正旺也，所以"物相杂，故曰文"。

这些能量不同的作用，有困、蹇、明夷、否等凶卦，也有丰、益、大有、泰等吉卦，所以"文不当，故吉凶生焉"。

危者使平，易者使倾

易之兴也，其当殷之末世，周之盛德邪？当文王与纣之事邪？

是故其辞危。危者使平，易者使倾，其道甚大，百物不废。惧以终始，其要无咎，此之谓易之道也。（《易·系辞下传·第十一章》）

有人问佛陀，你是做什么的？是圣人，是哲学家，还是修道家？

据说佛陀表示：我是医者，医疗人类生老病死之痛苦。

孔子认为《易经》也具备这种功能，《周易》的作者周文王，在殷王朝末年，和殷纣王痛苦的相处中，发现了《易经》的智慧，使周王朝盛德发挥到了最高点。

所以《易经》的辞，表达的便是危机的应变之道，以动静能的时空变化，彻底理解其中物理的因果关系，亦即人事中客观的"物理学"。

《易经》的辞是医疗用的，所以针对危机，使其转危为安，是以"危者使平"。

抓到变化的契机，顺其变化发展，是以"易者使倾"。

这种转危为安，顺势发展的学问，其道甚大也。

医疗的意义，便在起死回生，要做到这点，必须随时戒慎恐惧，有危困不急于脱困，可以安静的寂然无为，完全客观掌握情势，才能真正克服危困。

这便是《易经》最重要的智慧了。

所以"百物不废，惧以终始，其要无咎（其重点在无错误），此之谓易之道也"。

夫乾，天行健也

夫乾，天下之至健也，德行恒易以知险。夫坤，天下之至顺也，德行恒简以知阻，能说诸心，能研诸侯之虑，定天下之吉凶，成天下之亹亹者。

是故变化云为，吉事有祥；象事知器，占事知来；天地设位，圣人成能；人谋鬼谋，百姓与能。

八卦以象告，爻象以情言，刚柔杂居，而吉凶可见矣。

变动以利言，吉凶以情迁，是故爱恶相攻而吉凶生，远近相取而悔吝生，情伪相感而利害生。

凡易之情，近而不相得，则凶，或害之，悔且吝。

将叛者其辞惭，中心疑者其辞枝，吉人之辞寡，躁人之辞多，诬善之人其辞游，失其守者其辞屈。（《易·系辞下传·第十二章》）

《易经》中最主要的在于阳能及阴能的互动变化。

阳能的至极便是乾卦，阴能的至极是为坤卦。

乾卦，是天下之至健也。天行健，君子以自强不息。

在不断的变化中，危机也不断，所以乾卦之德行，是"恒易以知险"。

坤卦，阴柔之极，天下之至顺也。安静可以使一切问题简化，但这种简化，也造成缺乏突破，使阻碍因而增加，所以坤卦之德行，是"恒简以知阻"。

《易经》在训练领导人物懂得阴阳之道，乾坤之德，便可以抓到所有人之"心"。了解他人的想法，便能进而研究并判断竞争者的谋略规划了。

亹，是功业之意。懂得《易经》奥秘的领导者，便能掌握人事的吉凶，故能完成天下的伟大功业。

所以，能够配合阴阳变化去说话（云）及动作（为）的人，必能感应其吉祥也。

器是工具，也是制度，易卦在卦象上，是用以认识环境，以拟应对之道。

《易经》中的各爻变化及综错互卦的了解及判断，称为占，占卦的目的，在以因果法则预知事情的可能发展。

《易经》探讨的是宇宙自然的物理变化，以此来观察并预知人事。善用这种能力，无论人谋或鬼谋，每个人都会看得清清楚楚的。

所以"天地设位，圣人成能，人谋鬼谋，百姓与能"。

依孔子的意思，《易经》不但是秀异领导必学的，而且最好能成为"全民教育"。

《易经》是工具书，八卦是说明八种天地的现象，现象是客观的，爻辞及彖辞，则是以现象来做主观的说明。六爻阴阳相推杂居，以此而可见卦象的吉凶了。

有变动，有发展，原本都会希望是好的，是有利的。但所有利害皆是相对，对我有利，对他人不利，对他人不利，对我则有利。

阴阳互动，有得有失，有舍有得，立场不一样，吉凶也不一样。

所以"变动以利言，吉凶以情迁（随主观立场而不同）"。

冲突的两造，有的吉，有的凶。时空不同，也会有悔、有吝。但不论吉凶悔吝，重点仍在主观的应对，应对的心态，决定一切的利害。

是故"爱恶相攻而吉凶生，远近相取而悔吝生，情伪相感而利害生"。

以《易经》的道理来讲，相近之人却不能相互知心，则必大凶，对两造都是有害的，不但麻烦多，而且阻碍也多。

只要详细观察《易经》中阴阳互动相生的现象，将可作为识人的根本；将背叛的人，语气之中必有很多歉怨和惭愧之情；心中不踏实存有疑惑的人，用词上必多支吾而不确定；英雄豪杰在平常生活中大多沉默寡言；叽叽喳喳不停说话的人个性浮躁；想诬陷他人者必游移其词；不能坚守本位立场的人，讲话也会显得理不直而气不壮。

在《系辞》的最后，孔子特别加上这段观人的相法，表示学通《易经》的人，不论是天地、鬼神或人类，都将无法骗过他了。

所以孔子说："五十而知天命，六十而耳顺，七十而从心所欲不逾矩。"

《说卦》《序卦》《杂卦》

昔者圣人之作易也，幽赞于神明而生蓍，参天两地而倚数，观变于阴阳而立卦，发挥于刚柔而生爻，和顺于道德而理于义，穷理尽性以至于命。

孔子的《十翼》，包括《象辞》上下、《彖辞》上下、《文言》、《系辞》上下、《说卦》、《序卦》、《杂卦》，共十篇，合称为"十翼"。

《象辞》分上下传，为卦象的说明。

《象辞》也分上下传，为卦理的断言。

《文言》是卦的人文思想体系，附在乾卦及坤卦中。

《系辞》也分上下，是孔子研究《易经》象、理、数的心得报告。

《说卦》者，易卦原理之说明。

《序卦》者，六十四卦顺序之说明也。

《杂卦》者，卦理之杂记也。

《象辞》《彖辞》《文言》均附在《易经》六十四卦中，用以补充文王的卦辞及周公的爻辞。

《系辞》上下篇是孔子《易经》思想最主要的部分，也是学习《易经》者，最重要的学习精神。

《说卦》《序卦》《杂卦》则是补充的部分，让学习者对《易经》进而有更完整的了解。

幽赞于神明，秘密在蓍草

昔者圣人之作易也，幽赞于神明而生蓍，参天两地而倚数，观变于阴阳而立卦，发挥于刚柔而生爻，和顺于道德而理于义，穷理尽性以至于命。（《易·说卦传·第一章》）

蓍草是用来卜卦用的。

圣人作《易经》是为了探究天地间的幽明及奥秘，以穷神奇的阴阳互生及变化，并以蓍草为占卜的工具，推算的方法是一、三、五等三个奇数及二、四等两个偶数。

观察阴阳变化的迹象而完成六十四卦，这六十四卦的意义是动能（刚）及静能（柔）的爻相推排列而成，顺着这些道理及德行便可以合乎义理，穷究这些义理，便可明白于本性，而了解整体生命的奥秘了。

《易经》中卦象、卦理、卦数的道理便在于此。

顺性命之理，立天地之道

昔者圣人之作易也，将以顺性命之理。是以立天之道，曰阴与阳；立地之道，曰柔与刚；立人之道，曰仁与义。兼三才而两之，故易六画而成卦。分阴分阳，迭用柔刚，故易六位而成章。（《易·说卦传·第二章》）

《易经》的作者，是在顺宇宙本来面目（性命）的道理，以阴阳来观察天时变化之道，以刚柔来对应地利之道，以仁义来确定人生之道。天、地、人三才，重叠阴阳两种变化，三二得六，故画六爻而成一卦。有阴爻，有阳爻，有刚位（初、三、五爻），有柔位（二、四、上爻），所以易卦由六个位置的阴阳变化，来做观察探索的卦象（含象、数、理），故曰"成章"。

天地定位，山泽通气

天地定位，山泽通气，雷风相薄，水火不相射。八卦相错，数往者顺，知来者逆，是故易，逆数也。（《易·说卦传·第三章》）

伏羲先天八卦的方位见图3-3。

图3-3 伏羲先天八卦方位图

天南地北，动能是热的，是以乾卦的精神在南方。静能是冷的，是以坤卦的精神在北方。

山在西北，泽在东南，西北属高气压的大本营，东南大海多低气压，高气压向低气压流动，是以"山泽通气"也。

雷响风动，雷声是电流在大气的振动，振动后必有风，是谓"雷风相薄"。中国西南多风，东北多雷。

月出日没，日上月沉。日为火，月为水，不同时出现，是谓"水火不相射"。

先天八卦是宇宙自然现象，分布的方位，相对两卦，功能均为互补，是谓"八卦相错"。

由震的4到乾的1，顺时针方向，是推算以往的现象。由坤的8到巽的5，则为逆时针方向，是推算未知的现象，即所谓"数往者顺，知来者逆"。

但《易经》的推算，主要是由已知到未知，是故"易，逆数也"。

乾以君之，坤以藏之

> 雷以动之，风以散之，雨以润之，日以烜之，艮以止之，兑以说之，乾以君之，坤以藏之。(《易·说卦传·第四章》)

这段文字在说明先天八卦的意义。

雷为震卦，☳。阴中一阳生，阳能初动也。

风为巽卦，☴。阳中一阴生，阴能散阳能也。

雨为坎卦，☵。柔在外，刚在内，滋润天地万物也。

日为离卦，☲。刚在外，柔其中，照亮天地万物也。

山为艮卦，☶。阳能挡在阴能之上，止其往上变也。

泽为兑卦，☱。上柔下刚，泽湖之美，常能悦人心。

天为乾卦，☰。动能之极致。天行健，君子以自强不息，是领导之象也，是为君。

地为坤卦，☷。静能之极致，生命力内敛，不露于外，是柔顺之象，故坤以藏之。

帝出乎震，齐乎巽

> 帝出乎震，齐乎巽，相见乎离，致役乎坤，说言乎兑，战乎乾，劳乎坎，成言乎艮。

万物出乎震，震东方也。齐乎巽，巽东南也。齐也者，言万物之洁齐也。

　　离也者，明也。万物皆相见，南方之卦也。圣人南面而听天下，向明而治，盖取诸此也。

　　坤也者，地也，万物皆致养焉，故曰致役乎坤。

　　兑，正秋也，万物之所说也，故曰说言乎兑。

　　战乎乾，乾，西北之卦也，言阴阳相薄也。

　　坎者，水也，正北方之卦也，劳卦也，万物之所归也，故曰劳乎坎。

　　艮，东北之卦也，万物之所成终而所成始也，故曰成言乎艮。（《易·说卦传·第五章》）

文王后天八卦的方位见图3-4。

图3-4　文王后天八卦方位图

"帝"指的是动能，生命的开始。

后天八卦，是以自然理解人事，所以由东方的震卦开始。

动能在震，是以"帝出乎震"。

巽者风也，风化、教化也，以巽为教育，君子之德，风。小人之德，草，风吹草偃是谓"齐乎巽"。

离者，太阳也。太阳最公平，善恶同时照临，没有选择，没有成见，万物机会均等，这种领导统治的风格，是谓"相见乎离"。

坤能，大地之母也。厚德载物，承受一切劳苦，故曰"致役乎坤"。

兑卦，秋天也。天地此时最美丽，心情最愉快，故"说言乎兑"。

乾为动能之极致，努力奋斗之时也，故"战乎乾"。

坎为水，阻碍困难多，故"劳乎坎"。

艮为八卦之止，是终点也是起点。《易经》的精神最后是"不动如山"，以迎接另一变化的开始，故"成言乎艮"。

接下来，孔子详细说明后天八卦在人事运用上的意义。

万物以震开始。初雷称为惊蛰，冬眠的生物苏醒，大地恢复生气，震在东方，以中国大陆来讲，春天的讯息由海洋而来。

东南风起，春回大地，万物承其能量，是"齐也者，言万物之洁齐也"。

离是太阳，明亮之中心也，万物同时承其光芒，皆相见也。离的精神在南方，所以古代君王南面垂拱（**手袖垂下，表示静而无为**）以治天下也。

君王以身作则，不多言，宁静其身心，天下无为而治，是取离卦的精神。

坤者大地也，天下万物均仰赖大地提供粮食及生命能量，所以说"致役（最辛苦者）乎坤"了。

兑卦是秋天之象，万物均已成熟，一片美景呈现眼前，赏心悦目，是谓"说言乎兑"。

乾能为动之极致，位在西北面。中国西北方敌人多而强，冲突多，是为"阴阳相薄"也，但敌人是提醒自己奋斗自强的能量，所谓无敌国外患者，国恒亡，是谓"战乎乾"。

坎为水，静能之极致也。这是正北的卦象，天寒地冻，阻碍多，必辛劳。但辛劳之人，服务众人的能量强大，故万物之所归也，故称"劳乎坎"，男人之卦象也。

艮，东北之卦，后天八卦绕一圈止乎艮，能量之终点，却也将带动另一个动能的起点，三百六十度也等于零度，是万物之所成终，也是万物之所成始，故曰"成言乎艮"。

神就是奇妙的万物变化

神也者，妙万物而为言者也。动万物者莫疾乎雷，桡万物者莫疾乎风，燥万物者莫熯乎火，说万物者莫说乎泽，润万物者莫润乎水，终万物始万物者莫盛乎艮。

故水火相逮，雷风不相悖，山泽通气，然后能变化，既成万物也。（《易·说卦传·第六章》）

这段文字继续在说明，后天八卦对天地间人事物的影响及意义。

神的意思，便是天地间万物之奥妙能量也，所以神便是自然的变化，这些变化的能量均表现在《易经》中。

动能的开始在震卦，动力最强又最疾速的莫过于雷。吹动万物，影响力最大的则莫过于风。燥热万物者最有力量的莫过于火，让万物同感喜悦的，莫过于湖泽。滋润万物，促成生命成长的，莫过于水。如如不动，始终是一，是开始也是结束的形象，没有比山表现得更丰盛。

所以水火的功能是相对立的，是反向能量的，雷风则属相辅相成，雷震时风起云涌也，山泽的高低气压必相流动，气候也因而产生变化，这些动静能量相推互生，天地间万物因而得以成长。

乾健也，坤顺也

乾，健也；坤，顺也；震，动也；巽，入也；坎，陷也；离，丽也；艮，止也；兑，说也。（《易·说卦传·第七章》）

乾为马，坤为牛，震为龙，巽为鸡，坎为豕，离为雉，艮为狗，兑为羊。（《易·说卦传·第八章》）

乾为首，坤为腹，震为足，巽为股，坎为耳，离为目，艮为手，兑为口。（《易·说卦传·第九章》）

乾，天也，故称乎父。坤，地也，故称乎母。

震一索而得男，故谓之长男。巽一索而得女，故谓之长女。

坎再索而得男，故谓之中男。离再索而得女，故谓之中女。

艮三索而得男，故谓之少男。兑三索而得女，故谓之少女。（《易·说卦传·第十章》）

这段文字，是在说明后天八卦的实用，包括生命学、生物学、生理学及生活学（伦理学）等各方面。

乾，动能之至极，故健也，天行健，君子以自强不息。坤，静能之至极，各种状况均可包容，故顺也。震，阴极一阳生，大地复苏，故动也。巽，阳极一阴生，深入其中，故入也。坎，阻碍多，故陷也。离，明亮貌，故丽也。艮，一阳阻挡于上，故止也。兑，一阴尚存二阳之上，又象征湖泽之美和宁静，故说也。

以动物来象征，乾能飞腾，为马；坤能柔顺载重，为牛；震能见首不见尾，为龙；巽能疾而小动，为鸡；坎能笨重难动，为豕；离能美而亮丽，为雉。艮能稳定而固执，为狗；兑能和顺喜悦，为羊。

以身体（人类小宇宙）做比喻，乾能为动的司掌来源，故为首（大脑）；坤为接受隐藏之能量，故为腹；震能多动，故为足；巽能为风为气，故为股；坎能深陷而多水，故为耳；离能亮丽可见，故为目。艮能知所止，能掌握，故为手；兑能喜悦多福，故为口。

以生活伦理（社会结构组织）而言，乾为天，为家庭的至尊，故谓之父；坤为地，为生命的孕育，故谓之母；震是卦中初爻为阳，故谓之长男；巽是卦中初爻为阴，故谓之长女。坎是卦中二爻为阳，故谓之中男；离是卦中二爻为阴，故谓之中女；艮是卦中三爻为阳，故谓之少男；兑是卦中三爻为阴，故谓之少女。

有天地，文明因而创生

《易经》以阴阳动能描绘宇宙天地万物间的各种变化，这种动能是物质的能量，所以严格来讲，《易经》是物理学，它探讨的是物理的必然变化。人也是宇宙万物的一员，人的身体、生命及思想（**脑细胞能量互动关系**），其实也包括在物理学当中。

六十四卦的排列次序，在《序卦传》中，孔子便依物理学的变化做了说明。

> 有天地，然后万物生焉，盈天地之间者唯万物，故受之以屯。屯者，盈也。屯者，物之始生也。（《易·序卦传·上篇》）

乾为天，坤为地，这两个卦为《易经》六十四卦的前两卦。

有了天和地，万物便在其间生长，充满在天地间的能量，便是万物。物之动为能，为乾，物之静为质，为坤。

能量和物质的结合而有生命，是为屯，所以屯卦排在第三，初生之生命也。"屯"字为小草出土之状，象征万物之始生也。

> 物生必蒙，故受之以蒙。蒙者，蒙也，物之稚也。

屯是小草出土，出了土便是蒙。

蒙的意思便是蒙昧，幼稚的状态，如同小婴儿般，什么也不知。

> 物稚不可不养也，故受之以需，需者饮食之道也。

有了生命，这个幼稚的生命，不得不养育之，这个养育便是需求，是 Demand，物理上（生物上）的需求，而非 Want 或 Desire。蒙卦以后为需卦，需卦是最基本的 Demand，即是饮食之道。

> 饮食必有讼，故受之以讼。

民以食为天，大家抢饭吃，争执因此而起，是为讼。

> 讼必有众起，故受之以师，师者众也。

师便是群众，有组织的群众为师，有争执，自然会有对抗的组织，所以师（组织群众）因之而起。

文明第一次循环——比、小畜、履、泰、否

《序卦传·上篇》继续写道：

> 众必有所比，故受之以比，比者比也。

群众中又必有派、有系，意见较接近者排在一起，为比，所以师卦后便是比卦，比就是联合排在一起，有所比较的意思。

比必有所畜，故受之以小畜。

大家意见相近，有组织便有力量，这种力量便是积蓄，但这种蓄力，是因讼、因师而起，有私心，故只能是"小畜"。畜其小者。

物畜然后有礼，故受之以履。

仓廪实则知礼节，衣食足则知荣辱，有了积蓄，才能发展出礼节制度，礼制不可拘于形式，必须付之实行，故受之以履。

履而泰，然后安，故受之以泰，泰者通也。

一切都能落实，制度便能稳定，人民生活安定，自然是国泰民安了，如此一切畅通无阻，没有阻碍，也没有问题了。

物不可以终通，故受之以否。

人无千日好，花无百日红。乐极生悲，爬过高峰后自然是往谷底走了。有畅通的大道，大家便会往这里挤，不久就会塞车。所以物不可终通，有泰必有否，福祸相生，荣辱互转。

衰退之后的再发展

《序卦传·上篇》继续写道：

物不可以终否，故受之以同人。

否极泰来，失败为成功之母。

转运了，还需有力量才能继续前进。志同道合的朋友，拔刀仗义相助，所以失败时最需要的便是朋友，是以否卦之后，接着是同人卦。

与人同者，物必归焉，故受之以大有。

如同《孙子兵法》五事中所道："令民与上同意也，可与之生，可与之死而不畏危。"

能以心与人同者，必得天下人之心，万物必归之，这便是大有，有其大者也。这种领导者是有真正实力的。

有大者不可以盈，故受之以谦。

有实力者最忌讳骄傲，自满了便骄溢，所以必须用谦来要求自己。大有的人更需要谦虚。

有大而能谦，必豫，故受之以豫。

有功名成就而能谦让自如的人，自然能更安乐，总是好整以暇，准备得好好的。

豫必有随，故受之以随。

有能力的人必有人跟随，有魅力的领导者必能吸引群众，所以豫卦之后，必为随卦。

面对引诱及冲突

《序卦传·上篇》继续写道：

以喜随人者必有事，故受以之蛊，蛊者事也。

很多人跟随，时时有人拍马屁，这样便容易出事，是因为引诱太大了，所以随卦后面是蛊，蛊是种虫，会迷惑人的大脑及神经，被迷惑了自然要多事了。

有事而后可大，故受之以临，临者大也。

不怕引诱，进而超越引诱，才能完成大事业。临便是莅临的临，亲自参与，和大家同甘共苦，不被引诱，不自认了不起，所以能临者便可以大。

物大然后可观，故受之以观。

物大了自然可观，自然吸引大家敬仰，但自己更不能迷失，随时观照自己，观照自己的欲望、思想、信念，才不会迷失，所以临以后更需要观。

可观而后有所合，故受之以噬嗑，嗑者合也。

事业大到可观的地步，必然有人来寻求合作，合作对象要小心，不可以随便苟合，要如同牙齿的密合以便咬断阻碍物，以求取真心合作。噬者咬也，嗑者嘴合也，消除障碍，以能彻底合作。

物不可以苟合而已，故受之以贲，贲者饰也。

合作不可以随便，因为文明发达后的人心欲望多，引诱多，必不可靠，故要以合约修饰之，修饰便是贲。表面的形式日益重要，就算爱情也需要以结婚来约束。

致饰，然后亨则尽矣，故受之以剥，剥者剥也。

装饰是需要的，但装饰过度，却会用尽能量，反而会僵化或受到伤害。

夫妻反目，爱没有了，形式还在，便开始相互剥削。所以贲后必剥。

化妆太浓了，反而伤害皮肤。所以装饰过度反而无益。

物不可以终尽，剥穷上反下，故受之以复。

歹运走到尽头，好运自然出现。

天无绝人之路，一棵草一点露，山不转路转，最后一阳剥尽了，阴极必阳生，初爻的阳便复起了，努力撑下去，到谷底后自然会反弹。

兴衰往还，圆融人生

乐极生悲，否极泰来，人生无止无终，如同一个圆周，循环不已，最重要的在于体验，每个片刻尽情地活，无怨无悔，了无牵挂，这便是圆融人生。

《易·序卦传·上篇》继续写道：

复则不妄矣，故受之以无妄。

理解剥复之理，心便无所妄念，寂然无为，随遇而安，是以复卦之后必是无妄。

有无妄，然后可畜，故受之以大畜。

没有妄念，便可累积大能量，这种能量是浩瀚无边大能的一环，所以畜其大者也。

物畜然后可养，故受之以颐，颐者养也。

蓄浩然正气，要以平常心，视如养生之道，是以大畜之后，为颐卦，颐者养也，孟子便说过："我善养吾浩然之气。"这便是大畜之养也。

　　不养则不可动，故受之以大过。

　　但即使养浩然之气，也需保持警觉，不要迷失在自认的伟大中，造成了意念，就容易走火入魔。所以不是真正以平常心，则不可养、不可动，若是迷失在追寻成道的迷思中，可要成为"大过"了。

　　物不可以终过，故受之以坎，坎者陷也。

　　过分迷失于宗教中，装神弄鬼，显像造假，本要骗人，最后自己也陷进去了，自认为菩萨化身，便会掉入坎中，坎便是陷了进去，不可自拔。

　　陷必有所丽，故受之以离，离者丽也。

　　陷进去便愈搞愈大，所以包装多了，就自认自己是一代教主，一切显得很亮丽，但离心离德之事，也因而发生了。离事常在丽事时，美丽中自然必有哀愁。

　　《序卦传·上篇》，由乾到离，便是上经的三十卦，由宇宙阴阳能量变化，观察人生世事的境遇无常。

　　《序卦传·下篇》，由咸到未济，则是下经的三十四卦，探讨社会伦理中的生活常规。

孔子的家庭伦理观

《序卦传·下篇》写道：

> 有天地，然后有万物，有万物然后有男女，有男女然后有夫妇，有夫妇然后有父子，有父子然后有君臣，有君臣然后有上下，有上下然后礼义有所错，夫妇之道不可以不久也，故受之以恒，恒者久也。

《易·下经》的第一卦为咸，咸者感也，但却是无心之感。心者，头脑之用也，没有想法，没有意念，没有理想，是自然的感，便是咸。

咸是最自然，也最真诚，有就有，没有就没有。

例如恋爱，有爱就有，不爱也装不得，没有恋爱哲学，也没有恋爱理论，更没有应不应该爱，爱是自然的、自觉的、纯自私的。

理解如此，便不必有恨，更不必不爱，就要毁了对方，爱时欲其生，恨时欲其死，是不自然、不健康的。

自然才有真正的伦理，伦理必须是无心之感，必须是咸。

有天地、有万物、有男女。

男女之咸而有夫妇，夫妇是自然的关系，不应彼此剥削，否则就不是咸，而是僵化的形式伦理了。

接下来的父子、君臣、上下也是一样，必须是无心之咸，客观上需要建立的关系，才合礼义，才是正确的关系。

孔子反对僵化的伦理道德，所以有"咸"，礼义才有所错（各适其位），这样的伦理才能长久，所以有咸才有恒，恒者，久也，平常心也。

物不可以久居其所，故受之以遁，遁者退也。

即使自然的恒久，也会产生变化。再恒久的感情，夫妇之中仍有一个会先死去，大限到了，不想走也得走。

因此要保持警觉，环境需要自己，必会全力以赴，但要培养继承人，准备好功成身退。

所以恒卦之后，乃有遁卦。老子也说："功遂身退，天之道。"不该走时走了是逃兵，该走时而不走是老贼。

物不可终遁，故受之以大壮。

老年人退休了并不代表无用，老人有老人的功用，发挥老人的智慧，去体认自己的"用"，便是大壮。

从另一方面来看，该退的老人退了，由少壮派接手，所以是大壮了。

物不可以终壮，故受之以晋，晋者进也。

大壮即大能量、大力量，有力量不可能满足现状，所以会进步、会发展、会往前冲。大壮之后为晋卦，象征旭日东升。

进必有所伤，故受之以明夷，夷者伤也。

一动不如一静，有进步必有伤害，不是伤害自己就是伤害别人。你赚了五百万，骄傲淫乐之心，伤了本性，况且相对的也必有人倾家荡产，妻离子散。

所以晋卦之后是明夷，光明夷难了，就像好人受到了伤害。好人先死经常是戏剧的开幕。

伤于外者必反其家，故受之以家人。

家是避风港，永远的避风港，受了伤便回家避风，所以明夷以后，必是家人卦。

家道穷必乖，故受之以睽，睽者乖也。

但如果连家都受伤了，就更麻烦，贫贱夫妻百事哀，穷到极点必乖张，乖张便是睽，反目成仇。

乖必有难，故受之以蹇，蹇者难也。

乖张又不合作，这样的家庭和组织，便会处处遇到困难，困难便是蹇，睽卦之后为蹇卦。

物不可以终难，故受之以解，解者缓也。

因为困难的条件是会改变的，所以蹇后必解，解者解除困难也，但第一步要和缓冲突（睽）的现象。

缓必有所失，故受之以损。

为了和缓冲突，必须有人先让步，让步难免就会令自己受些损失。

处损及处困之道

《易·序卦传·下篇》继续写道：

损而不已必益，故受之以益。

损上则益下，树叶的水分让太阳晒干了，根部自然会补充水分，有损必有益，有舍才有得。

益而不已必决，故受之以夬，夬者决也。

夬者决也，决断也，阳能到了极点可能会溃决，所以不要一心贪其益，益多了可能会造成巨大变化。

匹夫无罪，怀璧其罪，过分爱表现，必惹来灾难。

决必有所遇，故受之以姤，姤者遇也。

大巨变中，偶然的机运特别多，所以常有邂逅之事发生，危机固常带来痛苦，但危机也常是转机。

姤是天风☴，一阴在下初现，夬是泽天☱，一阴在上待除，这两卦互补，所以有夬必有姤，这是《易经》的智慧。

物相遇而后聚，故受之以萃，萃者聚也。

机遇多了，志同道合的朋友便能聚在一起。"萃"是野草集结生长之意，物以类聚，所以姤卦以后接着是萃卦。

聚而上者谓之升，故受之以升。

志同道合的人聚在一起，力量和地位都会上升，大家一起努力，团结便是力量。

升而不已必困，故受之以困。

事业过分扩大，资金便会不足，没有好好准备，便会被困住了。地位虽上升，困难也必增加。

困乎上者必反下，故受之以井。

因为上升而造成的困难，是基础不好的缘故。所以要设法强化基础，挖井以贮水及取水。

> 井道不可不革，故受之以革。

井虽能养人，但却也会造成局限，反而困得更严重，所以除回到基础耕耘外，还要有革命的热情，革除一切不合理的现象。

> 革物者莫若鼎，故受之以鼎。

改革必须有工具，这个工具便是鼎。象征把东西丢进去，一起重新煮，故革卦后面是鼎卦，有鼎才有新，所谓除旧布新也。

悲欢冷暖，际遇无常

《易·序卦传·下篇》继续写道：

> 主器者莫若长子，故受之以震，震者动也。

震为长男卦，内外卦皆是阳动。鼎者主新也。继承家业，创建时代，自然是长男的责任，所以鼎卦接下来是震卦，震是重新再开动之意，第二代的目的在于开创新时局。

> 物不可以终动，止之，故受之以艮，艮者止也。

物理学有动必有止，生命也是一样，辛劳后必休息，休息是为了走更远的路，有动必有静，一动一静，宇宙循环之理也。

物不可以终止，故受之以渐，渐者进也。

有动必有止，有止也必有动，生命的进展必是动静互补的渐进，能量均衡发展，是为渐。渐的发展才是健康的进步，不会操之过急。

进必有所归，故受之以归妹。

进展必有方向，有方向必有结果，归妹是结婚卦，男女相恋成眷属，是爱情的结果，也是婚姻生活的开始。

得其所归者必大，故受之以丰。丰者大也。

方向对了，归属正确，生命必更丰盛，丰盛象征生命的浩瀚无边，是宇宙中的"大"。

穷大者必失其居，故受之以旅。

有大的必有小的对应，只顾大的忽略小的，必去其根基，失根基者必变动不居，故为旅，旅者不定也。

资讯业是新世纪大事业，它能处理最大的量，但资讯业的技术也因而变动不居，汰旧换新之迅速令人目不暇接，是为旅也。

　　旅而无所容，故受之以巽，巽者入也。

　　巽除了象征风外，也象征种子，象征根。木在地中成长。旅久了，累了，自然要落叶归根。这也是生命的循环。

　　入而后说之，故受之以兑，兑者说也。

　　能回到家，回到本性，自然会有喜悦，巽卦后是兑卦，出门时有兴奋，回到家自有喜悦。

　　说而后散之，故受之以涣，涣者离也。

　　沉浸在喜悦中，就容易失去警觉，心神涣散，得意常因而忘形，是为涣。人一涣，便会有离心离德之事。

　　物不可以终离，故受之以节。

　　但涣散的能量也有停止时，忘形了容易遭受挫折，有挫折便又有警觉，而能够节制。

　　节而信之，故受之以中孚。

有节制必能建立信用，所以节卦之后为中孚卦。

有其信者必行之，故受之以小过。

有信用者常过分执着于诚信，造成行动的局限，矫枉常过正，故为小过。

有过物者必济，故受之以既济。

有过了，必有修补、有救济，所以反而更完整了。

物不可穷也，故受之以未济终焉。

完整了，还是会再变化，所以生命或有尽时，宇宙似乎没有结束，这出戏完了，那出戏又开始了。

天下大势合久必分，分久必合，分分合合是真相，统一和独立则是人类大脑执着的理念而已。

争执到最后，仍不过是一场空罢了。

乾刚坤柔，比乐师忧

《杂卦传》是孔子研究《易经》的杂记，这些较即兴式的心得，反而常有最深奥的道理。

《杂卦传》中，孔子写道：

乾刚坤柔，比乐师忧，临、观之义，或与或求，屯见而不失其居，蒙杂而著。

乾能是刚强而常动的，坤能则柔弱而常静。一静一动、一阴一阳的变化，便是道，也是唯一的真理。

有人相比，自然快乐；有人动员相争，自然有担忧。喜乐忧愁，是内在与外在的反应，也是种攀缘而已。

有事必临，有临乃大，有大可观，其中在于参与或不参与，参与则临，不参与则观，或与或求，在自心中。

"屯"象征小草出土，种子生根了，自然可以不失其所。

种子发芽是蒙昧期，需要更多的照顾，养分够了，生命逐渐茁壮，就能变得显著了。

震，起也，艮，止也。损、益，盛衰之始也。大畜，时也，无妄，灾也。萃聚而升不来也。

震者，雷也。春雷一响，万物复苏。艮者，山也，有止，故有成物也，从震到艮，事业所以有成。

损上必益下，损者盛之由来，有益则有所争，益者衰之源起，有舍才有得。

大畜是蓄其大德也，蓄德者必得其时，时机来到时必先大畜。

无妄者，灾必离也，所以灾难临时不苟免，保持安静，透视灾难之源，灾可去也。所以处灾难时必无妄。

萃者，小草聚集貌。意谓志同道合，物以类聚。

提升了地位，群众反而跟不上，自己高高在上，朋友不再同心，是以高处不胜寒。

> 谦轻，而豫怠也。噬嗑，食也。贲，无色也。兑见，而巽伏也。

能够谦虚的人，行动才能轻松，放下一切，轻身上路。合乎自然之道，便是真正的谦道。

豫卦固能好整以暇，但豫久了，也会有怠惰心念起，故宜警觉之。

噬嗑是咬断、彻底消化之意，饮食之道也。不论是食物或学问，都要彻底消化，成为自己的营养，不要只停留在语言上，记一大堆圣贤说过的话，必会食古不化，要理解语言背后的真正意义。

贲是过分装饰，所以处贲之道，是去其色彩，恢复单纯，只有单纯的人才能体验真理。

兑则表现在外，心有喜悦必表现分享之。巽者生命之起也，必先隐藏之，待其成长，不可表现在外，以免受到伤害。

随，不用动机；蛊，需要整理

《易·杂卦传》继续写道：

> 随，无故也；蛊，则饬也；剥，烂也；复，反也；晋，昼也；明夷，诛也；井通，而困相遇也。

真心跟随，是欣赏领袖的魅力及无私，而非想在其中获得利益，这样才能共生死存亡。

有弊端，有腐虫，要彻底整饬，以免其暗中滋生。

剥时要耐心等待其成熟腐烂，不必急着抗争，瓜熟蒂落，让内在的欲念、恐惧、不安、嫉妒，不再压抑，等待这些意念成熟后，自然会剥落。

复是反其道而行。不盲从，也不要西瓜偎大边，谨守本分及义理。

晋者旭日东升，白昼到也。让光明自然显露，不刻意渲染，以免成为众矢之的。

明夷是待诛之时，必须把心中的自我铲除，才能无怨、无悔、无畏、无惧。坦然磊落地面对灾难，将心向伤害敞开，不逃避、不抗争，完整观照自己，是处明夷之道。

井是指封闭的情况。环境的局限并不可怕，自己心中那道阻在前面的墙壁才可怕，故打通之，向生命敞开，不被蒙蔽于安全中，向不安挑战，去经历生命的不安，便可脱离井中之困。

困是泽中无水，阴阳不相遇，无生命力的死寂，所以处困之道，在促成阴阳相遇，等待机会，抓住机会，恢复生命力必可脱困。

咸，速也。恒，久也。涣，离也。节，止也。解，缓也。蹇，难也。睽，外也。家人，内也。否，泰反其类也。

无心之感，一见钟情，故速心。恒者平常心，活在当下，一个片刻，一个片刻全然地活着，是为永恒。

涣者，离心力也。涣散了，力量由大而小。

有所节制，离心力自然停止，节可以使一切静止，使欲念安静下来。

事缓则解，紧事必缓办，解之道，在缓其争也。

蹇者步步难行，故不可心慌，安心在艰难中，培养自己实力，处蹇之人，头脑必更清楚，心志必更坚强，是"天将降大任于是人也，必先苦其心志，劳其筋骨"。

睽者必外也，相互意见不同，必愈走愈远。

将伙伴视同家人，才能同心同力，产生内在无比的活力。

否卦、泰卦，一个乾上坤下☷，一个坤上乾下☷，其类相反，但却能相补互正，否极泰来，泰中否生，变化自在其中矣。

大壮则止。遁则退也。大有，众也。同人，亲也。革，去故也。鼎，取新也。小过，过也。中孚，信也。丰，多故也。亲寡，旅也。

大壮时，阳能太强，宜稍止之，以免锋芒尽露，反受伤害。

遁时，正气不显，乃君子隐遁时。故宜知所进退。

大有在于得众人之心，符合大众的期待及需要，故能大有。

同人，在与他人志同道合，故能亲之。

革是在有去旧的需要时，汰旧才能布新。

鼎是放在一起煮，完成一个创新。

小过是矫枉过正，宜保持弹性，随时警觉。

中孚是信任，信人者人恒信之，但信任非盲从，保持警觉，不盲目，才能真正信任。

丰时，故旧都会来亲近，所以"多故也"。

大家都不来了，孤独了，只好到异地去发展，故"亲寡，旅也"。

　　离上而坎下也，小畜，寡也。履，不处也。需，不进也。讼，不亲也。大过，颠也。姤，遇也，柔遇刚也。渐，女归待男行也。

离者，火也。气上升也，日正当中，亮丽照人。

坎者，陷水也。水向下流，困难重重。

畜小者，必不足，故寡。积蓄钱财者，再多也不足，愈有钱愈需要钱。

履是用来走路的，故不处。礼节是用来实践的，不是白纸写黑字就够的。

饮食的基本需要未被满足时，说什么也不会跟进，故衣食足而知礼节，仓廪实而知荣辱，领兵作战最重要的是粮秣的补给。

有争讼，必然不亲，兄弟阋墙也会拼得你死我活。

大过，是力不及了，承诺了太大的负担，包袱过重，势必会被颠覆而跌倒。所以大过时，要立刻放下负担来。

姤者，偶然相遇也。不期的相遇，意料之外的，引诱力特别大。柔遇刚者，女色之诱也，成功的男人，经常都会英雄难过美人关。

渐者风山之卦 ☶☴，风属巽是长女，山属艮，是少男。古代的独生子，常娶年长的媳妇，嫁过来的女子，要等待小丈夫长大才真正成婚，是为渐也，急不得也。

颐，养正也。既济，定也。归妹，女之终也。未济，男之穷也。夬，决也，刚决柔也；君子道长，小人道忧也。

颐是养生之卦 ☶☳，养必以正道，不可做不健康、不适合的养生，才能身心健康，孟子说："我善养吾浩然之气。"是为颐卦。

既济是水火之卦 ☵☲，水上火下，阴阳相济，故为既济，天下因此而定，上下相通，阴阳互补，故定也。

归妹为雷泽之卦 ☳☱，长男娶少女，成熟包容天真，少女必终生幸福，但若不包容，则终身苦也。

未济为火水之卦 ☲☵，火上升，水下降，阴阳睽离，不相通，爻位全错了，阴柔反在主位，故为男（阳）之穷也。

夬是 ☱☰，诸阳驱逐一阴，刚决柔也，便成纯阳之卦。

《易经》是宇宙、自然、人事的变化之道，有常道，也有变道；有正道，也有奇道。

容"易"的生活方式，才能将自己的能量，和浩瀚无边的宇宙大能相融合，海浪归于大海，是为圆融人生。

所以君子合乎大道，天人合一，在大道中成长，活生生地体验大道的变易，顺易而易是为不易，寂然无为是学易的最高境界。

小人欲念多，总想改变什么，因此和大道必冲突，忧患也因而不断也。

第四章　阴阳及乾坤

天行健，君子以自强不息。

——《易经·乾卦象辞》

用六永贞，以大终也。

——《易经·坤卦·用六象辞》

乾能——天道恒动无常

元是创始，万物的创始能量在乾，也就是乾为宇宙的本体，乾创造了宇宙。

《易经》是工具书，用来分析宇宙、自然、人事、社会诸种现象，以彻底了解其中的奥秘及真理。

《易经》是物理学，以阴阳动能来观察及诠释宇宙万物诸种现象的形成及变化。

人是宇宙的一环，人的身体也属于生物物理的变化，思想是脑细胞动能的关系，还是属物理学的一环。

《易经》是左脑的数理逻辑，组织、推论、理解及逻辑的基础。《易经》也隐藏有右脑的数理逻辑——想象、创新及对生命的热情和真诚喜悦。

《易经》是科学，最纯粹的秩序。

《易经》是可以体验宇宙真理的工具。

《易经》的本质只有阴和阳，阴能和阳能，以两种变化的二进位方式，组成宇宙万物的诸种现象及变化。

八卦是由阳 A 及阴 B 的三次方而来：$(A+B)^3=A^3+3A^2B+3AB^2+B^3$。六十四卦则是：$(A+B)^6=A^6+6A^5B+15A^4B^2+20A^3B^3+$

$15A^2B^4+6AB^5+B^6$。

易是真理，宇宙不停地处在变化中。天行健，君子以自强不息。

卦是假设暂停的形态，用以分析各种易的现象，分析的方法为易象、易理及易数。

六十四卦中，A^6及B^6这两个卦是最纯净的，纯阳及纯阴，六爻皆阳，☰为乾卦，六爻皆阴，☷为坤卦，是阴阳动能最本质的卦象。

所以认识《易经》，运用《易经》来观察并体验真理，便必须由乾坤这两个卦开始。

第一乾卦——元、亨、利、贞

☰，乾卦是八卦乾的重卦，内外卦皆属乾，是纯阳之卦。上卦是外卦，象征外在环境，下卦是内卦，象征自我条件。

"卦辞"是周文王将八卦重叠成六十四卦后，对卦的研究心得，以诠释卦在人事运用上的意义。

乾卦的卦辞是：

元、亨、利、贞。

指纯阳的动能，是元的、亨的、利的、贞的。

元是创始，万物的创始能量在乾，也就是乾为宇宙的本体，乾创造了宇宙。

亨者，通也。动能是畅通无阻的，用乾的精神，任何阻碍都会被打通，无往而不通。

利是有用的。乾能作用无限，无限的浩瀚无边，力量无穷无尽，是可以被万物所利用的生命能。

贞是正，正确的动能，无害的，无抉择的，如同太阳的能量，没有任何选择，只有付出，没有要求回报，只问耕耘，不问收获。

所以孔子对乾卦所作的象辞是：

天行健，君子以自强不息。

天是永远在运行中，从不停止，是以君子应仿天的精神，对生命有无尽的热情，完整、全然地参与，全力以赴地活着，不需要有理想、信念或欲望。乾能的本身便是目标，生命不需要有另外的目标，整体的宏观，不必有局部的琐碎目标。

《周易》卦有六爻，每一爻代表一个阴阳能量，总共有六个位元，进行二进位阴阳变化，便可观察万事万物，几乎比现代的电脑必须动用到六十四，甚至一百二十八位元要高明。

"爻辞"是诠释每个阴阳动能在卦中的意义，相传是周公旦承袭父志，深入研究《周易》，所写下的心得。

潜龙勿用

乾卦第一爻的爻辞为：

初九，潜龙勿用。

阳在卦数中属奇数，奇数的基本数为一、三、五、七、九，

阳是动能，往前行，故以最高的九来代表。第一爻为阳能者称为初九。

龙是动能的象征，而非指具体的恐龙。乾卦的象征动物是马，所以这个龙是龙马。

潜龙者潜能也，刚初生的龙马宝宝，虽有无限潜能，却还发挥不出来，所以说"潜龙勿用"。

孔子的象辞对初爻的诠释为：

潜龙勿用，阳在下也。

阳能仍在地下，太阳还未升上来，黑暗仍在，光明未现，不可强出头。

"文言"是孔子对乾卦及坤卦特别做的说明，这两个卦是宇宙本质，是以对人事变化影响最大。"文言"即是孔子对《易经》的人文观。每一个爻，孔子都加以说明。

初九曰："潜龙勿用。"何谓也？子曰："龙德而隐者也，不易乎世，不成乎名，遁世无闷，不见是而无闷。乐则行之，忧则违之，确乎其不可拔，潜龙也。"

初九尚在学徒阶段，仍有很多有待学习，学习才是本分，不要急着表现，也不要急着现买现卖。要累积、要消化所学，否则会欲速则不达。

是隐藏自己才华的时候，不急着去改变这个社会，做个客观的观察者，了然于心，不求成名，不求地位，这是诸葛亮隐居卧龙岗时的处世态度。卧龙者，即潜龙也。

人不知而不忧，世人不认同，自己还是坦然磊落，是最有自信的态度，所以"遁世无闷，不见是而无闷"。

一箪食，一瓢饮，在陋巷，人不堪其忧，回也不改其乐，贤哉回也。（《论语·雍也第六》）

这是孔子对他最赞赏弟子颜渊的称赞。

安于贫穷，安于无名。不是忍受，忍受也是一种压抑，必会造成内心欲望，而产生愤恨不平及担忧。

颜渊（颜回）的伟大，不在于他接受贫穷，而在于他接受"发生"，没有选择，对世界完整接受，不论外界的变化是什么，内在的本质是不变的、是宁静的、是完全喜悦、是完全热情的。

这也是"学者"及"学子"最基本的态度，尚在学中，不急着为世所用。

颜渊是孔子弟子中最富禅学精神的，不论环境如何，他永远积极、乐观、主动、热情。如此年轻，却能近乎成道的态度，连孔子都经常自叹不如。

子贡是孔子晚年重要的弟子，他出生商业世家，聪慧、机警，和当代诸侯君王都有交情，能言善道，长袖善舞，人脉关系丰富，他小孔子三十一岁，和颜渊同辈，彼此感情也很好。

子贡个性豁达，善于世情，是孔门弟子中俗世生活最成功的一位，虽然富有，却能保持内心的空无，也是弟子中较富道学修养的。

子谓子贡曰：“女与回（颜渊）也孰愈？”对曰：“赐也（子贡名端木赐），何敢望回，回也闻一以知十，赐也闻一以知二。”子曰：“弗如也，吾与女弗如也。”（《论语·公冶长第五》）

孔子问子贡：“你和颜回比，哪个比较有才能？”子贡回答说：“我端木赐哪敢和颜回比，颜回学道闻一知十，我最多只能闻一以知二。”孔子叹道：“是不如啊！我们两人都不如颜回啊！”对这两位得意门生，孔子曾做过比较。

子曰：“回也其庶乎，屡空。赐不受命，而货殖焉，亿则屡中。”（《论语·先进第十一》）

孔子说：“颜回在生活上已臻完美，能体现生命本质的空无，宁静喜悦，无忧无虑，可惜经常那么困穷。端木赐体认大道，却不愿接受生命本质，因此会去从商创造财富，不过他懂得依道而行，所以经常能准确猜中商机。”

哀公问：“弟子孰为好学？”孔子对曰：“有颜回者好学，不迁怒，不贰过，不幸短命死矣！今也则亡，未闻好学者也。”（《论语·雍也第六》）

鲁哀公问孔子：“弟子中谁最好学？”孔子回答道：“曾经有一位叫作颜回的最为好学，从不迁怒他人，不会犯两次同样的过错，却不幸短命而死，现在再也看不到这种弟子了，不再有称得上好学的了。"

孔门弟子中，谈学问、讲才艺、论文章，比颜回强的人多的是，但年老的孔子不以这些学问为珍宝；只有能领悟生命本质，体认宇宙大道，了解那正在发生的唯一真理，永远宁静，故不迁怒，永远警觉，故不贰过，这种弟子才是万中难取其一的宝贝。

颜回便是潜龙，《易经》的第一爻，也是最重要的"元"，指出宇宙的创始在潜龙的精神："潜龙勿用"指的是最丰盛、最积极、最浩瀚无边的潜能。

这和年岁无关，二十七岁的诸葛亮，四十岁的管仲，八十岁的姜子牙，在未出山为世所用前，都是潜龙。

诸葛亮是青年人的智慧，管仲是中年人的智慧，姜子牙则是老年人的智慧。

这些智慧便是"潜龙勿用"。诸葛亮一生皆以"卧龙"自称，即使出任蜀汉宰相，他仍不放弃"苟全性命于乱世，不求闻达于诸侯"的潜龙精神。

《易经》六十四卦，三百八十四爻中，这个初爻最为重要，是宇宙大元的最基本精神。

只要有五个学子像颜回，这个世界根本不用谈什么心灵改革了。

见龙在田，利见大人

乾卦第二爻的爻辞：

九二，见龙在田，利见大人。

九二爻是内卦的中爻，内卦的中心，属偶位却是阳能，是以不对位，所以仍不宜太积极。

见龙在田，田者，田野也，表示这种动能已看得到了，但力量仍不足，所以其利在见大人。

大人者，贵人也。指可以帮助或引导自己的人。

基本上这时候的能量尚不足，还需要等待，耐心地观察机会。

孔子的九二象辞写道：

> 见龙在田，德施普也。

人生以服务为目的，内卦的中心精神，是为了替这个世间服务。找贵人、等机会，不是为自己找利益、赚大钱，而是想有用于这个社会。

文言中，对九二爻则有以下诠释：

> 九二曰："见龙在田，利见大人。"何谓也？子曰："龙德而正中者也，庸言之信庸行之谨，闲邪存其诚，善世而不伐，德薄而化。易曰：'见龙在田，利见大人。'君德也。"

这一位真正的未来领袖，从潜龙到见龙，本身的素养是至中至正的。

讲话有信用，行为小心审慎，言行举止真诚而天真，即使有些功劳，也不骄矜，绝不过分表现，反而更谦虚，更热情为工作而努力。

刚出道的小伙子，锋芒毕露者是自找苦吃，这样子根本不会见到大人，最多只会吸引一些小人而已。

一个真正了不起的年轻人，将来会有伟大贡献的初学者，是要以见龙在田的精神，天真、热情、努力、不计较，这样才会有贵人出现去帮助你，所以乾卦九二爻的精神，是初出社会的年轻人所要学习的。

只有这样的年轻人，才是真正的君子，所以孔子说这是"君德也"。

君子终日乾乾

周公旦的爻辞写道：

九三，君子终日乾乾，夕惕若，厉无咎。

乾卦第三爻是内卦的上爻，表示自我条件的最顶点，靠自己的能力，努力得到别人认同，是机构中的基层干部——科长的精神。

部队里的小排长，便是这个九三。升职之后，就得"终日乾乾"了。

"乾"是动能，整天忙个不停，便是"终日乾乾"。

夕惕若，指到了黄昏也不能休息，照样加班，照样忙碌，就算如此努力，也不过能没有过错（无咎）而已。

这种日子的确不好过，但要成功就得靠自己努力打拼，爱拼才会赢。

进入外卦（靠社会力量）之前，一切得自己努力，完全靠自己，挫折、痛苦、辛劳，没有人夸奖，没有人赞赏，顶着钢盔往前冲。日本很多企业的课长常"过劳死"，但日本经济繁荣真正的主力，却靠这些"拼命三郎"。

九三爻代表无名英雄的精神。

孔子对此爻的象辞为：

　　　　终日乾乾，反复，道也。

反复便是平常心，每天忙碌要成为平常心，不自怜，不抗争，这就是成功之道、生命之道。

只问耕耘，不问收获，一切秉持平常心，快乐而热情地活在忙碌中、辛苦中、无怨无悔中，是乾卦九三爻的精神。

文言中，孔子写道：

　　　　九三曰："君子终日乾乾，夕惕若，厉无咎。"何谓也？子曰："君子进德修业。忠信，所以进德也；修辞立其诚，所以居业也；知至至之，可与几也。知终终之，可与存义也。是故居上位而不骄，在下位而不忧。故乾乾因其时而惕，虽危无咎也。"

德是能力、是素养，业是技能、是学问。

君子终日乾乾，便是在进德修业。

进什么德？孔子认为是忠和信，忠信，所以进德也。

忠者真诚、尽心，心在正中，是为忠。

信者信任、信用，与人言时真而诚，信自己、信别人，便是信。

修什么业？修辞立其诚，所以居业也。

修辞即是文章、表达能力。能表达得清楚，诚实而且能感动人，是能在这个行业立足的基础。

要讲自己心里真正懂的，真正理解、消化的道理，而不是抄一段书，背一段稿，这样的表达绝对感动不了别人的。

学院派的论文，经常引经据典一大堆，整篇论文没有半点自己的话，这种论文，又如何能"居其业"。

知至至之，可与几也，知终终之，可与存义也。

可动则动，需止则止，讲来简单，真要做到可不容易。

但这却是《易经》的精华。虽然终日乾乾，确无所求，只有热情，没有理想和目标。

时机到了，努力去做，这种人是可以达到易中的神机了。抓得恰到好处，便是"可与几也"。

该停止，该下台，坦然磊落，无怨无悔，自然是最合乎宇宙易的大义了。

这种人自然可以做到居上位而不骄，在下位而不忧。

能够这样，即使终日乾乾，表现得积极、强悍，仍然能掌握适当表现时机的人；虽然因为锋芒太露难免遭逢危机，却能够不带来太多的麻烦及过错。

这是出道时，成为领导人物前的基本素养，能够潜龙勿用，能够见龙在田，能够终日乾乾，才能真正成为未来的领导者。

或跃在渊，无咎

乾卦第四爻是外卦的第一爻，九四爻，阳能不对位，所以也是要相当小心的。

不过有了前三爻的准备及修养，这个爻是可以有所突破的。

乾卦第四爻，周公旦的爻辞写道：

九四，或跃在渊，无咎。

这时是可以跃入世间的大海了，不过却用了一个"或"字。

这个"或"字可是很有学问的。"或"者可有可无也，也就是说有机会才跳，时机成熟了才可以跳，不可以勉强，不可以急着求表现。

孔子在九四爻的象辞中写道：

或跃在渊，进无咎也。

有机会便跳出去，虽然有点积极，并且进入了新的境界，一个陌生的环境，但不会有太多问题的，可以无咎的。

文言中，对此爻的诠释为：

九四曰："或跃在渊，无咎。"何谓也？子曰："上下无常，非为邪也；进退无恒，非离群也；君子进德修业，欲及时也，故无咎。"

无三不成礼，已经到了第四爻，环境需要变了，能量也储存够了，应该跳出去为世间所用了。

不过重点在"或"，还是要观察环境客观条件，所以是上（跳出去）或是下（回到内卦隐遁），还不一定，无常的，不是特意作为的，而是自然发生的。

不是求表现，而是这个社会真正需要你了。

进退无常态，不是自私，想过离群索居的生活，而是要看客观环境是否成熟，是否真正有条件。

所以君子进德修业要及时。

要合乎时代需要，要抓到时机，这样跳出去，才能够无咎。

飞龙在天，利见大人

乾卦的第五爻，是外卦的中心爻，九五阳能处奇数位，位置对了，能量特强，是个人运势的最高潮，所以有"九五之尊"的说法。

爻辞上写道：

九五，飞龙在天，利见大人。

进入外卦的中间爻，内内外外都很扎实，是蜕变的时机了。

所以还有个让你会突变的贵人将出现，努力找到这个贵人。

龙马已在天上飞翔，但高处不胜寒，马上得天下，不见得能马上治天下，还需要更多的贵人来帮忙。

飞龙在天，更需要利见大人。

孔子对此爻的象辞写道：

飞龙在天，大人造也。

飞龙在天，需要气势，需要无穷的能量，否则掉下来可不好玩，所以要很多大人（贵人）来帮忙，来共同创造这个气势及能量。

文言中，孔子则有如下的诠释：

九五曰："飞龙在天，利见大人。"何谓也？子曰："同声相应，同气相求；水流湿，火就燥；云从龙，风从虎；圣人作而万物睹。本乎天者亲上，本乎地者亲下，则各从其类也。"

人在运气最旺时，更需要人气，找到志同道合的伙伴，来共同创造更大的事业。

"飞龙在天，利见大人"中的大人，则是同声相应，同气相求。

声和气都是能量的变化。牛叫其他的牛便叫，狗吠其他的狗也吠，牛叫时，狗和鸡不见得会叫，所以同声必相应。气是物质的能量，相同的物质常会排在一起，所以同气常会相求。

这一切都是物理现象。物以类聚，相同、相似、互相关系的都会相应，所以水流湿、火就燥、云从龙、风从虎都属这种现象。

龙没有人看过，不过画家画龙时必有云。

老虎能量特强，所以老虎将出现，的确都会有风，虎虎生风也。

飞龙在天，能量巨大，所以拥有很高的吸引力。圣人作而万物睹，很多力量自然会来，自然会出现。

这时候，领导者最重要的工作是各适其位，将每个人依其长处分配好，"本乎天者亲上，本乎地者亲下"，则各从其类也。

亢龙有悔

每卦的最后一爻，称上爻，阳爻称上九，阴爻称上六。

乾卦的最上爻是上九，阳居偶位也是不对位，又阳到极点，冲过头了，自然要大大不好了。

乾卦最上爻的爻辞是：

上九，亢龙有悔。

亢是高到最高点，高处不胜寒，所以君王常以孤和寡人自称。最高的经营者常常是非常寂寞的。

动的能量到最高位，如果不审慎，常会动辄得咎，麻烦特别多。

最高的经营者也的确每天都会有麻烦，不是这个单位出状况，就是那个单位惹麻烦。凡是"亢龙"，都会有些晦气，不论怎么决策，都不圆满，都难免会后悔。

孔子对此爻的象辞则写道：

> 亢龙有悔，盈不可久也。

最高的能量运用不是不好，而是太满了，盈过头了。盈过头必有人嫉妒、有人不满意，所以立刻会招致麻烦，是以盈不可久也。

失败是成功之母，多少有鼓励人要奋斗到底的意思。

成功为失败之母，倒是相当真实而常见的。

因此陶朱公做生意，每年必将自己的盈利，拿出一半来分给不顺的同业或亲戚友人，重点即在不让自己盈过头。

运势走到极点，自然会往下掉。

如何让运势不掉下来，便是陶朱公这位中国商神的最高智慧。

孔子在文言中写道：

> 上九曰："亢龙有悔。"何谓也？子曰："贵而无位，高而无民，贤人在下位而无辅，是以动而有悔也。"

做人不用表现得太好，太高明了，反而会被孤立，所以虽高却无位，也就是说没有人会和他比较，老是同一个人第一名，这个游戏便没有人想玩了。

位子太高，将没有直接可以指挥的人，就算有贤能的部属，也不能越级来提供建议。"高而无民，贤人在下位而无辅"，就是这个意思。

这样的情况下，任何动作都会被曲解及误会，做什么也都会有麻烦，是以动而有悔也。

所以自古以来，皇帝最好的管理方式是无为，让部属好好发挥，皇帝管太多，不但不是好皇帝，反而常成为独夫。

见群龙无首，吉

乾能和坤能是宇宙的本质能量，所以《易经》在这两卦分别有用九和用六。

乾卦用九的爻辞为：

用九，见群龙无首，吉。

用阳能时，是大家都在努力，创业期间的领导者，大多懂得以宽容态度和大家平起平坐，来建立领导魅力，这便是"群龙无首"了。

马上得天下的领导风格，是要和大家共享天下的，王陵在评论刘邦成功登上帝位时表示：项羽嫉妒有功者，刘邦则善于和人平起平坐，共享王位，所以能结合大家的力量，击败天才战争英雄项羽。

虽然已是皇帝的刘邦死不承认，但在创业期间，刘邦那种群龙无首的作风，的确是成功最重要的因素。

"见群龙无首"的另一个解释，是用乾时，应全力以赴，不要有太多头脑作用，头脑作用是冲突的本源，有一百个人，便至少有一百个以上的理想。每个人都有自己的理想，理想是头脑的一种思想形态，是将过去的经验反射到未来的思考方式，是相当自私的。

每个人的理想都不一样，每人都坚持理想，冲突便在所难免。

乾能是相当积极的，所以用九时要完全融入宇宙大能中，宇宙的大能是圆满的，无始无终，是个完整的圆圈，永远都在当下这个片刻，热情地用乾能，没有贪心、没有欲望、没有信念，所以是大吉大利的。

孔子在象辞中写道：

用九，天德不可为首也。

乾能是天道，宇宙的浩瀚大能。

天不断地创造，供应阳光、空气、水，无限制、无止境地供应，不用代价，不求回报。

没有人可以说他是天的代理人，天也不需要任何代理人，天直接影响所有的人，对任何人完全公平，无论阳光、空气、水，天都无抉择地给所有的人。

所以天德是绝对公平的，任何人都不可自称是天德之首。

宇宙的原创力量

象，是古代的一种动物，相传可以咬断铁链，所以借用其名，以"象辞"为断言，如同医师断病。**"象辞"是易卦的断语，断定的话，以现代的话就来说是研究后的结论。**

相传《象辞》也是孔子的作品，六十四卦皆有"象辞"，《象

辞》也分上下两传。

在乾卦的象辞中，孔子写道：

大哉乾元！万物资始，乃统天，云行雨施，品物流形，大明终始，六位时成，时乘六龙以御天，乾道变化，各正性命，保合太和，乃利贞，首出庶物，万国咸宁。

大多数宗教都有创世纪的传说。

有人说是上帝，有人说是安拉，有人说是梵天，有人只简单指出是神。

不论名称是什么，都好像有个似是人样的神存在着。

《易经》却说没有创造者，如果有的话，谁又将是那个创造者的创造者？

所谓的创造者其实只是股不生不灭的能量，那就是乾。那个不断变动的能量，原本就存在，不生不灭地不停变化着。

乾元就是最原始的乾能，没有人创造，它本来就存在而且不生不灭，佛家说是空，道家说是无，孔子称之为乾。

大哉乾元，是万物创始的根源，也统合了天地宇宙的运行。

宇宙的各种变化均来自乾能，都仅是物理学，云的飞行、雨的下降、雷鸣、电掣、风起都是乾能的作用，这些能量也构成了各品各类的万有事物。

大明是太阳，太阳的终始是半天，太阳出来的白昼有半天，太阳下去的黑夜也有半天。

每个半天有六个时辰，分子、丑、寅、卯、辰、巳、午、未、申、酉、戌、亥。现代的两个小时为古代的一个时辰。

所以"大明终始，六位时成"。

乾是龙马，乾的变化有六条龙马在天上奔跑，它们的移动象征着时间。

包括人的生命在内，万事万物都是乾能的作用，能量大而不流失的活得长，能量小或容易流失的活得短。年代久的能量也比较大，像水晶、钻石都是高能量的，所以"乾道变化，各正性命"。

懂得保存能量的，便能活得长，而且保持祥和。闭关、坐禅、禁语，都在保存能量，不但能正确，而且生命也更稳定，是以"保合太和，乃利贞"。

懂得这个道理，不论经营公司或治理国家，所有人类百姓都能平安无事，全国安宁，天下太平。

懂得乾能的本质，便可以拥有最圆满的能量，所以"天行健，君子以自强不息"了。

坤能——地道圆融无碍

坤便是大地之母，大地是安静的，但绝非死寂的，相反，它拥有无穷无尽的能量，提供给所有生物赖以生存的力量。

乾代表日，代表天；坤代表月，代表地。

乾是动能，坤是静能，有动必有静。

动起于静，也止于静。

但乾能是无始无终的，哪来的静止？

那个不停的动，其实是曲线。宇宙中没有直线，直线是局部的假象，水平线看是直的，其实是曲的，星球的运行也是曲线。是曲线，所以一定会回到起点，绕着圆圈运行。所以没有起点，也没有终点，体认这一点便圆满了。

这个圆圈，这个圆满，便是易中的不易，也是动中的必静，便是坤了。

所以达成圆满，必先静心。

乾与坤、动与静，便是二进位，这个宇宙便是由这个数位变化组成的，因此通过数位化，我们可以观察到这个宇宙奥秘的原态。

第二坤卦——元亨，利牝马之贞

周文王在下坤卦的卦辞时，就带给了我们一个大麻烦。

坤，元亨，利牝马之贞，君子有攸往，先迷后得，主利；西南得朋，东北丧朋，安贞吉。

就算完全翻译成白话文，相信也没有几个人看得懂。

牝马是母马，坤卦为何对母马有用，对公马无用？

马群中，公马是领导者。上千匹的马群，会有一匹领导马，领导马一定是公的，这群马中，公的、母的都得跟着它跑。打仗时，战马群也一定是公马在前面冲，母马则跟随着公马。

坤卦是静能，静能是动能的被动反应，是那个圆满，所以坤能是被动的。只有被动地接纳，才能体会坤能的意义。

由于坤能也是宇宙原始能量之一，虽是静态，但已达圆满，所以是亨通的。

因此说："坤，元亨，利牝马之贞。"

接下来这段就难了，为什么"君子有攸往，先迷后得，主利"？为什么"西南得朋，东北丧朋，安贞吉"？

南怀瑾老师为我们提供了《参同契》中的观点，很值得参考。

《参同契》是东汉时代魏伯阳真人的作品。《参同契》是在探讨《易经》《老子》《庄子》三本书的道理和方法，从天地宇宙的法则，讲到生命的法则，及自己的养生之法。他认为太阳、月亮、地球的物理运行及宇宙能量变化，影响及金、木、水、火、土五行星的能量，又回到地球金、木、水、火、土五行能量变化，和人类身体内部运作的法则相通，彼此能量也相互影响，以这种精致的物理学来谈炼丹及修仙道的方法。

以现代物理学的眼光来看，其实这是相当合乎科学的。

其中提到坤卦时，有段重要的说明。

《参同契》上记载：

三日出为爽，震更受西方，八日兑受丁，上弦平如绳，十五乾体就，盛满甲东方，蟾蜍与兔魄，日月炁双明，蟾蜍视卦节，兔者吐生光，七八道已讫，屈折低下降，十六转受统，巽辛见平明，艮值于丙南，下弦二十三，坤乙三十日，东北丧其朋，节尽相禅与，绝体复生龙，壬癸配甲乙，乾坤括始终。

数位易经

这段文字是在探讨月亮盈亏和道家练气的关系。

中国自古天文均采用《太阴历》，以月亮盈亏来算日子，月亮和潮水升降有关，甚至会影响地质变化与气候变化。

《太阴历》记载每月十五，月亮从东方以满月升起，每五天一候，三候一气，六候一节，都根据月亮的变化而来。

月亮盈亏分为六个阶段，十五月最圆，十六月最满，到了十七开始缺，二十三亏了一半，二十八全不见了，真正的黑夜是二十八到下月初二。初三的眉毛月出现了，挂在西方天上，初七到初八，夜中可看到半月在正南方，十五又是满月在东方。到了二十七八时，月亮又从东北方下去就不见了，初三再从西南出现。

所以《参同契》说下弦二十三，坤乙三十日，东北丧其朋。这个"朋"便是月明的"明"。那么坤卦卦辞的西南得朋，东北丧朋，就清楚了，那不过是描述月亮的物理现象。

月亮有一度是黑暗的，然后就一直光明到月圆，月满也是再缺的开始，这就是坤卦的精神。

月亮的光是被动地反射太阳光，因为是被动的，所以会依环境的改变而有所改变。

这便是坤的精神。所以"君子有攸往，先迷而后得，主利"。如同月亮一样，黑暗过了便是光明来了。

每个月都是西南得朋，东北丧朋，这个变化是被动的，也是自然的，所以就能安贞吉了。

君子以厚德载物

文王以月亮的物理变化，来描绘坤卦的卦辞，象征安静、被动、圆满、盈亏的现象。

孔子则引其精神到人文方面。

象曰：地势坤，君子以厚德载物。（《易经·坤卦象辞》）

坤便是大地之母，大地是安静的，但绝非死寂的，相反，它拥有无穷无尽的能量，提供给所有生物赖以生存的力量。

大地永远沉默，对任何的伤害，默默承受，它提供所有生命的养分，但我们却将最肮脏的废物丢回大地，大地却又有智慧地将这些废物转成养分，无怨无悔，循环不断。

所以孔子说"厚德载物"。

人法地，地法天，天法道，道法自然。

人类最亲近的是大地，被人类伤害最深的也是大地，但大地仍无怨无悔为人类提供最大的服务，这便是真正的爱，也是真正的慈悲。所以大地是最伟大的母亲，我们称之为大地之母。

这便是坤能，安静、被动，盈亏中有圆满。

空无并非不被伤害，而是向伤害敞开，完全地接受，阴晴盈亏自然都会度过，这便是圆满，也是大地的精神——厚德载物了。

履霜坚冰至

坤卦六爻皆阴，☷。

阴属偶数（二、四、六、八、十）。十已圆满，八为偶数单位数之最，阴数为逆数，是以再退一位以六为代表。

所以阴爻称为六。

坤卦的初爻，周公旦的爻辞为：

初六，履霜坚冰至。

孔子的象辞为：

履霜坚冰，阴始凝也，驯致其道，至坚冰也。

初爻为阴，不对位，所以爻辞也显得消极。

踏到霜，就知道天气变冷，接着就要下雪了，雪下不停，天寒地冻，整个世界都成了坚冰。

落叶知秋，履霜知坚冰，坤能表示不论环境如何，心是安静的，所以可能的变化都看得一清二楚。

管它是霜、是冰，该来的总是会来，无怨无悔，不惊不惧地面对所有事的发生，这是坤能最基本的精神。

向伤害敞开，向恐惧敞开，向喜悦敞开，向所有的美和丑敞开，毫不抉择地安静接受。所有的喜、怒、哀、乐、惊、恐都会在刹那间超脱。

被动就是不抗拒，全然地被动便是完整的不抗拒，让心里的恐惧、贪婪、悲哀、创伤、欢乐全浮上心头，让这些都开花结果，自然凋谢。

顺其自然，不包装、不逃避、不渲染，以这样的精神，让坚冰发生，无怨无悔，坦然接受。

把一切都揭开来看，冷静又清楚地看着，没有抉择、没有逃避，爱、慈悲、圆满自在其中。

不习无不利

坤卦六二的爻辞是：

六二，直方大，不习无不利。

孔子的象辞为：

六二之动，直以方也，不习无不利，地道光也。

六二属偶位，为阴爻，又为内卦的中爻，"能"和"位"都对了，自然无不利。

阴能和阳能不同，阳能不停地动，阴能却是动中的静，阳能是物理现象，阴能却能超越，它和动能是一体两面，却又超越动能，而进入圆满。

阴在偶位，乾卦以初爻为基础精神，坤卦则以二爻为基础精神。

那个圆满的静是宇宙的本性（**包含人**）。"人之初，性本善"的"性"也是这个性。

见"性"成佛的"性"也是这个性。这个"性"是最原始的本质，所以既直又方又大。

六二之动是稳定的，所以又直又方，是浩瀚无边的大能，是大能的本质。

只有在静中，心彻底静下来，才能体验那大能的本质、完全的静，和宇宙运行一样。

谁能听到地球自转及星球运转的声音？谁能感觉地球的动？二十四小时旋转一次，以地球的体积而言，这个速度是惊人的，这个声音必定大到惊人。但谁感觉到了？

大到极点反成为静，这便是动中的静。

这份本性是最珍贵的，所以见性便能成佛。这个本性便是真佛。所以它根本不用学习。

本性是天真的，天真虽会受伤却不留痕迹，赤子（婴儿）最容易受伤，但哭过、痛过以后，却不留痕迹，完全无怨无悔。所以赤子之心是最可贵的。

"直方大，不习无不利"。坤能不去学习外在攀缘，不学习任何知识，保持本质的天真，本质的无染，那种"不习"的本性自然是不利的，这便是坤卦之光。

慧能那首直指空无的偈，便是六二的本性精神。

菩提本无树

明镜亦非台

本来无一物

何处惹尘埃

不着相，便是宇宙本性的坤能。

无成有终

六三是坤卦的内卦上爻，在中间的位置，每月的十五、十六时，月亮全满出现东方，这便是爻辞中含章的意思。

坤卦六三爻辞为：

六三，含章可贞。或从王事，无成有终。

孔子的象辞为：

含章可贞，以时发也。或从王事，知光大也。

爻辞所谈论的又回到月亮，古人早知道月亮本身不发光，其光亮是反射太阳的光线，是谓"含章"。

虽然不是自己的光，但月光在晚上出现，带给黑暗以亮度，而且亮丽非凡，是谓"可贞"。

接着便延伸到人事，贤人辅助领导人打天下，成果虽不属于自己，但为了更多的众生，成功不必在己，千秋事业一样可名垂千古。

萧何、张良、韩信协助刘邦建立大汉皇朝，魏征、房玄龄、李靖协助李世民完成贞观大业，如同月亮借助太阳光发亮，虽非自己的光，但的确有重大贡献。所以"或从王事，无成有终"。

坤卦第三爻虽仍在内卦，但已准备跨出去了，坤能的功用在辅佐阳能，以阴阳互补，宇宙才能创生之意。

所以象辞说："含章可贞"是发于适当时机，有贤主出，辅佐之以成大业，而不是随便找个人就准备发亮的。

能辅佐适当的人，以成大业，所以"知光大也"。

坤能是被动的，自己不发光，而承受别人的光以发亮，便是坤能的本质。

古代坤能象征女性，主其从夫而贵也。

括囊无咎

六四是外卦的初爻，已在外卦，故要有所得，但坤能被动，宜更慎重。

四爻阴处偶位，能与位皆适当。爻辞为：

六四，括囊，无咎无誉。

括囊的意思，是把口袋缩起来，以免出现毛病。

外卦的初爻，要我们懂得保持安静，把自己的口缩起来，话少、动作也要少，便能无咎、无誉，也就是没有人恭维，也不会被毁谤，也就是没有过错，麻烦，也没有任何声誉。

坤卦属静能，六四又对位，所以原则上是好的。

括囊，无咎、无誉是标准的静能态度，不求表现，也不求成就，默默耕耘，不在乎任何回报。无誉、无咎，可也。这是坤能的处世态度，完全的低调、被动，以突显静能的特色。

象辞上曰：

括囊无咎，慎不害也。

重点在审慎，以免被害。

括囊是不求表现，而非自己封闭。封闭是主动切断关心，由于愤怒、哀伤的逃避，仍属积极的反应。是主动退位或断绝。静能是接受而非反抗，是敞开而非封闭。

保持完全的安静，反而比较能够被动地敞开，以彻底理解环境的真相。

黄裳元吉

六五是上卦的中爻，以阴能而言，虽不对位，但属正中之位，所以原则上还是好的。

坤卦六五爻辞为：

六五，黄裳元吉。

古人穿裙子，不穿裤子，这种裙子，称为裳。

黄色的裳代表月亮的明光。

第五爻到了下半月，月亮呈下弦，以裳为代表，淡黄色的下弦月，以黄裳来说明。

这时月亮再度转圆为缺，虽然为缺的开始，但对坤能而言，自然变化都是好的，所以即使是淡黄的下弦月，仍是既元又吉。

象辞曰：

黄裳元吉，文在中也。

虽然静静地呈现淡黄的下弦月，但满月刚经过，文字的光华早在其中了。

阴晴盈亏的自然变化，本身便是圆融人生。

龙战于野

坤卦的上六，阴在偶位本属正对，但乾坤是宇宙本能，本能拉到最高点，都是过犹不及了。上六爻辞曰：

> 上六，龙战于野，其血玄黄。

象辞曰：

> 龙战于野，其道穷也。

乾卦六爻，都用龙马来代表。

坤卦除了卦辞提到母马（牝马）外，爻辞中并未提到马，反而以月亮的变化来描绘居多。

坤能是被动，虽然它也是宇宙本能，和乾能实为一体两面，故卦辞以"牝马之贞"来描述。

但坤能是安静的、被动的，所以用马来说明其爻，想必无法拟其"象"，所以用反射日光的月来表现，而且月又有阴阳盈缺变化，可以象征被动状态下，人生必有的悲欢离合。

但到了最后一爻，阴极阳必生，到这一爻能量非变不可，所以阳爻进来了。

所谓"龙战于野，其血玄黄"。阴阳能量在这时相互激荡，如同龙战于野，一片天苍苍，野茫茫。玄是青黑色，如同苍天；黄色是冬天原野的颜色，草木变黄了，中原又是一片黄土，自然是其血玄黄了。

坤卦象征月亮，代表晚上，上爻到了破晓时分，阳气初现，微光中，的确是天苍苍、野茫茫。

引用在人事上，静能固然安静、被动、富包容力，但静能拉到极端，可成死寂状态。能量完全静寂，机会不再，人们便相互内斗，势必造成伤害。

是以"龙战于野，其道穷也"。

穷则变，变则通，静极思动，革命的时候到了。

永贞以大终也

《周易》六十四卦中，只有乾卦有用九，坤卦有用六。

乾、坤是纯阳及纯阴的卦象，所以其阴阳能量是最纯粹的，可以"用"的。

用六，利永贞。

象曰：用六永贞，以大终也。

静能到最高点时，不论吉凶悔吝，悲欢离合，完整接受，一个片刻接一个片刻活着，无怨无悔，无担无忧，一切只活在当下，过去及未来停止了，只有当下的每个片刻，是为永恒，能尝到永恒的滋味，自然是"永贞"了。

象辞说能够做到这样子，自然是大吉大利，永恒活生生的，一定会有伟大的结果。

至哉坤元，万物资生，乃顺承天

乾卦的彖辞为：

> 大哉乾元，万物资始，乃统天……

坤卦的彖辞则为：

> 至哉坤元，万物资生，乃顺承天。坤厚载物，德合无疆，含弘光大，品物咸亨。牝马地类，行地无疆，柔顺利贞，君子攸行，先迷失道，后顺得常，西南得朋，乃与类行；东北丧朋，乃终有庆。安贞之吉，应地无疆。

"彖辞"是"断言"之意，是孔子对易卦的诊断，因此是用在人事上的，坤是地，这段彖辞明显和地球的文化有关。

天大而地至，"至"是伟大的赞叹声。

乾是本质能量故称乾元，坤也是本质能量故称坤元。

乾元是宇宙创始之源，坤元则是大地生命之元。

乾——万物之资始，坤——万物之资生。

乾，积极，故统天；坤，消极，故顺承天。

坤能凝静，故能厚，由于够厚才能承载万物。

坤能提供大地万物众生的生命能量，其德行自然是无疆界的，无限制的伟大。

这份能量虽看不到，但仍是光芒四射的。坤能的伟大也在于此，默默无显，大地之母的慈爱却是无穷无尽，万物众生无不因此能量而能存在及生活着。

所以说"含弘光大，品物咸亨"。

亨者通也，万物感其能量而畅通了。

牝马是被动的、附属的，跟着雄马跑，有如地球跟着太阳，牝马的精神便是地球的精神，没有预期的目标，所有的努力只是热情地跟随着，无止无尽，完全奉献，这便是母性的本质，如同一位慈母对家庭和子弟无我无私地跟随着。

所以"牝马地类，行地无疆"。

其永远柔顺的态度，是君子坤能的典范，也是处阴时最正确的态度。

这样，刚开始难免有迷惘，不知雄马要把自己带到哪里去，但顺从久了，习以为常，反而无忧无虑，随遇而安。

十五日时月亮满光由西南升起，二十八日由东北消失，这是月亮配合太阳、地球运行，反射太阳之光的表现，完全不自主、不争权，配合需要活动，消失时，也完成了每月盈缺变化的一轮生命。

这样的安定、正确，永远是大吉大利的，这便是坤能，大地之母的能量。

所以"先迷失道，后顺得常。西南得朋，乃与类行；东北丧朋，乃终有庆。安贞之吉，应地无疆"。

坤能的运用，在利永贞也。

表4-1 六十四卦（每卦卦形上的阿拉伯数字代表该卦的卦序）

上卦／下卦	一 乾（天）	二 兑（泽）	三 离（火）	四 震（雷）	五 巽（风）	六 坎（水）	七 艮（山）	八 坤（地）
一 乾（天）	1 乾为天	43 泽天夬	14 火天大有	34 雷天大壮	9 风天小畜	5 水天需	26 山天大畜	11 地天泰
二 兑（泽）	10 天泽履	58 兑为泽	38 火泽睽	54 雷泽归妹	61 风泽中孚	60 水泽节	41 山泽损	19 地泽临
三 离（火）	13 天火同人	49 泽火革	30 离为火	55 雷火丰	37 风火家人	63 水火既济	22 山火贲	36 地火明夷
四 震（雷）	25 天雷无妄	17 泽雷随	21 火雷噬嗑	51 震为雷	42 风雷益	3 水雷屯	27 山雷颐	24 地雷复
五 巽（风）	44 天风姤	28 泽风大过	50 火风鼎	32 雷风恒	57 巽为风	48 水风井	18 山风蛊	46 地风升
六 坎（水）	6 天水讼	47 泽水困	64 火水未济	40 雷水解	59 风水涣	29 坎为水	4 山水蒙	7 地水师
七 艮（山）	33 天山遁	31 泽山咸	56 火山旅	62 雷山小过	53 风山渐	39 水山蹇	52 艮为山	15 地山谦
八 坤（地）	12 天地否	45 泽地萃	35 火地晋	16 雷地豫	20 风地观	8 水地比	23 山地剥	2 坤为地

乾坤变化的人文精神

阴极阳生，阳极阴生是能量变化的基本法则，人事也是宇宙变化的一环，人生其实有百分之九十都是物理现象，最后的百分之十是了断、是超脱，也就是那个不易，那个圆融人生。

学《易经》最担心是"挂"在卦象中。

易——变化，是宇宙及生命的真相。卦是假设的暂定，用以更清楚地观察而已，所以卦基本上是仍在变动的。

变动的方向可以由综卦、错卦、互卦来做观察，六爻的阴阳变化的之卦，还有分宫卦象变化，京房十六变卦，邵康节的《皇极经世》推断法，让我们了解及预测（或推算）宇宙万物生命所有可能的变化。

孔子谓"虽百世可知也"，便是以《易经》的物理必然法则来推断的。

乾、坤两卦是本质卦，纯阳及纯阴，所以没有综卦及互卦。

两卦相错，成一体的两面，相辅相成，互为错卦。

之卦方面：

乾初爻动成 ䷫ 天风姤 　　坤初爻动成 ䷗ 地雷复

乾二爻动成 ䷌ 天火同人 　　坤二爻动成 ䷆ 地水师

乾三爻动成 ䷉ 天泽履 　　坤三爻动成 ䷎ 地山谦

乾四爻动成 ䷈ 风天小畜 　　坤四爻动成 ䷏ 雷地豫

乾五爻动成 ䷍ 火天大有　　坤五爻动成 ䷇ 水地比

乾上爻动成 ䷪ 泽天夬　　坤上爻动成 ䷖ 山地剥

　　将动爻后的之卦，和各爻的象辞对照，便可以对卦象的变化及可能方向，有进一步的了解。

　　分宫卦象的次序，是阴阳滋生的过程，古人善易者不卜，便是将自己的情况拟定卦象，再观察其阴阳变化及滋生情形，便可断知未来了。

阴阳滋生的物理法则

　　阴极阳生，阳极阴生是能量变化的基本法则，人事也是宇宙变化的一环，人生其实有百分之九十都是物理现象，生老病死、喜怒哀乐、吉凶悔吝、悲欢离合……，最后的百分之十是了断、是超脱，也就是那个不易，那个圆融人生——宗教的真正精髓。

　　乾卦的分宫卦象为：

　　本卦　乾为天 ䷀ 。

　　次卦　天风姤 ䷫ 。天的初动为气流，也就是风。人在旺势时必有引诱，必有更多的机遇，是为姤。

　　三卦　天山遁 ䷠ 。风起必有停时，有动必有止，是为遁，退位也。不接受引诱的心，再好的机遇，若为不正，必然放弃之，是为遁，有姤起，心里最好随时准备遁。

　　四卦　天地否 ䷋ 。到第四变卦时，三爻皆变，内卦由乾成坤，内外不和谐，故为否。风起风停有一刹那，天停顿了，是为否。

人有遁之心，必然面对否的情境。

五卦　风地观☴☷。风起风止，天动天止，为阴阳一循环，其中变化可"观"也。人生在否境时，宜保持安静，细心地观照自己，观察局势，必可找到离开否境的出路。

六卦　山地剥☶☷。观照清楚了，自然可彻底了断之，是为剥，生命至此已完成，能否大死一番，浴火重生，要看个人的修炼及造化了。

分宫八卦到此有很大变化，身体虽死，但灵魂犹在，第七卦通称游魂卦，外卦的初爻阴极生阳，是以：

七卦　火地晋☲☷。晋则进步也，另一层次的变化即将展开，人能每天大死一番，了断过去因缘，每天便能新鲜、天真，完全了断痛苦。

游魂后，必有归魂，有动必有止，内卦必先回到原点，坤再退回乾，所以成为：

八卦　火天大有☲☰。乾卦历经八卦变化，有始有终，太阳再度高挂天空，是为大有卦。

以坤卦而言，坤能阴极阳生，其**分宫卦象**为：

本卦　坤为地☷☷。

次卦　地雷复☷☳。初雷响，天地复苏，冬眠的生物醒了，大地养分再生，插秧播种的时机到了。

三卦　地泽临☷☱。临者本身做起，力量刚恢复，孤单一人，什么事一定自己做，并且从其中有真正的学习。

四卦　地天泰☷☰。能够事事掌握，并能建立较扎实的基础，领导人物的姿态重现了。

五卦　雷天大壮☳☰。能在泰境中，继续努力者，力量将快速发展，晴天响雷，是为大壮。

六卦　泽天夬☱☰。力量太大了，必有变局，重要的决定必在此刻，是为夬。

七卦　外卦初爻回阴，**水天需☵☰**。局势刚变，必须调整自我以适应之，是为需，需要有新的学习及机运。

八卦　内卦回归坤，**水地比☵☷**。需时最要友伴，坤能的归魂卦为比，与人相亲相比也。

有关京房十六变及邵雍的《皇极经世》，留待附录中另行讨论。

用九但不被九所用

阳能称为九，用九即阳能之运用法则也，用九之道在用九但不被九所用。

目前社会重视理财之道，但很多人一心理财，却反被财理，落入贪婪之坑无法出来，理财常反被财理，这是最需要警觉小心的。

孔子在乾卦的文言后段，说明了用九的人文观：

> 潜龙勿用，下也；见龙在田，时舍也；终日乾乾，行事也；或跃在渊，自试也；飞龙在天，上治也；亢龙有悔，穷之灾也；乾元用九，天下治也。

潜龙时，阳能尚弱，故勿用也。见龙在田，时机初成，警觉地抓住时机，故利见大人。终日乾乾，是做事的原则。或跃在渊，是内在乾能已足，是可以试试用自己能力去挑战的时候了。飞龙在天，领袖风格，在上位为天下之模范。亢龙有悔，阳能之极，阴能初现，是以穷之灾也。

懂得乾元用九之道，天下必能大治。

潜龙勿用，阳气潜藏；见龙在田，天下文明，终日乾乾，与时偕行；或跃在渊，乾道乃革；飞龙在天，乃位乎天德；亢龙有悔，与时偕行；乾元用九，乃见天则。

潜龙勿用是因为阳气潜藏，故应更珍藏，人不知而不怨，君子也。

见龙在田，天下文明已成，时机已到，可以下山用世了。

终日乾乾，时机已到，全力以赴，配合时机积极以行事也。

或跃在渊，由内卦阳到外卦，必会有个重大变革。

飞龙在天，阳德已到最正中位置（**外卦中爻**），德行普施于天下，是位乎天德。

亢龙有悔，位虽高，时间已到极位，金钱地位两得意，健康却已一塌糊涂。

乾元用九，是天地变化的基本法则，天地造万物，不支配万物，亦不耀功于万物，所以用九不被九用。

好的开始在性与情

乾卦文言曰：

乾元者，始而亨者也。利贞者，性情也。乾始能以美利利天下，不言所利，大矣哉！

乾元的能量，是宇宙万物之创始，而且变动不居，无所不通者也。

元亨利贞，元亨是乾元，利贞者性与情也。

性者本性，未出生前的本质，人之初性本善，见性者成佛也，这个性是生命本质的空无。

情者感官之动也，感者情也，人之本性的流露，是以利与贞者，性与情也。

乾能是宇宙之本源，利用乾能，天下万物始也，所以能以美利利天下。

乾元生万物，但却不居功，且不掌控万物。

如同父母生孩子，孩子并非父母资产，反而父母是孩子成长的管道，父母养子不求报、不防老，天下必能太平，否则两代相争，伦理破灭，是冲突及混乱的根源也。

是以不言所利，大矣哉。

这是乾能——父亲职能，最伟大的地方啊！

大哉乾乎，刚健中正，纯粹精也。六爻发挥，旁通情也，时乘六龙以御天也，云行雨施，天下平也。

纯阳的乾卦，是天下最刚健、最中正的卦象，是纯粹的动能、生命的源头。

六爻的变化，是旁通世情观察的工具，初爻动成姤，二爻再动成遁，是为旁通也。

六爻的变化，是时间和地位的变化，一到六以数位观之，如同六条龙在看天道的变化，有雨、有云、有风、有雷，循环变化，永不停止，天下平也。

盘古开天的混沌，其实才是宇宙的纯秩序，人为才是混乱的开始。

宇宙中的天灾地变也是原始的秩序，人为求安全的心，才是混乱及痛苦之源。

人也是宇宙万物的一环，体验宇宙的纯秩序，才是人生的最高智慧。

领导者的理想及现实

乾卦文言曰：

> 君子以成德为行，日可见之行也；潜之为言也，隐而未见，行而未成，是以君子弗用也。君子学以聚之，问以辨之，宽以居之，仁以行之。易曰："见龙在田，利见大人。"君德也。

君子的德行，并不在职位中表现，而是要在日常中的行为观察之。

现代人重视形象，刻意参与公益活动，以突显自己的德行，这是虚伪的。形象原本便是造假。原本没有的或极小的却刻意突显之，是为形象，不真诚的造假也。

真有爱，参与公益活动自然是可以的，但为了自己形象提升而参与公益，则比不参与更可恶，利用他人的慈悲获利，比没有慈悲更造成伤害。

弥补内心的空虚而参与公益活动，也是假象，抗争的行为，常只为逃避，只有面对真相，严厉检查自己的起心动念，才能真正解决问题。

潜龙时期，德行隐而未见，行而未有功，是以君子之德，无以用于世也。

是"人不知而不愠"的阶段。

以不断的学习来增进所知，彻底的质问以辨明真相，待人处世以宽容，行为合乎仁、合乎爱，是乾卦九二爻辞"见龙在田，利见大人"之意，君子的德行。

君子用世必不断地学习，自由无染的心，去做真实的体验，没有理论学脉之限制，没有理想及信念，只对真相敞开，只有内心完整的自由，才有真正的学习。

只有问题，没有答案，答案也是欲念，严厉地质问以分辨真相，不解释、不下定义、不求答案，住在问题中，是为"学问"。

这样的君子，自然胸襟宽大，能接触浩瀚无边宇宙的本能，居于宇宙的本质中，再也没有比此更宽的了。

万念俱息，一尘不染，心中无任何欲念，自然是仁了。

要以这样的态度来"见龙在田"，便是君子之德。

从危机到成功

乾卦文言曰：

九三重刚而不中，上不在天，下不在田。故乾乾因其时而惕，虽危无咎矣。

九四重刚而不中，上不在天，下不在田，中不在人，故或之。或之者，疑之也，故无咎。

夫大人者，与天地合其德，与日月合其明，与四时合其序，与鬼神合其吉凶。先天而天弗违，后天而奉天时，天且弗违，而况于人乎？况于鬼神乎？

亢之为言也，知进而不知退，知存而不知亡，知得而不知丧，其唯圣人乎？知进退存亡而不失其正者，其唯圣人乎？

最怕是"不三不四"，第三爻、四爻，处内外卦间，变化最多的危机时，是危险也是机会。

阳能刚健，是以重刚，九三为内卦上爻，是刚而不中，上不在五爻，下不在二爻（**内外卦之中爻**），故上不着天，下不着地，悬在半空中，只得终日勤劳，奋斗不懈，虽危险，但只要认清楚自己的处境，仍可无过错矣！

九四为外卦初爻，本为地德，但却在重卦的人德（**中爻**）位上，所以更是上不在天，下不在地，中不在人。

这个不稳定，是危险，但也是机会，木石之性，危则动矣，这是物理必然法则，有危险才有机会。

或者或许也，可有可无，不执着、不坚持，勇敢去经验之，向危险敞开，也可无咎矣。

九五是大人之德性，飞龙已在天，足为天下人之典范。这种德行更需符合宇宙的最纯粹秩序，一切依数理逻辑的必然性，配合天地变化之德，呈现日月变化之光，接受春夏秋冬四时的顺序，吉凶悔吝，生老病死，了解人生苦处十常八九，坦然接受，是与鬼神合其吉凶。

上帝创造美好人事物，那么撒旦由何而来？上帝和撒旦其实是一体的两面，断神才能断鬼，吉凶悔吝又能怎么样？

先天之存在不违天，后天之存在则奉天之时，是为人法地、地法天、天法道、道法自然。

能够自然无为，则人事变化、鬼神吉凶，只是琐碎的小事而已。

亢是高亢，用阳过度了，得意者忘其形，气势太盛常知进不知退，以为自己是无敌铁金刚，是知存不知亡，贪心过度，知得不知丧，这种人算是圣人吗？

僵化、死硬、极端宗教狂热、道德主义者，真的是圣人吗？满口仁义道德，必缺乏慈悲之心，是天下大乱之根源。

所以必是知进退存亡，却不失其热情积极态度，随时质疑、检查自己，才是真正的圣人矣！

阴阳必须合德，乾卦的人文精神，也必须配合坤卦的人文精神。

《易经》的因果循环观

坤卦的文言，孔子诠释了静能（阴能）的人文观：

文言曰：坤，至柔而动也刚，至静而德方。后得主而有常，含万物而化光。坤道，其顺乎？承天而时行。

坤是纯阴之卦象，故至柔也。但至柔之性，常态为静，动起来比什么都刚强。

母性至柔也，一旦护子之情起，比任何人都刚强而不畏危。

水性至柔，遇阻则曲流，入方则方，入圆则圆，但一旦成洪水，便无坚不摧，无固不毁。

虽静，但是稳定而非死寂，方方正正不偏任何一方。

如同月亮反射太阳之光，坤道是被动的，但却也是无所不包容，无所不给予的。

是以"后得主而有常，含万物而化光"，臣之道也，譬如诸葛亮得刘备赏识而下卧龙岗，成为一代贤相，承上启下，承乾能的运作而运作。

坤道，其顺乎？承乾能的运作与时偕行。坤卦文言曰：

积善之家，必有余庆，积不善之家，必有余殃。

这不是道德规范，而是物理学。

这里的善，是坤能，柔顺之道，接受当下发生而不冲突、不对抗，心里保持彻底安静，万念俱息，自然可以体会生命的喜悦，生命就是欢乐，生命就是庆祝。

不善者是处阴时不懂阴，处阳时又不知阳，经常在违抗天命，冲突必多，痛苦必多，灾难自其中而起。

这是物理学的必然法则，也是阴阳变化最纯粹的因果关系。

坤卦文言曰：

> 臣弑其君，子弑其父，非一朝一夕之故，其所由来者渐
> 矣！由辨之不早辨也。易曰：履霜坚冰至，盖言顺也。

孔子处在春秋乱世中，华夏民族正在逐渐自取灭亡，大量屠杀的战国时代即将到来。

孔子看到毁灭的迹象，以《易经》提醒拯救之路。

生命中大多是物理学，是可以及早观察，及早对治及预防的。

"臣弑其君，子弑其父"，是坤道的违反，是坤能的力量沦落了，乱象非一朝一夕之故，必有其因果关系。

重点要早点发现、早点对治。"履霜坚冰至"，便是安静地去理解灾难将至也。对治并非对抗，对抗是阳能，对治是由心里彻底了悟，是坤能之道。

"言顺也"，乱象根源不在外面，在每个人的内心。内心的冲突、贪婪、混乱，只有对治自己内在的乱源，才能解决外在的混乱。

台湾的乱象又何尝不是这样？台湾人也正逐渐在趋向自我灭亡，危机已在当头，房子已经着火了，如何体认坤能之道，才是台湾人自我解救的契机。

四海一家的胸襟

孔子指出解决斗争及冲突的契机，在坤能之道。坤卦文言曰：

> 直其正也，方其义也，君子敬以直内，义以方外。敬义

立而德不孤，直方大，不习无不利，则不疑其所行也。

直是真诚、不包装、不巧立名目、不唱口号，真诚得自然正确。

方是正当、稳定，便是义理。

内在要真诚，外在重视义理，客观的游戏规则，这样一定可以感动他人，而结合成友伴，是以敬义立而德不孤。只有真诚又重义理才合乎宇宙本性。

能直能方的才能大，大到包容浩瀚宇宙能量，即使不用学习也没有不利，更不用去怀疑其行为的动机。

断绝知识、经验、理论，朴直地面对真相，不选择、不局限，四海一家的心胸，是脱离混乱的基础。坤卦文言曰：

阴虽有美含之，以从王事，弗敢成也。地道也，妻道也，臣道也。地道无成而代有终也。

阴能虽也会有光芒，三爻的含章可贞，月亮的明光仍来自太阳反射，是以成就不必在己，坤之德也。

"以从王事，弗敢成也。"这是地之道，也是妻之道，更是臣之道。

大家合作，不争做主，坤能是合作的基础，否则你争我夺，最后必然一事无成。

"用九，群龙无首吉。"即使乾卦的最中心，也必须有坤道，所以阳中有阴，阴中有阳，风调雨顺，国泰民安。

成功不必在己，但仍可得成就之分享，是以地道无成而代有终也。坤六四文言曰：

> 天地变化，草木蕃。天地闭，贤人隐。易曰：括囊，无咎无誉，盖言谨也。

坤能顺天之道，体认自然、顺从自然。

天地变化，春天一到，草木自然生长。冬天到了，自然能量紧绷，处阴之道，贤人退隐了。

把自己收拾起来，括囊了，不用美誉，也没有烦恼。

阴能的重点在谨慎、警觉也。坤六五文言曰：

> 君子黄中通理，正位居体。美在其中，而畅于四支，发于事业，美之至也！

五爻在上卦中爻，居中位也。心在中，掌握住核心，能量由内往外发。

黄中通理是中医名词，身体正中央之气，是黄颜色的，这个气脉能畅通于腠理（皮肤毛孔）。能量便能完全保持在体内，身体自然显得干净美丽。

中心健康，气脉畅通，四肢自然有力，工作起来特别有精神，所以发于事业，美之至也。

坤能是被动的，必须经历各种挑战，体会烦恼即菩提，以求得圆融人生，故必须养气，身体健康，才能经得起压力。坤上六文言曰：

> 阴疑于阳，必战，为其嫌于无阳也，故称龙焉；犹未离
> 其类也，故称血焉，夫玄黄者，天地之杂也，天玄而地黄。

这是坤卦上爻的人文观诠释。

阴极阳必生，是以上爻坤卦出现乾能，阴阳初步冲突，必战也。

久阴心必凝，心凝阳易动，因是种气，看不见，故称龙，是看不见，却可以感到的动能。

阴极阳生，故龙战于野，阴阳互动，正反必合，能量得以血脉相传，另一形势出现，天玄地黄，青黄两色交杂之色也。

坤卦上爻必有冲突，但冲突如果是必然现象，最好彻底呈现之，让这股混乱能量，自发性地开花结果，瓜熟蒂落，新的景象必能再现。

这便是坤能的精髓。

利空必须出尽，利多自然复现。

第五章 创业与领导

屯，刚柔始交而难生，动乎险中，大亨，贞。

——《屯卦·象辞》

奋斗期——屯、蒙、需、讼

需，须也。险在前也。刚健而不陷其义，不困穷矣。需，有孚，光亨，贞吉，位乎天位，以正中也，利涉大川，往有功也。

除了纯阳的乾卦☰和纯阴的坤卦☷外，阴阳六爻的组合变化还有六十二卦，分别是$6A^5B+15A^4B^2+20A^3B^3+15A^2B^4+6AB^5$。

其中**有四个卦是象征开创期的现象**，在《周易》六十四卦中，这四个创始卦是非常重要的。

水雷屯䷂。雷在水下，创起之卦。

山水蒙䷃。山下水气重，朦胧不清的启蒙之卦。

水天需䷄。雨在天上，下不来，奋起之卦。

天水讼䷅。大海的水平线，天水一线，分明之卦。

第三屯卦——创始，创业也

■刚柔始交而难生

屯，水雷䷂。

综卦:䷃**山水蒙**。创始期有待启蒙。

错卦:䷰**火风鼎**。创始期必有鼎新。

互卦：☶☷ 山地剥。创始期必先彻底除旧。

雷在水下，水为坎，象征艰难，在艰难中奋起，创业维艰之卦。

这是好卦，在艰难困苦中建立新气象，乃创业之卦。

屯者小草出土貌，嫩弱的幼草，却坚强地破土而出，是为屯。

水雷屯

1	2^0		0	0
2	2^1		2	1
4	2^2		0	0
8	2^3		0	0
16	2^4		0	0
32	2^5		32	1

自然数　电脑

水雷屯能量
2+32=34

水雷屯，《周易》序卦数第三卦。

屯卦属于高能量之卦，需要坚毅不拔的努力及高度的警觉。

屯卦卦辞曰：

元、亨，利贞，勿用，有攸往，利建侯。

创始卦，初爻阳，故为乾元的类卦，元、亨，利贞。创业期一切不稳定，故宜保持决心，持续奋战，故利贞也。

由于力量薄弱，勿用九（阳能），不要猛冲，脚踏实地确定一个方向慢慢前进，要逐步克服困难，打开通路以求亨，但不可急功近利。

德川家康常说："人生如背着包袱爬山坡。"即屯卦之象也。

"利建侯"，培养干部，建立相关人脉管道。

屯卦象辞曰：

> 云雷，屯，君子以经纶。

云者水也，水雷屯，艰难之时，君子努力发挥其经营才能的卦象。

这是创业家之卦，向艰难挑战，向不安敞开，热情又积极地面对所有的危机。

屯卦彖辞曰：

> 屯，刚柔始交而难生。动乎险中，大亨，贞。雷雨之动，满盈，天造草昧，宜建侯而不宁。

阴阳初交，能量相冲击，新的生命刚开始，由于力量薄弱，无法对周遭环境做有力突破，是以"难生"（*发展上困难重重*）。

所以任何动，都是在艰困及危险中，奋力而起，坚持而正确，便能克服困难，畅通无阻，故大亨贞。

雷雨交加而至，必大而满盈，空气中充满能量，生命振奋而出，这是个生命力急于突破的阶段，忙碌，压力大，宜不断寻找工作伙伴（*建侯*），不安宁也是必然的。

屯卦是创始卦，宜不畏困难，不辞劳苦，努力奋斗，终将有成。

■经营者服务基层

屯卦初爻动，☷☳水雷屯成☷☷水地比。

屯卦初九爻爻辞曰：

　　磐桓，利居贞，利建侯。

磐桓是草木由大石块边长起，虬结在一起的现象。虽然有大石头压着，生命还是奋发地生长起来，象征这股生命力的强韧。

但刚生出的小草，仍需要时间，需要等待不可急。

为了生存，这些小草最好相护相持地比在一起。

利居贞是稳在那里，不要急，慢慢等待。要相互护持虬结地"比"在那儿，故利建侯。

屯卦初九爻象辞曰：

　　虽磐桓，志行正也；以贵下贱，大得民也。

虬结在一起等待时日，但志气及行为仍需正确，创业期的领导人，较懂得礼贤下士，和伙伴们平起平坐，对人谦下有礼，比较能得到部属的以心相待，这是所谓"作伙及换帖"的伙伴精神，所以也比较能大得民心。

■屯如邅如，前途茫茫

屯卦二爻为阴，二爻动，☷☳水雷屯成水泽节☷☳也。

屯卦六二爻爻辞曰：

> 六二，屯如，邅如，乘马班如，匪寇婚媾，女子贞不字，十年乃字。

六二为阴爻，动则转成阳爻，与初爻由阳变阴，需要等待不同，六二是有较积极动作的。

但屯卦力量不足，动起来困难重重。

屯如，如者似也，好像屯在那地方。邅者绵延之路，屯在那里，还有一条长路要走。

二爻到三爻、四爻本卦都是阴爻，排在那里，好像有一排女子乘马远行，排列着如同一个班，故称乘马班如。

第五爻是阳能，看到一排女子乘马而来，挡在那儿，有如匪徒抢婚，是谓匪寇婚媾。

但阴能多，阳能少，虽想动，力量有限，太勉强常造成危险，是以之卦如同一个节，节制动的欲念及力量。

明显的，这些阴能，不会和阳能互对，阴太多了，所以嫁不出去，即使要嫁也得等十年以上。

气势未成，缘分未到，还有得等的，十年代表要等好久好久之意。

屯卦六二爻象辞曰：

> 六二之难，乘刚也，十年乃字，反常也。

六二由阴转阳，勉力推动，故前程充满艰难，原因在以柔为刚。

已到适婚年龄，却还得等十年才嫁，自然是反常了。

屯卦刚进入第二阶段，就急着想积极行动，自然会困难很多，即使想嫁人都得再等十年，其心急而苦可知也。

■停下来，将环境再看清楚些

屯卦三爻为阴，三爻动，☵☳水雷屯成☵☲水火既济。

屯卦六三爻爻辞曰：

> 六三，即鹿无虞，惟入于林中，君子几，不如舍，往吝。

即鹿是狩猎鹿的意思，虞者官名，是狩猎牧园的管理人。打鹿没有管理人，没有向导，所以鹿闯入了森林中，勉强追上去，似乎不利，君子判断这个时机，不如舍去，这次打猎的确不顺利。

屯卦内卦为雷，三爻是雷的第三爻，虽想奋力，位太远，力已不及，充满无力感。

三爻由阴转阳，虽积极但似徒劳无功。

屯卦六三爻象辞曰：

> 即鹿无虞，以从禽也，君子舍之，往吝，穷也。

三爻变的之卦虽为水火既济，但屯卦力量薄弱，太早达到既济，显然是发展能力不足所致。

狩猎时没有向导，显示地位及力量皆不足，又勉强进展，所以猎物逃走了，君子只好舍弃之，徒劳无功，浪费实力，使自己更穷了。

■寻找贵人，无往不利

屯卦四爻动，阴变阳，☳☵水雷屯成☱☳泽雷随也。

四爻已在外卦，阴对位又转阳，五爻为阳爻，四爻变阳后随阳，数阴后碰到贵人，自然有利了。

不过屯卦力量小，有利仍是利在随人。

屯卦六四爻爻辞：

六四，乘马班如，求婚媾，往吉，无不利。

本卦二、三、四全是阴爻，如排成一列似的，但六四是最上一爻，已接近五爻的阳，近水楼台先得月，求婚媾，阴配阳，时机已合，往吉，无不利也。

五爻阳象征贵人或建侯，自己由阴转向阳，又去接近阳爻，和贵人及长官意志相投，自然是无往而不利。

■小贞吉，大贞凶

屯卦五爻动，阳变阴，之卦为☷☳地雷复。

五爻为外卦的中爻，原本阳爻对位，但却变成阴，显现外卦变易力量不足。只能成为最起码的复而已。

屯卦九五爻爻辞曰：

九五，屯其膏，小贞吉，大贞凶。

屯是草出地，到了第五爻，草木已长大，又光滑又茁壮，是为屯其膏。

但只是一片荒草，从美观及实用上，显得力量不足，所以只能做些小而正确的事，大事仍不可妄动，是为小贞吉，大贞凶，虽可较主动了，但仍宜审慎。

屯卦九五爻象辞曰：

屯其膏，施未光也。

数阴中之阳，又转为阴，显示情境上的消极，所以虽已屯积了不少，但仍未能发光，不宜有太大作为。

■人生也有消极时

屯卦第六爻动，阴为阳，之卦为 ☴☳ 风雷益。

风在雷上，可将能量普及这个世间，故为益。

但屯卦力量太小，却又将能量普施，虽可益于他人，对自己却可能会因能量耗尽而受到伤害。

屯卦上六爻爻辞曰：

上六，乘马班如，泣血涟如。

上爻也是阴，屯卦便是阴爻太多的卦象，阴爻排一列，所以说"乘马班如"。

这个最老的阴爻，如今却反变阳爻，想去带动整个能量，可能会吃力过度，严重伤害自己，故会"泣血涟如"，连续地哭到眼睛都流血了，这当然不是好现象。

别人得益，自己受伤，精神固可钦佩，但对整体而言，并没太大好处。

《易经》讲求完整，不强调牺牲自己，所以这一爻动的爻辞及象辞，都在警告不必太勉强，太吃苦。

屯卦上六爻象辞曰：

泣血涟如，何可长也。

把自己伤害成那个样子，哭到眼睛肿了，出血了，对他人再有益，也没什么意思。

■屯卦的自然发展现象

八宫卦序的变化，水雷屯☷为坎☵的二世变，即坎卦初爻变为☵水泽节，二爻变为☳水雷屯。

屯卦的本宫为坎，所以也属于艰难卦，必须有吃得起苦的心理准备。

二世变是内卦的中爻变，内卦也由坎成震，坎的中爻阳转阴，内心由积极转安静，初爻阴转阳，基础工作则积极进行，亦即日常行动要落实，积极努力，但不宜有太强追求成效的心。由于外卦仍是坎，推展不易，是以屯卦时适合默默耕耘，由基层着力，不要急着达成收获，以免欲速则不达。

第四蒙卦——蒙昧，教育也

■教育必须引发对方兴趣

屯卦是初生，初生儿在蒙昧期，需受教育，蒙卦为启蒙的卦象。

蒙，山水䷃。屯卦颠倒看即是蒙卦。

综卦：䷂**水雷屯**。启蒙的原因在于初生也。

错卦：䷰**泽火革**。启蒙的深意是彻底革变之，本质上的革命也。

互卦：䷗**地雷复**。蒙时力量不足，启蒙革变虽重要，但宜审慎，理解复卦的精神，启蒙必须有足够的耐心。

创业之初，员工、经销商、客户都需要教育，便是蒙卦。

外卦为山，艮而不动，内卦为水，困难重重，水在山下，水气上升，一片朦胧之象，必须以教育来解析之。

山水蒙

			自然数	电脑
1	2^0	⚊	1	1
2	2^1	⚋	0	0
4	2^2	⚋	0	0
8	2^3	⚋	0	0
16	2^4	⚊	16	1
32	2^5	⚋	0	0

山水蒙能量

1+16=17

山水蒙，《周易》序卦数第四卦。

蒙卦为中低能量之卦，宜客观处之，不必有刻意努力。

蒙卦卦辞曰：

> 蒙，亨，匪我求童蒙，童蒙求我。初筮告，再三渎，渎则不告，利贞。

亨自然是好的，亨通也，教育的目的在求亨通。

教育不是我想教育孩子些什么，不是我来要求对方（童蒙），而是要引起对方兴趣，让对方求我来教育他们。

这是教育最重要的精神，即使训练员工也是如此，引发对方的兴趣，让他们自己想学，才是教育的秘诀。

教育会失败，在教育者急着将自己的知识教给孩子，造成对方压力，最后只做形式上的僵化学习，这样的权威式教育非失败不可。

教育是一次就要引起兴趣，被教育者主动愿意学，不用再"盯"他们，所以"初筮告"，一次要求便可。

如果需要一再要求，表示教学者方法错了，需一再要求，便失去教育的意义了。

再三则渎，渎则不告。

教育需要技巧、耐心及时间，所以必须要有长期正确的学习态度。

利贞也，有利于正确及稳定者也。

教育工作者，不可以太有权威，有权威必造成依赖和恐惧。有依赖、有恐惧，心就不自由了，不自由的心，成见、偏见一大堆，如何能学习？

教育必须有趣，不可以严肃，不可以僵化而无聊。

幽默、有趣、富亲切感，是教育工作者最重要的素养。

■教育工作困难多

教育最困难之处便在于此，要引发学习者兴趣，并且主动想学习，教育经销商及客户更需要有如此的功力。

蒙卦彖辞曰：

> 蒙，山下有险，险而止，蒙。

山水蒙，水必坎，坎者险难也。教育者的内卦是非常辛苦的。内卦险，外卦止（艮），险而止，是以蒙昧不清也。

孔子是大教育家，他对蒙卦的断语是：教育工作是非常艰辛的，特别是启蒙时期，以谨慎小心，培养其一辈子的学习兴趣，才是蒙卦的真谛。

蒙卦彖辞接着写道：

> 蒙、亨，以亨行时中也。匪我求童蒙，童蒙求我，志应也。初筮告，以刚中也。再三渎，渎则不告，渎蒙也，蒙以养正，圣功也。

孔子不愧是职业教师，大教育家，对教育工作者应具有的精神，见解深入而精辟。

蒙——教育，目的在亨，在通畅，完整的了解，配合时空的需要，教导被教育者适应环境，是"以亨行时中也"。

教育的内容是实用的、有趣的、有创造力的，而不能是迂腐、唱高调、纯理论性的。

不能一味地要求。老师想教学生学习，用软用硬地要求对方，都是没有用的，"匪我求童蒙"，不是我来要求对方要接受我教导的知识。

"童蒙求我，志应也"，而是要引发学生的兴趣，自发性地提出学习的志愿来。不讲大道理，而是真正地喜欢，愿意学。学习不必有目的，学习的本身便是目的。

有目的便有限制，有限制便没有自由，没有自由，学习不过是模仿而已，不再有创发性了。

"初筮告"，一次就要引发兴趣，特别在启蒙教育阶段，引发学童兴趣更为重要，能够让孩子喜欢学习的，才是真正的老师。

"初筮告，以刚中也。"要引发积极而深入其中的兴趣。

再三要求，再三盯紧的学习方式，一定会失败，一定是不吉的。启蒙失败的，一辈子都不会有兴趣学习，会蒙昧得更厉害。

教育工作做得正确，做得有效的，是圣人的功业啊！

教育工作虽然困难重重，但却是生命中最神圣、最重要的。

故意做错误的教育工作，只为自己的权威、理想、信念、利益，扭曲并误导的，也该下第十九层地狱了。

■言教不如身教

蒙卦的象辞，孔子写道：

山下出泉，蒙，君子以果行育德。

闭着眼睛，想象这个画面：山下出泉，深山中的泉水，喷水声、流水声，多么宁静的一幅画。

也许不为人知，默默耕耘，但就如同泉水一般，持续不断，永远是新鲜的。

这便是为人师者的行为。以行动，而不是用语言，以果行，以身作则，才能培育学生的德行。

蒙卦的卦象，是山下的出泉，也是教育工作的精髓。

■责骂的教育最短视

蒙卦的初爻变，阴变阳，之卦为☶山泽损也。

阴变阳，虽对位，对蒙卦必须有技巧，用太刚的手段，常反而会有反作用，故可能造成损。

蒙卦初六爻辞曰：

初六，发蒙，利用刑人。用说桎梏，以往吝。

孩子用讲的都没效，棍子拿起来一定有效。

但有效也必有伤害，故初六，发蒙时，用处罚的，不管刑人（责打），或桎梏——罚站、罚跪、禁闭、禁足等的确有效，但会折损学习者的学习兴趣，反而更加退缩，不想学习了，故"以往吝"也。

一开始便太要求，太刚强，蒙卦的初爻本应是阴爻，却转成阳爻，反而坏了教育的本质。

初六爻象辞，孔子写道：

利用刑人，以正法也。

蒙卦初爻的画面，是老师拿棍子处罚犯错的孩子，杀一儆百，孩子跪在那儿哭，其他孩子怕成一团。

老师的权威建立了，秩序也维持了，但这真的是教育吗？

■教育的本质是爱情

蒙卦的二爻动，阳变阴，之卦为☶☷山地剥。

二爻阳，不对位，转成阴，反而对位了，但外卦的上爻仍为阳，如果再剥之，则成坤卦，即全阴之卦了。

蒙卦九二爻爻辞曰：

九二，包蒙吉，纳妇吉，子克家。

山水蒙☶☵，九二阳爻，和上爻的阳，包住三、四、五的阴爻，是为包蒙。把阴爻包住了，也保护起来，如同男人保护女人，出于男女的爱情。

所以教育的本质是爱情，如同男女之爱。

教育他人如果像娶妻（纳妇）一样，便成功了，向女性学习，阳转阴，以柔顺态度做教育。

阳爻要以爱来教育，如同家长对家人的爱，是为子克家也。

蒙卦九二爻象辞曰：

子克家，刚柔接也。

这个爻象图解是：年轻的男子成家，主持家庭，面对年轻的娇妻及刚出生的幼儿，心中只有爱，细心地照顾家人之象。

所以子克家，以刚接柔之象，谓之刚柔接也。

■嫉妒是教育的障碍

蒙卦的三爻动，阴转阳，之卦为☶☴山风蛊。

三爻本为阴，不对位，转成阳虽对位，但外卦为山，阻住了，太积极反而有冲突、有污染，因此会长虫，成蛊卦。

蒙卦六三爻爻辞曰：

勿用取女，见金夫，不有躬，无攸利。

本来便是阴爻，转阳是阴极阳生，所以不用太受阴爻吸引。蒙卦三爻为阴，阴转成阳，但四、五爻亦为阴，阴阳会相吸，故取女。

"勿用取女"，原爻是阴，是以本不必为阴所吸引。

蒙内卦是坎，为中男，坎在西方属金（**先天卦位**），所以这个内卦的中男便是金夫。

三爻转阳后，上有四、五阴爻，下有二阳爻，自己不阴不阳，看到别人阴阳相吸引。别人谈恋爱，谈得火热，自己又孤又单，嫉妒之心自然而起。

没有自己的立场，不厘清自己（**有躬**），只陷于嫉妒心中，这样对教育绝没有好处，所以做什么都不利，是为"不有躬，无攸利"。

从事教育工作者及在学的学生最好能断绝名利，看到别人出名，有地位，钱赚得多，成绩好，有人缘，心中便忐忑不安，欲念丛生，嫉妒之心起是教育最大的障碍。

这样的学者会腐化教育，使教育陷入混乱。

蒙卦六三爻象辞曰：

> 勿用取女，行不顺也。

从事教育工作，不可受到引诱便动心，做老师的想赚钱，想出名，做学生的炒股票，加入行销，教育便完蛋了，这个社会也完了。

贪婪之心进入校园，是社会最大的悲哀。

三爻由阴转阳，本想积极奋发，但如果受到引诱，陷入贪欲大海中，行必不顺也。

■教育最怕陷入知识障碍中

蒙卦四爻动，阴转阳，之卦为☲☵火水未济。

火向上，水向下，火水不相济，阴阳不协调，故未济之卦也。

四爻阴本对位，却转为阳，反造成内外卦不协调。

蒙卦六四爻爻辞曰：

> 六四，困蒙，吝。

六四阴转阳，反而被两阴爻包围住，动也动不得，是为困蒙。

教育若只重一些概念、知识，不重生活，不重实物，这样的教育，即使大学毕业了，一定会高不成低不就，懂得很多，却只是知识，不能实用，眼高手低，好高骛远，这样的教育，反而成了知识障碍，反而要失业了，故吝也。

蒙卦六四爻象辞曰：

困蒙之吝，独远实也。

概念、理想、信念一大堆的人，从事实务工作一定困难得多，个个是山头，谁也不服输，所谓秀才造反三年不成。

学历高，理论多的，反而是"困蒙"，个个都用理论批评实务，用清流藐视大河，讲得好听，做的完全不是那回事，故独自远离实相，"困蒙之吝，独远实也"。

■天真是教育最珍贵的目的

蒙卦五爻动，阴转阳，之卦为 ䷲ 风水涣也。

涣者散也，教育的本质是风之德，君子之德为风，小人之德为草，草上之风必偃，水上之风必涣，教育的内涵普散于天地之间。

蒙卦六五爻爻辞曰：

六五，童蒙吉。

童蒙，天真也。

五爻为外卦中爻，由阴转阳，对时又对位，是必吉。

教育的目的是加上学问。学问是工具，知识是工具，用以拿掉生命中的障碍。

教育在去除所有障碍。也就是"心无挂碍"。

除去障碍，便看到实相，完整的天真。

放下旧有的知识、理论、意识形态、经验，才能完全的新鲜、自由，这便是完整的天真。

向不可知敞开，向生命的奥秘敞开，完全自由的心，便是天真，便是教育的精髓。

如同孩子般天真，喜怒哀乐只在当下感受，不留任何痕迹，是为童蒙，童蒙者大吉大利也。

苏格拉底的"一无所知"（I am conscious，I know nothing at all）；孔子说知之为知之，不知为不知，是知也。这些便是童蒙，也是最正确的学习态度。

蒙卦六五爻象辞曰：

童蒙之吉，顺以巽也。

五爻阴转阳，☷转☴，山成风，是巽也。

顺之以巽，是风水涣也。

赤子之心，真正天真，随波逐流，没有理想、信念、欲望，只是喜悦地活着，享受生活，享受他人直接的接触，没有爱恨，没有忧喜，完整地活着，如风般的恒动无常。所以童蒙之吉，顺以巽也。

■受教育者不可做坏事

蒙卦六爻动，阳成阴，之卦为☷☵地水师。

受教育到最高阶段，要有所作为，阳爻虽积极但不对位，转阴后反而合乎偶位。

内卦的二爻是唯一阳爻，领导六个阴爻，上爻本为阳，也变成了阴，使二爻领导力加强，可以去征战，故为师卦，准备作战也。

到底要打什么仗呢？

蒙卦上九爻爻辞曰：

上九，击蒙。不利为寇，利御寇。

打击蒙昧，受了最高等教育者，必须打击所有愚蠢与自私。

受高等教育者，不可做坏事，否则对不起整个社会。高级知识分子的智慧型犯罪最为可耻。

接受社会资源及扶养，才能完成教育大业的高级知识分子，做坏事（为寇），不但对自己，对社会也会不利。

他们应用其智慧来打击犯罪，打击愚蠢，所以"不利为寇，利御寇"。

蒙卦上九爻象辞曰：

利用御寇，上下顺也。

蒙卦六爻的卦象是阳转阴，山成地，山是高高在上，地者让别人使用。受最高教育的人，承受社会的资源，绝不可高高在上，要如同平地般为众人服务。

不可以自私，而且要防御别人自私，巧者为拙者奴，高级知识分子不但要断绝自己的欲念，而且要防止欲念对这个社会的伤害。这就是"利用御寇，上下顺也"的道理。

■蒙卦的自然发展现象

八宫卦序的变化，山水蒙☷为离☲的四世变，亦即外卦的初爻变。初生儿是亮丽，刚创的事业也充满着期待，但成长是坎坷的，是要全心努力的，逐渐成熟的，初生的激情过了，内卦也由离☲转坎☵。四爻由阳转阴，外卦也由离成艮，内心想快速成长，但外界是不动如山。成长需要时间和客观条件，光想是没有用的，内心再急只会蒙昧不安，所以是启蒙的时候。

启蒙来自有更大的期待，是以蒙中有离之象，启蒙虽可能更亮丽，但错误的启蒙，会导致离心，过分期望及控制的幼儿教育，经常反使亲子间产生冲突及疏离。

第五需卦——需求，基本生活也

■民以食为天——人类的基本需求

蒙卦讲求教育，教育是为了生活，所以蒙卦之后是需卦。

需，水天☰，水在天上，将下大雨，滋润众生，是为需，需求也。

教育完员工，开始工作前，要给予薪水，解决生活问题，才能安于工作。

经销商教育完了，便要制定利润及奖金制度，这样才能努力销售。客户教育完了，要满足其需求，否则市场便建立不起来。

所以蒙卦之后，必定是需卦。

需，水天☰☵。

综卦：☵☰天水讼。讼者言公也，公平也，需求的满足及设定要公平。

错卦：☷☲火地晋。所以需要养人，是自己做了老板，创业了，旭日东升，晋也，所以有养人的责任。

互卦：☲☱火泽睽。付出和接受的心，正好对立，给的人希望少，受的人多多益善，立场正好相反，睽也。需中必有睽，老板及员工的心结是天生的，如何取得平衡？除了物质外，还有精神面，如何运用，在于彻底地了解并面对问题。

外卦为水，内卦为天，外面坎坷险困，内面积极奋发，的确不是太平之象，只有彻底地面对现实，并坚持自己公正、公平的立场，才能理解需卦的真义。

水天需

				自然数	电脑
1	2^0			0	0
2	2^1			2	1
4	2^2			0	0
8	2^3			8	1
16	2^4			16	1
32	2^5			32	1

水天需能量
$2+8+16+32=58$

水天需，《周易》序卦数第五卦。

需卦属高能量之卦，宜全力以赴，需要不断努力。

■全力以赴去冒险

屯卦刚创业，蒙卦教育时，需卦则是建立制度，将全力行动的时候了。

需卦卦辞曰：

有孚，光亨，贞吉，利涉大川。

孚者孵也，母鸡孵小鸡，爪上子下。需卦要有养子之心。光亨，是闪亮且亨通之意。薪津、利润、奖金、商品的设置等要有吸引力，看一眼便心动，便受吸引。

付出的心，难免浮动——真的需要给那么多吗？

瞻前顾后的人，必不能为领袖，领导人给要给得干脆，做事要小心，给钱要爽快，才是优秀的老板。固要贞，贞则吉也。

能够做到有孚、光亨、贞吉，自然能得人心，人人愿意拼命，全力以赴，冒险患难，有何不可？故利涉大川也，任何大河流，都可以闯进去冒险一番了。

需卦象辞曰：

需，须也。险在前也。刚健而不陷其义，不困穷矣。需，有孚，光亨，贞吉，位乎天位，以正中也，利涉大川，往有功也。

这是孔子对需卦的断言和诊断也。

需，便是必须去做的事，上水下天，水者坎也，坎是艰险之意，天者行健也，刚健不停的意志。外险内健，是痛苦焦虑时，但不可陷于情绪中，不可自怜自怨，宜放开心胸全力以赴，让险难之境自然被超越、被克服，这样才能不为穷所困也。

需者孚也，养生也。所以光亨贞则吉。重点在内卦的乾能，天行健，君子以自强不息，自然可以突破一切困境，全力以赴往前冲，努力便能建立功劳。

所以"位乎天位，以正中也，利涉大川，往有功也"。

需卦象辞曰：

云上于天，需，君子以饮食宴乐。

云者水气也，水气在天上，可见而未下，是需求也。

需求只要满足了，便不成为欲望，所以重点在满足之，水落下来，才能滋润众生。

君子要以饮食来让大家安心，愉快地生活。

需不是奢侈，而是满足基本的需求。

美国著名的心理学家马斯洛（A. Maslow）将需求（Demand）分为六个层次：

（1）温饱的需求——饮食及衣服。

（2）安全和舒服的需求——居住及行动。

（3）爱情的需求——关怀及性的需求。

（4）归属的需求——团体生活。

（5）被尊重及地位的需求。

（6）自我实现的需求。

需求是会成长的，低层需求满足后，高层需求便跟着来，但这并非欲望，只有在需求不被满足时，才会衍生为欲望（Want & Desire）。

饮食宴乐并非上酒家奢侈，而是满足饮食、安全及关怀的喜悦生活。

■需求的满足要有耐心

需卦☵水天，初爻动，阳成阴，之卦为☵水风井。

需卦初九爻爻辞曰：

初九，需于郊，利用恒，无咎。

需卦的初爻，是需求还很小，很淡时。雨只要下在郊外，慢慢流到城中即可，不急于满足的需求，可以储存之，如同井，储以养生也。

这时要"利用恒"，需求的满足小，但不可疏忽，要持续满足之，建立制度，以供养之，才不会成为欲望，小心而持续地满足这些小又不急的需求，便可以无过错了。

需卦初九爻象辞曰：

需于郊，不犯难行也，利用恒无咎，未失常也。

这种只要雨下郊外再慢慢回流的需求，满足之不困难，所以不必给太多不好达成的条件，只要用平常心（恒），即无咎，保持常态，不失平常心即可。

■有点抱怨也是正常

需卦二爻动，阳变阴，之卦为☵☲水火既济。
需卦九二爻爻辞曰：

九二，需于沙，小有言，终吉。

这种需求如同雨水下到河边的沙洲，再流入水中即可。
或许会有些小小的要求，小小的抱怨，注意听，设法给予满足，既然有了救济，一切平安无事，故吉。
需卦的初爻及二爻变，阳转阴，重点在顺从之。
都只是小小的需求，满足之即可。
需卦九二爻象辞曰：

需于沙，衍在中也，虽小有言，以终吉也。

雨水降在沙洲即可，这种需求仍不急，故衍在中也，属正确的需求，虽有些许要求和抱怨，满足之（既济）即可，故最后是皆大欢喜，以吉终也。

■贪心起自需求过度

需卦三爻变，阳转阴，之卦为☵☱水泽节。

内卦的三爻是上爻，需求到最上爻了，有点过度了，所以要有所节制。

需卦九三爻爻辞曰：

九三，需于泥，致寇至。

泥中已有太多的水，还将雨下入泥中，水必然过多了，但需求满足一种又会衍生另一种，环境时机未到，需求成长太快，会不协调，形成贪念，是寇至矣。

社会富庶太快，精神层面成长不及，社会必陷入混乱，黑白挂钩，人欲横流，台湾目前的社会便是此象。

匹夫无罪，怀璧其罪。身份未到，便拼命赚钱，保护自己的机制未成，赚钱太多必引来绑匪。

"需于泥，致寇至"，物理学也。

需卦九三爻象辞曰：

需于泥，灾在外也。自我致寇，敬慎不败也。

需求太急太过度，又不被满足，外卦必生灾变，这种灾变，这种抢匪，是我们自己引来的啊！

谨言慎行，生活简单，哪里赚来的钱，多点回馈地方，自然得到敬重，就不会有灾难了。

需于泥，灾在外也。要节制，节制自己才能节制对方，敬慎不败也。

■关切真正的需求

需卦四爻变，阴转阳，之卦为☱☰泽天夬。

需求成了外卦，是真正生活上的需要，面对这种需求是要立刻关切，迅速做出决定。

需卦六四爻爻辞曰：

> 六四，需于血，出自穴。

这种需求是血的需求，失血过多是会死人的，所以"需于血"时，要立刻关切，尽快做出满足的决定。

这个需求太紧急了，即使拿出本钱（**自穴**）来满足之，都是必要的。

这种需求是出自真正的需要，就算拿出本钱，让自己亏本了，也必须满足之。

需卦六四爻象辞曰：

> 需于血，顺以听也。

这种现象是紧急的，是真正来自生命深处的需求，是血的需求，所以要认真聆听，顺从其需求，立刻满足之。

■满足生活上的实际需求最重要

需卦五爻变，阳转阴，之卦为 ☷☰ 地天泰。

地在上，天在下，巧者为拙者奴，君王为人民服务，民为贵、君为轻，国泰民安之象也。

需卦九五爻爻辞曰：

九五，需于酒食，贞吉。

最急切的需求获得满足后，安全而舒适的需求升起，做老板也有实力去满足的话，一切稳定，大吉大利也。

酒食虽然有点奢侈，但如果偶尔为之，可视为生活的小趣味，如果有此能力，也没有什么不好。

改善对方的生活，提升生活品质，稳定地成长，贞吉也。

需卦九五爻象辞曰：

酒食贞吉，以中正也。

酒食不可泛滥，持之以中正，情谊交往，既中且正，才是贞吉之道。

偶尔和公司人员或客户，来个会餐，做点交际应酬，总是好的，但若迷醉其中，每天没有酒食便活不下去，则过分了。

所以酒食贞吉，是因为能持之以中正也。

■理解来自内在的需求

马斯洛说最终的需求是自我实现。

了解自己的价值，认识生命的意义，不沉醉于安全及声名的欲望，便是自我实现的需求。

需求到最高境界。

需卦六爻动，阴转阳，之卦为☴☰风天小畜。

畜其小也，可以存钱，储蓄钱财，以满足更高的需求，解决生活基础需求，便可从事自己真正感兴趣的自我实现需求，不必担心生活琐碎之事了。

需卦上六爻爻辞曰：

上六，入于穴，有不速之客三人来，敬之终吉。

这种需求是最高的，"入于穴"需求来自内在坚强的意志。需卦内卦为天，三个阳爻。上爻动，由阴转阳，对阴内卦之九三，九三率九二及初九，三个阳爻便是不速之客三人。

凭着内卦的天，三个阳爻的动能，敬重之，努力到底，终能大吉大利。

需卦上六爻象辞曰：

不速之客来，敬之终吉，虽不当位，未大失也。

要自我实现，除了内卦坚决的意志，以及天行健的内卦三阳爻动能外，还需有小畜，畜小也，蓄钱财，才能过最起码的日子。

所以此爻阴转阳，虽不对位，但有了储蓄，便可以不会有大失也。

这种需求来自生命核心，故"入于穴"，凭借力量在内卦之天，但上爻动是为储蓄生活所必须的钱财，有了储蓄才能自我实现，自然大吉大利。

储存钱财，虽属小畜，但是为了实现内卦天的意志，故未大失也。

■需卦的自然发展现象

八宫卦序变化，水天需☵为坤卦的六世变，亦即游魂卦，是五爻变后，外卦的初爻变回而成卦。

坤卦的顺从精神，会累积能量，在五世变时，成为泽天夬☱阳能已至强烈亢奋间，但若六爻阴转阳，则成乾，成综卦变化，是以游魂卦是外卦的初爻变回阴，夬成需。

夬是决定，决策时要更理解需求，体会需求才能做出正确的决策。但接下来的归魂卦，内卦变回坤，成为水地比，亦即这个需求最好是亲附大众的，独乐乐不如众乐乐，大家的需求才是真正的需求，也是决策最重要的基础。

需中有坤，故宜以宁静，顺从的心，才能体会出需卦的真正动能。

第六讼卦——争讼，清楚也

■争执的时刻

需卦的设置，要公平。要求公平，必须开放言论自由，争执不是不好，重点在言论要“公”——公平、公正，故需卦之后为讼卦，言之公也。

讼，天水䷅。天水一线，清清楚楚，一切为公。

综卦：䷄水天需。有需求时，要判断何为真正的需求，故要以讼的态度来处理。

错卦：䷣地火明夷。火在地下，地狱之火也，有争执便有痛苦，公正的光明受到伤害，日已西沉，光明暂时消失。但从另一方面来说，地狱中阎罗王却常是讼时杰出的裁判人。

互卦：䷤风火家人。愈是亲近的人，争执常愈厉害，兄弟阋墙比仇人还剧烈。所以要了解争讼之中，仍有亲密的感情，珍惜这个感情，争讼才能够真正的公正。

天水讼

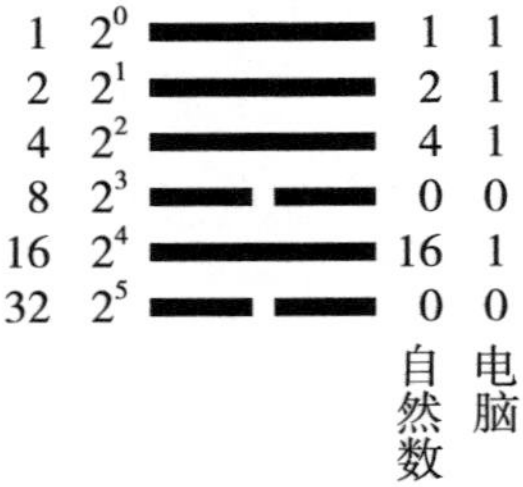

1 2^0 1 1
2 2^1 2 1
4 2^2 4 1
8 2^3 0 0
16 2^4 16 1
32 2^5 0 0
自然数
电脑

天水讼能量

1+2+4+16=23

天在上，水在下，天水一线——大海中的水平线，清清楚楚，大公无私，此讼卦之精髓也。

天水讼，《周易》序卦数第六卦。

讼卦为中能量之卦，努力不宜太强，多以温和态度处之。

■争执宜找公正人做裁判

有争执必有裁判。

讼卦的卦辞曰：

讼，有孚窒，惕中吉，终凶，利见大人，不利涉大川。

争执来自需求，需求受到伤害，才会有争执。但争执时宜保持中正、平常之心，才能吉。但这样一直争讼下去，仍会两败俱伤，所以讼最好适可而止。

"讼，有孚窒。"窒是受伤，被轻视了之意，"惕中吉"，警惕维持中正态度则吉，但争到底，终仍属凶。

那怎么办呢？赶快找公正人士来裁判，找顾问、找政府，或找智者来处理这份争执，是以"利见大人"。

解决争执必须从最简单的着手，逐步往困难的推进，这是谈判的最高技巧。

不要马上处理基本的争执，否则就谈不下去了。解决争执，双方要有诚信，从重要的但却比较易于解决的事，去谈判、去寻求解决之道。

所以"不利涉大川"。

孔子在讼卦的彖辞中，下了如下判断：

> 讼，上刚下险，险而健，讼。讼，有孚窒，惕中吉，刚
> 来而得中也。终凶，讼不可成也，利见大人，尚中正也。不
> 利涉大川，入于渊也。

天在上，水在下，所以上刚下险，外卦刚，内卦险，以险迈
向刚，故有争讼。

讼在基础的需求上有争执也，所以不管哪方赢了，另一方必
有严重伤害，所以争讼的心态，宜温和而有耐心，"惕中吉"。外
卦虽刚，但争执及谈判均需由内心的诚信开始，所以"刚来而得
中也"。即使这样，争执到最后，仍将两败俱伤。

"讼不可成也"，争执不要急着马上解决，这种基本的争执，
伤及任何一方都是不好的，那怎么办呢？

利见大人——找到贵人，也就是公正可以为之做裁判，双方
都能接受的人来协调，所以"利见大人，尚中正也"。

不要马上去处理严重的本质争执，太敏感的问题，不必急着
解决，而是双方共同宁静地进入问题的核心，深入了解问题，把
问题问得深，安静处于问题中，正确的答案自然会浮现。

所以"不利涉大川，入于渊也"。

讼卦象辞曰：

> 天与水违行，讼。君子以作事谋始。

孔子描述讼卦的景象，是天水一线，天和水完全清楚相隔，显示清白公正之象。讼之时，君子以能解决的事情先谈判，让事情得以推动，以显现双方的诚意。

■不要针对重点不可解的基本问题

讼卦的初爻动，阴转阳，之卦为☱☰天泽履也。

履是可以去行动的，可以去导循的。

讼卦初六爻爻辞曰：

> 初六，不永所事，小有言，终吉。

讼的开始，不要处理本质上的冲突，那个永远争执不停的问题，就先不要争执。可以从小的建议开始，先解决容易达成协议的事，态度可以稍微积极些，因为已由阴爻转阳爻了。

重要的是能妥协，能做到的部分。所以讼的开始在能履的问题上，从小事开始，小有言，才能终吉。

讼卦初六爻象辞曰：

> 不永所事，讼不可长也。虽小有言，其辩明也。

开始处理的讼事，最好是很快就能达成的，这样让谈判可以有成就，所以不要处理那永远是争执的问题，因为这样一开始就吵个没完。

那些小事中的争执及妥协，是在清楚表明两方的立场，清楚地了解双方需求，以作为他日继续谈判的参考。

■不必急着在大事决胜负

讼卦二爻动，阳转阴，之卦为 ☰☷ 天地否也。

简单的问题解决了，再来就要面对争议性较大的问题，若太急于解决，可能要进入绝裂，故为否。

二爻阳，比较积极，常会突然转向敏感问题，破坏谈判气氛，所以由阳转阴，自制也，保持心中的警觉。

讼卦九二爻爻辞曰：

九二，不克讼，归而逋，其邑人三百户，无眚。

九二本阳爻，但阳动阴生，所以转积极为消极，不必去争到底，归去述职即可，把重要事的争执，将对方的意见带回去复命就好，不必急着在当场决胜负。

"其邑人三百户"，小邑也，所以立场上不必强出头，宁可谦虚有礼，传达对方意见即可，这样子才能无灾难，"无眚"。

很多问题需要时间酝酿，要等时机成熟，多消化对方的想法，不必急着解决。

重要问题的谈判，要设法不要破裂。

讼卦九二爻象辞曰：

不克讼，归逋窜也，自下讼上，患至掇也。

掇者取也，"归逋窜"是回去述职如同逃窜般。

二爻原为阳，转而为阴，逃窜避开也，孔子指写此爻的景象是：不要再争了，赶快回去述职，避开争执，因为在二爻就想解决问题，未免太急了，欲速者必不达，反而惹祸。

所以自下讼上，必自取灾患也。

■谈判的态度温和而不求表现

讼卦三爻动，阴转阳，之卦为 ䷫天风姤。

姤则邂姤也，有突变因素将产生，解决问题的机会常常闪现，所以放开彼此心胸，不坚持立场，去找可能的契机。

讼卦六三爻爻辞曰：

六三，食旧德，贞厉终吉。或从王事，无成。

六三本为阴爻，转阳爻想积极寻找突破点。这种态度固然很好，但太积极可能使谈判反而陷入危险。

是以要回复原来阴爻的精神，而且要坚持到最后，以温和的态度来面对争执，并积极寻找突破的点，这样到最后，将是吉的。

食旧德（以原本阴爻之精神），贞厉（努力维持此心态），终吉也。

或许可以表达自己君王的立场，但止于彼此了解即可，所以无成。

可以面对基本问题，表明立场，做更深的了解，但不求解决。

讼卦六三爻象辞曰：

食旧德，从上吉也。

要以阴爻的精神，但要以外卦乾卦的能量。

孔子给此爻的景象是：一个温和的人，却有刚健不拔的毅力，争讼到底，但不使谈判破裂。

■宁静的心在争讼中

讼卦四爻动，阳转阴，之卦为☴☵风水涣。

随风而动，随机应变，不必坚持立场，让谈判的心如风在水上吹一样涣散各地。

心里宁静，随波逐流，随风吹动，是谈判的最高艺术。

讼卦九四爻爻辞曰：

九四，不克讼，复即命，渝，安贞，吉。

由内卦争到外卦，立场争到面子，太积极最危险，所以赶快由阳爻转阴爻。

不必去争到底，回到原本想谈判的立场，不必太在乎面子问题，以免被误导。

渝者改变也，不必争到底，但也不是因害怕而妥协，要保持宁静，随遇而安，如风吹水上之涣散，保持安定坚贞的态度，必吉。

讼的主题愈严肃，愈重要时，更须以此心情，宁静以致远也。

讼卦九四爻象辞曰：

复即命，渝安贞，吉，不失也。

孔子描写此爻动的景象是：守着原本的立场，但不坚持的态度；随机应变的心，宁静而稳健，则可不失也。

■保持新鲜的心去争讼

讼卦五爻动，阳转阴，之卦为 ☲☵ 火水未济。

未济者，永远未完也。生命的现象其实是循环不停的，六十四卦，既济后仍回复未济。

永远未停，所以永远应以新鲜、活生生的态度，来面对人生中无尽无止的争讼。

争讼最怕老提千年不解的旧问题，这样就永远无解了，旧仇加新恨，冤冤相报何时了？

讼卦九五爻爻辞曰：

九五，讼，元吉。

九五阳爻，动而成阴爻，态度不坚持，保持柔顺，不执着于旧的立场与态度。永远从头开始，面对当下问题，活生生、新鲜鲜，以务实的态度来面对问题，这样或许可以解决大的争执，将本质的问题解决掉，自然大吉大利了。

讼卦九五爻象辞曰：

讼元吉，以中正也。

中正者平常也，平常心才是中正的真意。

孔子对此爻的描述，是永远以平常心来争讼，态度是不断的新（元），一元复始，万象更新，苟日新，又日新，日日新，不要以老立场来争论，要找到新的解决契机。

九五是外卦中爻，领导之卦象，以元吉中正之心争讼，问题必能解决。

■重要的谈判更不可骄傲

讼卦上爻动，阳转阴，之卦为 ☱☵ 泽水困。

争到了极点，在关键问题上坚持己见，必困矣。

讼卦上九爻爻辞曰：

上九，或锡之鞶带，终朝三褫之。

争讼最重要的问题常会困陷住，新的问题随时可能爆发。所以上九由阳转阴，保持宁静警觉的态度。

关键、重要事情的谈判，常是最危险期，即使努力，仍可能随时会决裂，宜更小心。

这时候的代表，势必得到君王最高授权，给以权力的鞶带，不可认为自己有权而骄纵，必须明了愈有权愈危险，甚至会有灾难。

所以在谈判结束前，要解除鞶带三次以上，警觉自己，也警觉对方。

态度消极，不必强争到底，防大危难再生也。

讼卦上九爻象辞曰：

以讼受服，亦不足敬也。

处理争讼的事，是非常敏感的，随时争讼可能更严重。

所以暂时争赢了，不值得高兴，也不能接受功劳，因为危机仍存在，只是表面停止而已。

看以色列、阿拉伯和谈，中东的争执，和和战战，数千年不止，争讼、和谈并不能解决续发的问题。

争执即使获得短暂解决，并不值得欣喜。

孔子说："必也使无讼乎！"让争执的事彻底消失，才是真正的解决之道。

■讼卦的自然发展现象

八宫卦序变化，天水讼☰☵为离卦的六世变，亦即离之游魂卦，在五世变，离成风水涣☴☵后，外卦初爻变回成天水讼。

象征讼的本质上追求清楚、亮丽，但过分的讼也有离心离德的危机。易没有绝对，总是阴中有阳，阳中有阴，宇宙的变化无穷，人生无常，宜小心体验之。

内心已有最坏打算，故为坎之象，外卦是乾，能量高涨，是正义之气充沛于天地之间时，以坎之心，追求外卦的乾道，全力以赴，是为天地争取亮丽之道也。

领导的智慧——师、比、小畜、履

师，众也；贞，正也。能以众正，可以王矣。刚中而应，行险而顺，以此毒天下，而民从之，吉又何咎矣。

创业期，度过了屯、蒙、需、讼四卦后，领导的态势已成，接下来是领导的风格了。

《周易》六十四卦中，有四个卦可用来说明领导者的风格。

师，地水≣。上卦坤属被动，内卦水，属艰难卦，危者必动，动者必师。

比，水地≣。水由上往下流，亲附也，为比卦。

小畜，风天≣。风在天上吹，云气未成雨，空中蓄有水气。

履，天泽≣。外卦刚健，内卦兑（和顺），人法天，履行也。

第七师卦——打仗，劳师动众也

■严以律己，宽以待人

师，地水≣。师者出师——出动军队的意思。

出动军队，外卦要宁静，不可慌张或铺张，虽然繁杂事及困难很多，但指挥者仍好整以暇，才能在艰困中展示出最好的领导风范。

综卦：☵☷水地比。劳师动众，更需得到他人的亲附。

错卦：☰☲天火同人。领导者的魅力，在能与人同心。

互卦：☷☳地雷复。刚开始行动，困难很多，领导者必须有足够耐心，慢慢地建立自己的领导风格。

出师必须得人心，很多艰苦必须自己一肩挑，这是个自我挑战的卦象。

由于需要的认辨不同，产生了争讼，争讼两造难免劳师动众，所以有讼必有师。

不论内哄或竞争，师必有领导人，领导人的卦象可从师卦做开始的观察。

地水师

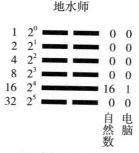

地水师能量为 16

地水师，《周易》序卦数第七卦。

师卦为低能量之卦，不宜太努力。行动的重点在基层干部九二，领导者宜保持温和的警觉。

师卦卦辞曰：

　　师，贞，丈人吉，无咎。

出师动众，目标当然要坚定、稳重、师出有名。

丈人是长老之意，内卦中爻一阳率众阴，打仗了，众人最好能没有意见接受领袖指导，才能众志成城。

但领导者却不可太积极，大家的生命都交在你的手中，所以必须审慎。

年纪大的长老比较审慎，所以由长老来领导，则吉。审慎、小心，成果或许不大，但至少不会有大过错。

兵者，凶器也，不得已而用之。师卦大多为阴爻，积极力较小，不战而屈人之兵，善之善者也。

孔子在师卦象辞中表示：

　　师，众也；贞，正也。能以众正，可以王矣。刚中而应，行险而顺，以此毒天下，而民从之，吉又何咎矣。

师，必定会动到众人，贞，正确、稳定也，领导人作战，更需要正确而稳健，这样才足以王天下。

内卦中爻为阳，刚在中也，对应外卦中爻为阴爻，是刚中带柔。内卦为水，故艰险，外卦为坤，柔顺也，以险带领顺，力量不会过大。

战争总是一种伤害，是以用柔顺、审慎的态度来领导，将害处降到最低，能得到民心的支持，便不会有太多过错了。

师卦象辞曰：

地中有水，师。君子以容民畜众。

孔子对此卦所描写的景象是：地中之水，不可滥用，宜储存到足够量再行使用，所以师卦的精神是先得民心，让人民愿意集结为君王效命。

领导者应先严以律己，纾缓自己意念，审慎处事，宽以待民，理解民众之心，勿为一时野心，随意牺牲人民性命。

■出师时保持高警觉

师卦初爻动，阴转阳，之卦为☷☱地泽临。

师卦初六爻爻辞曰：

初六，师出以律，否臧。凶。

兵，凶器也，由阴转阳必凶，宜谨慎。

出师心已决，开始劳师动众，要以高度警觉心处之，征召的办法及律令，要严谨执行，否则必造成伤害。

大小事最好亲临关切，此处变之道，而非处常之道。平常的授权及制度暂时失效，保持最小心的态度。

师卦初六爻象辞曰：

师出以律，失律凶也。

出师一定要谨慎，一切依律令行之，处变之时，律令要严加解释，不可伤害人民权益，否则大凶。

■领军主帅在老练的基层干部

师卦二爻动，阳转阴，之卦☷坤为地。

出师动众，集结兵众及钱粮，领导者难免志得意满，这时候最危险，君王将大军交给主帅，其实心中忐忑不安，九二这位主帅是基层干部，也是一般科长级主管。

师卦九二爻爻辞曰：

九二，在师中，吉，无咎，王三锡命。

九二原为阳爻，统诸阴爻，由内卦水进入外卦地，力量绝对够，但领导大军，易受猜忌，故心态由阳转阴，自保也。在师中，宁静地指挥，则吉，无大过错，要等待君王一而再，再而三地授权催促，才能领军出动。

其中有来自君王的猜忌，谗臣的谄言，均以坤德接受之，完全低调，才能发挥二爻阳能的功用。

师卦九二爻象辞曰：

在师中吉，承天宠也，王三锡命，怀万邦也。

能够授命指挥大军，非自己的才能，而是上天及君王的恩宠，绝不可有一丝骄傲，等待君王再三授权及命令才能出军，领军时心中只有国家大局为重，完全抛开自己的名利及野心。

■出师要尽量减少不必要的牺牲

师卦三爻动，阴转阳，之卦为☷☴地风升。

三爻已接近战场，局势紧张度升高，阴爻转阳爻，虽对位，但危险也升高，恐有重大牺牲。

师卦六三爻爻辞曰：

六三，师或舆尸，凶。

《孙子兵法》中特别指出："全国为上，破国次之；全军为上，破军次之。""是故百战百胜，非善之善者也；不战而屈人之兵，善之善者也。"

这是兵法的最高精髓。

不可随便牺牲士兵性命，刚临战场，便有牺牲，必须运回尸体，必大凶也。

不到最后关头，绝不轻言牺牲。

主帅在临外卦战场之际，更宜小心，不可有不必要的流血。

师卦六三爻象辞曰：

师或舆尸，大无功也。

刚临战场便有流血，一车一车的死尸在搬运着，即使打了胜仗也无大功劳。

■知可战与不可战则胜

师卦四爻动，阴转阳，之卦为☵☳雷水解。

师到外卦了，彼此的实力已经看得到了。

《孙子兵法》中"知胜有五"的第一知，是"知可战者与不可战者胜"。真的有机会打败对方吗，还是不若则避之，三十六计走为上计？

逃得快的是党国元老，逃不掉的则成了革命烈士。

师卦六四爻爻辞曰：

　　六四，师左次，无咎。

左次，转进也，撤退也。阴转阳，很可能太拼命了。

所以要审慎看清楚，情况不利，可以立刻撤离战场，或高挂"免战牌"，这样也可以无太大过错。

师卦时，大多属阴爻，故要小心，保持高度警觉。

师卦六四爻象辞曰：

　　左次，无咎，未失常也。

撤退时仍保持机动性，不被追击到溃败的，便是好的指挥官。美国开国时的总司令乔治·华盛顿，便以会打败仗出名，最后积小败为大胜。

左次（撤退）时，可以无大咎的，算是兵家的常态了。

胜败兵家常事，重点在不被毁灭。

拿破仑攻打莫斯科时，俄国名将库图索夫曾表示："士兵的生命才是国家和民族最珍贵的至宝。"

他下令全军撤出莫斯科以保全实力的做法，最后证明是绝对正确的。

■流血时刻要尽量被动

《易经》的师卦，九二阳爻率诸阴爻，作战时刻却只有一阳爻，《易经》对战争立场是相当审慎小心的。

师卦五爻动，争斗已不可免，阴转阳，☷之卦水为坎，象征艰辛危险。

内外卦均为坎水，中爻相对应成两阳爻，又在诸阴爻包围中，宜审慎应付。

师卦六五爻爻辞曰：

> 六五，田有禽，利执言，无咎，长子帅师，弟子舆尸，贞凶。

战争是凶事，即使目的正确，仍不免于凶。

战争目标明显，可以有战利品，故田有禽。战事一触即发，决战在即，但仍以谈判为佳，利执言，是以言辞来解决，为利，言辞代替流血，自然可以无咎。

师卦的互卦为☷☳地雷复，内卦震，为长男，是为长子帅师。阴转阳的外卦☵坎中阳爻为对应，为弟子，流血了，当然得收拾尸体，外卦转阴为阳，冲突必生，前途多坎事，即使贞也是凶。

如果流血能不发生，大家用谈判解决，以被动消极态度，动口不动手，则可以无咎矣。

师卦六五爻象辞曰：

长子帅师，以中行也，弟子舆尸，使不当也。

内卦中爻为长子，师卦本来便由九二阳爻领军，内卦的中爻，阳在阴位，审慎小心，以中行也，可无过错。

上卦中爻阴转阳，呈现积极，必流血，转阳后六五转九五成弟子，故弟子舆尸——收拾流血后的尸体，必有凶事，故这个改变，其实是不当的。

■师卦结束时，反而更需审慎理清楚

师卦六爻动，阴转阳，之卦为☶☵山水蒙。

蒙是蒙昧的意思，亦即不清楚了。师卦到了上爻，战争已到最后了，以为可以厘清争执，结果错了，一切更混乱，不少人赚了战争财，也有人趁机会占取重要位子，所以身为领导者的九二，更需将一切理清楚，否则小人乘乱局得势，将会带来更大灾难。

师卦上六爻爻辞曰：

上六，大君有命，开国承家，小人勿用。

战争结果，依功过行赏罚，九二为战场指挥官，宜将事实禀报大君，大君在后方，态度宜审慎，即使时机已到，由阴转阳，积极论功行赏，但仍应信任九二在现场的实际记录报告，给予封赏，功大者开国为诸侯，其次为大夫（**大夫领邑称家**），投机取巧、抢战功求表现的小人，可给予金钱财帛之赏，但切勿封与高官，以免乱政。

师卦上六爻象辞曰：

大君有命，以正功也，小人勿用，必乱邦也。

孔子描写此爻的景象是君主必须审查清楚真正有功的人，并且下令封赏之，但不可只看表面的行为，如果用到好表现的小人，国家必陷于混乱中。

■师卦的自然发展现象

八宫卦序变化，地水师 ䷆ 为坎卦的七世变，即归魂卦。坎卦到离魂卦时为 ䷣ 地火明夷，追求正义的心再度受伤，只有再度发动奋战了，故为师。

但劳师动众总是凶事，内心的坎深深掌握住，决心努力到底，但外面行动不宜太积极，静观其变是为坤，内坎外坤，师卦的本质精神是坎，战争绝不是可以高兴的事。

不论是胜是负，对宇宙天地都是伤害，是以《孙子兵法》

中有："百战百胜，非善之善者也，不战而屈人之兵，善之善者也。"

师的真正精神仍在追求不战。

第八比卦——亲附，亲比也

■亲附必须发自诚心赶快来

比，水地☷。水由上而下流于大地上，亲附的意思。

劳师动众是件颇具挑战的艰辛工作，所以必须深得众心，师卦之后，承接的便是比卦，争取亲附和信任。

综卦：☷地水师。亲附的需要来自师——劳师动众。

错卦：☲火天大有。如果亲附能彻底而务实，则必可得到大量和真诚的支持，因而有大有之卦象。

互卦：☶山地剥。各派各系前来比附，力量不一，常见嫉恨及冲突，故剥此欲念，才能发挥比卦的精髓。

亲附在于诚心诚意，最怕表面的比附，其实是想投机取巧，从其中谋取利益的。

水地比

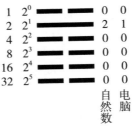

			自然数	电脑
1	2^0		0	0
2	2^1		2	1
4	2^2		0	0
8	2^3		0	0
16	2^4		0	0
32	2^5		0	0

水地比能量为 2

水地比,《周易》序卦数第八卦。

比卦的主角是九五的经营者,低姿态的领袖。

比卦能量之低,仅次于坤卦及剥卦,属高接纳度,愈是无为,愈是彻底的接纳,比卦的精神愈能发挥。

比卦卦辞曰:

> 比,吉,原筮元永贞,无咎。不宁方来,后夫凶。

九五以阳刚居外卦中爻,和上下的阴爻并排而领导之,坎卦已到外卦,能量和成果均可见,是以不必再做任何努力,只要以原相吸引阴爻来比附即可。

吸引别人的亲附而不强迫之,这种态度处事必吉。

但必须以真诚的本相,没有包装,不刻意提升形象,这样才是真诚的,而且要永远秉持如此精神,不欺骗别人,所以原筮(筮者原本相)元永贞,才能无咎。

亲附是发自内心诚意,而不是有条件的,所以感到不安宁才来比附的,含有条件,已非真诚,故必凶。

譬如出家人,若自认天生爱好佛法,愿抛弃一切追寻成道,真心真意,自能无咎。若只是感情、学业、生意失败了,或想回避世俗无力感,想在佛法中获得断绝痛苦而出家,或贪求成道意念而出家的,都是"不宁方来,后夫凶"。

孔子在比卦象辞中写道:

> 比,吉也。比,辅也,下顺从也。原筮,元,永贞,无

咎，以刚中也。不宁方来，上下应也。后夫凶，其道穷也。

比卦，亲附于人，不论被亲附或亲附者，都是吉事，亲附可以相互辅助，相辅相成。

但被亲附的九五，必须保持原面貌，不可刻意形象包装，否则不论有无恶意，都是欺骗。保持本来面目，如同无我，使以下的阴爻自然亲附之，这样可以无咎。

如果像西汉末年的王莽，刻意包装来沽名钓誉，即使很多人被骗，终究仍会众叛亲离。

所以九五是外卦中爻，以阳爻显现，是以刚中也。

有不宁时来比附，本是物理作用，不安求安全，如同慧可之请教达摩，真诚的不安，自动来亲附，求老师解之，这是自然自发性的，没有问题。因为是属物理学的上下应也。

但若只因老师成名了，宗派大了，想有条件的亲附，有成道的意念，有断苦避世的意念，都是非自然的，都是欲念在作祟。这样的比附，便是后夫凶，以其道以穷了。

道穷而来者，是逃避而非真心，必凶。

比卦象辞曰：

地上有水，比。先王以建万国，亲诸侯。

比卦的景象，是水由高往下流，滋润大地。

孔子说：九五如同君王，建立自己的王国组织，给以好处及利益，吸引诸侯前来亲附。

■请给我今天的面包

比卦初爻动，☵☳水雷屯，初动的卦象，艰难但终可得吉，雷在水下动，阴爻转阳，志虽强，力未及也。

比卦初六爻爻辞曰：

初六，有孚比之，无咎。有孚盈缶，终来有它，吉。

《易经》其实是相当科学而实际的，不唱高调，务实，着重最基本的物理作用。

孚者，孵也。生之养之，以生之及养之的心，来比附，自然不会有问题。

初爻阴转阳，积极向九五亲附，但只要求最基本生活条件，只要求一点点便满足了，没有贪心，没有欲念，这样的亲附集合的人，日后终可以得吉。

耶稣领导门徒祈祷时，要求只给我今天的面包，最起码的生存需求，这不是贪念，是真正的生活，这样的祈祷是正确的。

如果祈祷帮忙赚大钱，有更多的银行存款，更多的健康，更多的品德，更多的爱情，更多的天堂或成道，则都是不正确的。

只要生之、养之，便可满意盈缶，这样的亲附，绝对大吉大利。

比卦初六爻象辞曰：

比之初六，有它吉也。

要求如此低，这样的亲附集团，不但本身大吉，而且还会有其他的大吉大利。

■亲附在内心的诚意

比卦二爻动，阴转阳，☵坎为水。

坎卦虽艰辛，但心笃定，坚决地愿意和九五共患难。

这种同甘共苦的心，是最诚意的，是内卦的中爻。

比卦六二爻爻辞曰：

六二，比之自内，贞吉。

内卦二爻动，成坎卦，与外卦坎相对应，故比之于内。九二对九五，领导前后二阴爻奋斗，虽艰辛，但意志及态度坚定，故必贞吉。

比卦六二爻象辞曰：

比之自内，不自失也。

是由内卦变动来亲附的，这种亲附的动力起自内心，故属诚心诚意的比附，不会出尔反尔，故不自失也。

由生之养之，到发自内心的比附，都是正当的，不会有什么问题。

■最忌讳投机取巧

比卦三爻变，成了☶☵水山蹇。

蹇，困难也，寸步难行，水在山上，必往下流，流速太大，阻碍往上爬行，故蹇。

比卦六三爻爻辞曰：

　　　　六三，比之匪人。

内卦上爻阴变阳，显示积极，但外卦中爻为阳，上爻为阴，使内卦变爻后，反而不相称，六三和九五，位不对，是以六三转九三，反而是比之匪人。

匪人是不对称之人，上爻才来比，来得晚了，是卦辞上的后夫凶，是以此爻是凶卦。

比卦六三爻象辞曰：

　　　　比之匪人，不亦伤乎？

比是亲附，应出自诚心诚意，才能共同努力，迈向目标，所以比之匪人，九五必会受到伤害了。

这种投机取巧的人，虽由六三转成九三，表现热情和积极，但心不诚意，只想投机取巧，九五应审慎拒绝之。

■亲附的力量仍需成气势

开始亲附的人，靠内在的心悦诚服，热情而积极，接着力量成长了，很多人虽非完全了解，但也加入了基督徒，成为庞大的团体。

比由内而外，是力量快速成长时。

比卦六四爻爻辞曰：

六四，外比之，贞吉。

比卦四爻变，之卦为 ䷬ 泽地萃。

萃是水多的地方，草必多，水气带来草的生命力，草是由水而来，故是"外比之"，但这种泽边的草多是自然现象，是物理学上的力量，故为贞吉。

比卦六四爻象辞曰：

外比于贤，以从上也。

早期的基督徒，是受耶稣个人魅力的吸引，愿意无条件臣服于其教诲，所以耶稣虽被钉在十字架上，并未阻止基督教徒比附的力量，反而在耶稣死后，人数更是急速增加。

九五个人的魅力，使外卦初爻的六四，转为九四，积极感应的比附之，故属吉卦。

■宽容是比附的最主要精髓

据传商汤为王时，出外巡视，看到捕鸟人张网捕鸟，商汤指示捕鸟人，应网开一面，网三面即可，让有警觉心的鸟仍能自己找到出路。

网开一面，仅由三面驱捕之，显示为政者宽容，可自己改正者，不以法律绳之。

比卦五爻变，之卦☷☷地为坤。

九五本是吸引比附的中心，却由阳转阴，以消极态度宽待比附之人，使众人更放心地依附之。

坤能厚德待物，如同大地，吸引力更大。

比卦九五爻爻辞曰：

九五，显比，王用三驱，失前禽，邑人不诫，吉。

九五是亲附的重心，是为显比。

显比的九五，由积极转消极，网开一面，仅用三面来吸引他人，不合者自动离去，是以可能失前禽。

但不勉强比附之人，以宽容得其心，官员不用严厉警戒，以心服人而不以力服人，这样的比，自然是大吉大利了。

比卦九五爻象辞曰：

显比之吉，位正中也，舍逆取顺，失前禽也，邑人不诫，上使中也。

孔子对此爻动的景象描写是：九五为上卦中爻，为显比的对象，又能宽容待人，网开一面，不愿留下来的，绝不勉强，是为"舍逆取顺"。

不强制执行法律，让犯人有自新机会，虽失前禽，但却能以德服人，树立宽恕风气，所以邑人不会成刻薄的官吏，是由于在上者九五的影响，使能中道也。

■大团体的危机

比附的群众太多了，有些后来者，是有自己目的，不再那么真诚，所以可能造成团体的分裂。

比卦六爻变，之卦为 ䷓ 风地观。

风在地上吹，观照也。

但后比者，反观到九五上面来观照，这种比附的精神变质了，反客为主，势必造成团体内部的混乱。

比卦上六爻爻辞曰：

上六，比之无首，凶。

"比"超过头了，九五反被比下去了，是以比之无首，这时候，大家心悦诚服的对象不见了，或被推翻了，这个团体势必崩溃不可了。

卦辞上讲的后夫凶，指的便是六三和上六，在内卦及外卦的阴转阳，反客为主，使比卦变质的凶象了。

比卦上六爻象辞曰：

比之无首，无所终也。

孔子对此爻的景象描写是：亲附的对象消失了，整个比卦也发展不下去了。

是以"比之无首，无所终也"。

■比卦的自然发展现象

八宫卦序变化，水地比䷇为坤卦的七世变，即归魂卦。坤卦在离魂六世变时为需卦，需求必须是多数人共同的需求，故宜亲附大众，是为比。

比的精神本质在坤，九五必须有顺众人的心，才能吸引五阴来比一阳。是以九五阳爻虽在外卦中心，位置正当但却不宜光芒太露，反而应更内敛，以宁静的心，观察天地客观变化，而顺从之，才是真正的比，也才能发挥比的真正精神。

第九小畜卦——畜其小者也

■第二代的领导者

第一代的领导，以师卦及比卦为主要精神，审慎、豪爽、重情义、讲宽容，属于马上得天下的领导者。

第二代的领导者，属于治天下的，重点在制度化，风天小畜及天泽履都属这时段的卦象。

风天小畜䷈。风在天上，只见云动，未见雨下，制度之酝酿期。

一阴五阳，六四为阴爻，上下五阳同为畜，故畜其小者也，内虽健，外柔顺，虽有心，力量却不及也，只能由小处着手。

综卦：☰☱天泽履。为了确实做得到，而不是唱高调，是以小畜着手建立制度。

错卦：☳☷雷地豫。雷响大地，预备期的卦象，声虽强，力量仍有限，宜多做准备。

互卦：☲☱火泽睽。团体成立后，劳资立场由早年的伙伴关系，成主从关系，立场相睽，是以需要建立新的体制，是为小畜的主要原因。

风天小畜

风天小畜能量
1+2+8+16+32=59

小畜卦，《周易》序卦数第九卦。

小畜卦属高能量之卦，外界困难仍多，内卦健，必须努力不懈的卦象。

小畜卦卦辞曰：

小畜，亨。密云不雨，自我西郊。

文王的周国在西方，故文王以西郊为故国的象征。

风在天上，云动却不见雨，水气仍有不足，但这种云由西而来，逐渐累积中，大雨欲来风满楼之象也。

新的体制建立之前，需求虽强，力犹不足，急待努力，并可由小处着手。

孔子在小畜彖辞中写道：

> 小畜，柔得位而上下应之，曰小畜。健而巽，刚中而志行，乃亨。密云不雨，尚往也。自我西郊，施未行也。

第二代的领导者，面对第一代的建国功臣，宜采宽容姿态，以柔得位，让那些老臣大将仍扶持之，是为"柔得位而上下应之"。

内刚外柔，☴☰风天之象，是为"健而巽"，刚在内卦，努力奋发，只为小畜，是以"刚中而志行，乃亨"。

密云不雨，表示还有很多需要去努力，自我西郊而来，表示德行尚在普施。

小畜在以养生制度，以建立德行也。第二代领袖要为功臣的退休及继承人建立制度，以务实的需求为主，不高唱口号，是为小畜。

小畜卦象辞曰：

> 风行天上，小畜，君子以懿文德。

第一代马上得天下，以武，第二代马下治天下，以文。是小畜时，君子是重视文德之道。

文德者平常制度之建立，生活之平常心也。

风行于天下，内刚而外柔，是小畜的景象。

■制度要满足最基础的需求

生命是不安的，但人心却欲求安全，安全是制度的指标，领导者若懂得这个道理，建立制度就很简单了。

第二代事业仍未稳定，功臣们心也不太贪，只要在退休的制度及后代继承上做好安排，便可以得到他们坚定的支持。

小畜卦初爻动，之卦☴巽为风。

初爻阳转阴，态度消极却落实，由生活的基本面具体改善，是以大家都很愉快。

小畜卦初九爻爻辞曰：

初九，复自道，何其咎？吉。

小畜，阴蓄阳，主体在六四，初九离六四尚远，阳转阴成初六，和六四对应，故称"复自道"。

不唱口号，是小畜的精神，从基层干起，自然更不会有什么毛病了，所以属吉利卦象。

小畜初九爻象辞曰：

复自道，其义吉也。

以阴爻精神，不抗争，不要求，君王落实改善制度，部属安静接受，一片和悦之象，故必吉。

■满足生活制度要皆大欢喜

小畜卦二爻动，之卦为☲风火家人。

二爻阳转阴，在内卦的位对了，中爻动，象征稳定，风吹火上，如同家人般享受彼此感情。

家人除感情外，也是生活的基本单位，是生活和感情的重心。

小畜卦九二爻爻辞曰：

九二，牵复，吉。

初爻以基本生活的照顾为主，到了二爻，由初爻的条件再加上去，如同家人似的，共同生活并有其感情，是二爻牵着初爻，逐渐近于六四之主阴爻也，九二刚而久，故属吉道。

小畜卦九二爻象辞曰：

牵复在中，亦不自失也。

二爻是内卦之中爻，以初爻的基础条件，往上提升小畜的现象，虽说由基础生活提升到感情生活，但对物质的满足仍应皆大欢喜，而不是高唱情感口号，却疏忽物质的重要性。

所以说"牵复其中，亦不自失也"。

■成长期的危机

人类是个麻烦的动物，物质及精神生活都满足了，却更不安于室，总会要求更多，因此造成相处的危机。

小畜卦三爻变，之卦为 ䷼ 风泽中孚。

小畜卦九三爻爻辞曰：

九三，舆说辐，夫妻反目。

孚者孵也，中孚者二个阴爻在四阳爻中间孵，二阴蓄四阳，但内卦第三爻是进入外卦之前动能量，九三转成六三，位不对，反而与初爻及二爻有脱节现象。小畜反而蓄出了野心，迫近于四爻，阳转阴，反而不对位，与四爻也不再相辅相生，如同夫妻反目，在成长中，九三野心过大，形成冲突，而且行动和初爻及二爻脱节，故称舆说（脱）辐。好像车子的轮子掉了，夫妻更因而吵了一架，故大凶。

小畜卦九三爻象辞曰：

夫妻反目，不能正室也。

九三如车子脱落的轮子，自行其是，和小畜的所有爻均产生反目，无法达成外内卦之中介爻的功能，虽位六爻正中间，却无法行使正室的力量。

■冲突后更须订立合理制度

小畜卦的精神在养生，故"孚"对小畜卦而言本是正途，只是九三在六爻中间，内卦上爻，却孵出了过多的野心，因而和上上下下都发生了冲突。

有冲突总得解决，小畜卦是一阴蓄五阳，解决的契机及重心，便在唯一的阴爻六四身上了。

小畜卦四爻变，阴转阳，之卦☰乾为天。

要求过高的薪资和福利，总有崇高又美丽的口号，即使要求过头了，仍会得到媒体及舆论的支持，所以九三提出的要求，对资方是非常头痛的。

因此要求以乾卦"天行健，君子以自强不息"的精神，全力以赴，以争取资方合理的立场。

四爻便是替资方解决冲突的人，也是第二代的领导者。

小畜卦六四爻爻辞曰：

六四，有孚，血去惕出，无咎。

孚者孵，六四是小畜卦的主爻，也是唯一的阴爻，此阴转阳，使卦的能量到达最高。

冲突之后，必流血，并产生恐惧，六四为二代领导，在流血及恐慌之后，重在以包容稳定人心，故血去（停止流血），惕出（释出恐惧），自然可以无咎矣！

小畜卦六四爻象辞曰：

有孚惕出，上合志也。

抱着养生之心来拟定新制度，以处理薪津及福利的冲突事件，解除事业的戒严状态，使一切恢复正常，是因为第二代领导人能接受众人心意，所下的决策，故称上合志也。

■与员工分享的新领导风范

九五爻在卦中经常是领导者之爻，小畜卦虽以六四阴爻畜养，但九五爻仍是最佳的领导精神。

小畜卦五爻动，阳转阴，之卦为☶山天大畜。

大畜者畜其大也，六四解决了基础的冲突，接下来要做的是精神教育了。

小畜卦九五爻爻辞曰：

> 九五，有孚挛如，富以其邻。

挛如是反牵之意，亦即九五以双手反牵六四及上六，表示积极同心之意。并以其财富分享左右干部及部属，这样的领导自然能让大家心悦诚服。

小畜卦本是畜其小，以物质生活为主，但到九五在前爻已解决基础冲突，所以可进行公司文化的建立，属畜其大者了。

小畜卦九五爻象辞曰：

> 有孚挛如，不独富也。

小畜到了九五，已经相当富裕了，但富裕的领导，绝不独享财富，而是用双手反牵其上下爻，提出财富来分享部属，以深得其心，所谓畜其大也。

据说中国商神陶朱公，在年终结算时，都会提出一部分财富分享给员工、亲友甚至于同业。

此即小畜卦九五的精神。

■盈则满，满宜戒

小畜到上九，财富已到最高点，原本密云不雨的雨量已全降下了，来滋润大地，甚至有下得太多的现象。

小畜卦上九爻动，之卦为 ䷄ 水天需。

雨降完了，阳转阴，外卦两阴夹一阳，是为艰困的坎卦之象。

小畜卦上九爻爻辞曰：

上九，既雨既处，尚德载，妇贞厉，月几望，君子征凶。

密云不雨的云化成雨水下来了，滋润大地，阳转阴爻，故称"既雨既处，尚德载"。

阴在上位，阴加于阳，虽正亦厉，故称"妇贞厉"。

月的时机在望时，天暗无光，前途充满艰难的坎卦之象，是以"君子征凶"也。

盈则满，满则溢，上升的小畜越过山峰，开始往谷里冲，溢满时最需警戒之心。

好运已过，歹运即来，前途多危机，所以君子不宜有大的行动。

小畜卦上九爻象辞曰：

既雨既处，德积载也，君子征凶，有所疑也。

小畜到最上爻，雨下了，德也积了，好处享尽了，新的境界即将到了，一切反陷于不清楚，所以心宜有所疑戒，君子之行动要更加小心，否则太大的动作恐因不明情况而有凶。

■小畜卦的自然发展现象

八宫卦序变化，风天小畜☴是巽卦的一世变，巽的精神是成长，是温柔的变。所以小畜是成长的卦，刚开始的成长，小而畜之，从最基础做起。

虽是小畜仍需要决心，故内卦的初爻阴转阳，由第一步做起，巽成乾，才能发动能量出现小畜。

巽卦有木之象，大树从扎根开始，才能长成巨树，小畜是落实的扎根之象，物质的力量够了，才能谈理想，没有力量时，就在大唱高调，先谈理念的，势必夭折。

第十履卦——制度，执行也

■落实制度化

第二代领导者在度过小畜的卦象后，便应是建立稳定制度之时了。

天泽☰履卦。履者礼也，也就是制度化的建立。

上天下兑，目标是远大的，是永续的经营，但制度不是白纸黑字，而是写在人心的，所以内卦是心悦诚服的。

综卦：☴☰风天小畜。小畜完成后，衣食足而知礼节，是以履卦在小畜之后。

错卦：☷☶地山谦。制度的目的在管理人，所以常惹来员工的抗拒，所以订制度的人宜以谦虚之心，博采众议，切忌一意孤行。

互卦：☴☲风火家人。制度的订立在求取长治久安，是以要用家人的心和立场来思考，使制度在公平公开下，仍有足够的人性化。

天泽履

天泽履能量
1+2+4+16+32=55

天泽履，《周易》序卦数第十卦。

履卦亦属高能量之卦，制度的建立与其说要有耐心，不如说要有毅力，内心虽和悦，但面对外卦之刚健，是松懈不得的。

履卦卦辞曰：

履，虎尾，不咥人，亨。

建立制度不可勉强对抗，外卦刚健，内卦柔兑，柔履刚也。

所以履卦是踏虎尾，跟在老虎后面，不是由前面对抗之，踏虎尾之后前进，不会被咬，制度的建立才能亨通。亨通才能大吉。

孔子在履卦象辞上，下断语道：

> 履，柔履刚也。说，而应乎乾，是以履虎尾，不咥人，亨。刚中正，履帝位而不疚，光明也。

天泽履，内卦柔兑，外卦刚健，以柔悦不急之心，去建立永续经营的制度，是为柔履刚也，以兑卦（说）来对应天（乾卦）。

老虎是刚健凶悍的，面对老虎时，最好由其尾后攻击，才不会被咬到，是以"履虎尾，不咥人，亨"。

履卦也是以阴三爻统其余阳爻，三爻为主卦中央，是正中之位，六三对应九五，九五以六三精神以执行履卦，九五帝王之尊，以阴柔六三精神为行动准则，故能不疚，不疚，不会穷迫，不会后悔也，能以此精神来管理，前途自然光明了。

履卦象辞曰：

> 上天下泽，履，君子以辨上下，定民志。

建立制度是严肃而重要的事，上健下兑，君子宜小心辨识其不同精神，以免误导，重要是部属心悦诚服，所以履卦之目的在"定民志"也。

建立制度者宜和悦，执行制度的部属更要有心悦诚服的精神。

以和悦之心，天行健，君子以自强不息之志，制度才能成功建立。

■制度的开始宜简单明了

制度开始推动时，最好能提纲挈领，简单、明了、易行，才能踏出成功的第一步。

履卦，☰天泽，初爻动，阳变阴，之卦为☰天水讼。

天水一线，明白简单，一切分明，是履卦起步的精神。

履卦初九爻爻辞曰：

初九，素，履往无咎。

素者简朴也，履的开始，在简单而易行，这样的态度来推动制度，便不会有太大的麻烦，故谓"履往无咎"。

推动制度化最忌讳眼高手低，好高骛远，而不切实际。所以宜先把握"素"的精神。

履卦初九象辞曰：

素履之往，独行愿也。

对此爻象的描述，是轻车简从，一个人踽踽独行之意。

有如求道的心，单纯、简朴、易从，丢下不必要的包袱，轻身上路，是为素履之理。

好像一个人踽踽独行，耐得了寂寞，不求表现，不出风头，以这样的态度来推动新的制度，必能一举成功。

■平心静气，公平公开

制度的建立，因执行中会增加很多解释及适用，而失掉了原本的单纯。

愈来愈复杂的制度，更重要的是公平及公开。

履卦二爻动，阳变阴，之卦为☷☳天雷无妄。

公开、公平，没有任何欲念，或预先设定的理想。

履卦九二爻爻辞曰：

九二，履道坦坦，幽人贞吉。

履道就是执行制度的方法，制度的诠释及适用，必须公开、公平、公正，是为坦坦。

幽人者，安静之人也，心无意念，不会喋喋不休，不强调自己立场，不求表现，默默耕耘的，这种人是领导制度化最好的人才，如果能稳定，便可大吉大利了。

履卦九二爻象辞曰：

幽人贞吉，中不自乱也。

制度建立后，在适用及解释上，经常会有很多的意见，各在自己的立场上，争执不休。所以领导者要宁静，不急着选择或判断，否则会如同父子骑驴般，怎么做都不对。

保持宁静不选择，自然可以将客观环境变数看得清清楚楚，答案自在里面了。

■急功近利将破坏制度的正确性

制度是在人心中自然成长的，想过分推动它，可能会揠苗助长，反而破坏制度的正确性。

制度自有其生命，是活生生的，所以需要时间及环境协助其成长。

履卦三爻动，阴转阳，之卦☰乾为天。

乾卦在第三爻，也是终日乾乾，非常辛苦之象，何况这是履卦唯一阴爻，转成阳，常会太急反坏了事。

履卦六三爻爻辞曰：

> 六三，眇能视，跛能履，履虎尾，咥人，凶，武人为于大君。

眇是瞎子，跛是脚不方便。眼睛不好，却又急着去发挥视力，脚不好又急去走路，这种不自量力的急功近利的态度，就算履虎尾，万一虎一回头，仍会反应不及而被咬到，所以是大凶之象。

如同武人发动政变，以武人的姿态占大君之位。现代各国都反对军人干政、军人执政。因为军人的训练及立场都不适合从政，军人态度常太硬又太急，造成很多不必要的冲突。

履卦六三爻象辞曰：

> 眇能视，不足以有明也。跛能履，不足以与行也。咥人

之凶，位不当也。武人为于大君，志刚也。

孔子描写此爻动的景象是：盲人看东西，跛子走远路，武人想当大君王，位不当，力不及，反而害事也。

盲人即使能看到，也是看不清楚的，跛子即使勉强能走，也不可能和一般人同行。

反应不及，将被虎咬到，是因为太勉强，位不当也。

军人想成为大君王，其志太刚强，不但不胜任，反常会带来灾害。

■制度化的推动，要审慎以平常心视之

制度的推动，不但急不得，并且不能太严肃，使大家太在意这个制度，问题反而会更多，审慎但保持平常心，安静、轻松，自然地去调整其中不顺的地方，在无形中逐渐改变及适应即可。

履卦四爻动，之卦为☲风泽中孚。

孚者孵也，中孚是孵在其中，如母鸡孵小鸡，宁静、警觉，自然中创造了新生命。

履卦九四爻爻辞曰：

九四，履虎尾，愬愬终吉。

愬愬，安静、警觉，默默耕耘之态貌，亦即一般所谓的平常心。

履，执行制度，如同尾随老虎，宜小心，谨慎地踏其后，努力一步一脚印地推进，这样最后一定可以成功，可以大吉大利。

四爻已到外卦，环境已跟着受重大影响，因此要更谨慎小心了。

履卦九四爻象辞曰：

愬愬终吉，志行也。

以平常心的态度，一步一步推进，终能成功，大吉大利者，以其坚定的意志，在不急迫中，自然达成也。

■确立制度化时，要果断而坚定

经过一段时间的调整、修正，制度已到要确立的时候。

九五是卦象完成之爻，到这时通常都要全力以赴了。

履卦五爻动，之卦为 ☲☱ 火泽睽。

睽者指有很多意见相背而冲突时，但领导者必须很清楚，以多数人的利益为判断，排除万难，使制度得以确立。

睽时，外卦成火，可能有激烈冲突，全视领导者以意志力平服之。

履卦九五爻爻辞曰：

九五，夬履贞厉。

夬者决也，处理最后的争执，领导者必须下决定。这个决策即使完全正确，但仍充满危险，所以审慎、严肃、大意不得。

"夬履"是到了决策关键了，"贞厉"是睽象丛生，领导者立场不但要正确，而且要坚定而严厉。

履卦九五爻象辞曰：

　　夬履贞厉，位正当也。

决策不是每个人做的，而是领导者要做的。

即使民主时代，领导者也不可任意做多数的表决，除非这件事和公司经营方针无太大关系，否则领导者要负绝对责任，要自己决策，而不可用多数决策推卸责任。

多听大家的看法，多关心相反立场的意见，观察其异同，最后则依自己的判断，负责任地下决定。

所以称"位正当也"。

■审慎评估制度实施的效果及缺点

制度确立而实施，是开始不是结束。

履卦已到上爻，但《易经》才刚开始第十序卦而已，仍有持续的变化跟着来，所以要小心评估制度化的成果，使经营能量永远是活生生的。

履卦上爻动，之卦☱兑为泽。

泽者大海、大湖也，平静中拥有无限包容力，仍不停吸收新的水流，宁静中有更新。

履卦上九爻爻辞曰：

上九，视履考祥，其旋元吉。

制度实施后，便要考核其效果，是谓"视履考祥"。

结束点也是起点，那个生命的圆圈，那个宇宙发展的圆圈，永远无始无终地运转着，便是圆融人生，是为大吉大利之象。

永远都是起点，都是元，都是新的生命，不会因达成而变得僵死，是以"其旋元吉"也。

履卦上九爻象辞曰：

元吉在上，大有庆也。

孔子对此爻的描写，是《大学》中的"苟日新，又日新，日日新"。生命必须永远的新，永远不知，永远不安，永远充满挑战。

苏格拉底将被毒死的那天，他一直表现得很高兴，很有兴趣，门徒问他为什么要死了，还是那么积极而活生生的。

苏格拉底回答道："我正要去学习死亡啊！我活了七十岁，生命的事，我大概都知道了，但死亡我还不知道，今天我要去学习死亡。"

已经到最上面了，到最终点了，仍然是又元又吉的，这样子一定会"大有庆"的。

■履卦的自然发展现象

八宫卦序变化，天泽履☱是艮卦的五世变，已累积到第五爻变了，是艮的成熟卦象。

履时最需要决心，是以外卦为天，行动要积极，但内心不动如山，愿以和悦的心来面对挑战，是以履的本质精神为艮。

艮卦开始变化为贲，稳定的基础开始再发展，是需要整饰，但整饰也会带来反弹，故到达外卦的初爻四世变时，成为睽卦。冲突及背离之象已现，故需建立可执行的制度是为履卦。

履是为追求稳定的，故不可朝令夕改，态度虽积极而带点严肃，但内心仍是和悦而有耐心的。

第六章 经营甘苦谈

泰，小往大来，吉亨。则是天地交而万物通也。上下交而其志同也，内阳而外阴，内健而外顺，内君子而外小人，君子道长，小人道消也。

——《泰卦·象辞》

大业初成——泰、否、同人、大有

同人，柔得位得中而应乎乾曰同人。同人曰：同人于野，亨，利涉大川，乾行也。文明以健，中正而应，君子正也，唯君子为能通天下之志。

事业创造了，领导风格及制度确立了，长期的奋战刚要展开。度不过初期危机的，便被三振出局。能成功制度化的，便可维持初期的稳定，是为泰卦。

第十一泰卦——通畅，国泰民安也

■上下沟通良好是大业初成最重要的基础

泰，地天䷊，乾下坤上，地能下沉，天能上升，天地之气交通，万物自然生成，整个世界都是活生生的。

综卦：䷋天地否。《易经》是物理学，而非人类的思考，思考逻辑是好者愈好，坏者愈坏，所以必须去控制。《易经》是物理真相，阴极阳生，阳极阴生，为何会生？因阴中本有阳，阳中本有阴之故也，阴阳一体之两面也。所以否极泰来，泰极否生，这是物理必然法则。因此泰否互为综卦。

错卦：☰☷天地否。泰否也互成错卦，交错而生，如同乾坤相错，泰否是乾坤的半成卦，故也交错相生。

互卦：☳☱雷泽归妹。归妹者结婚卦也，阴阳相辅相成而突变也，亦即泰否卦的内涵。

地天泰

地天泰能量
8+16+32=56

地天泰，《周易》序卦数第十一。

泰卦属高能量之卦，得以分享于天下也。

泰卦卦辞曰：

小往大来，吉亨。

泰者亨通之象，阳爻称大，阴爻称小，小在上，大在下，是以群小将去，群大将来，是为小往大来之象。

地气下降，天气上升，地天之气相成，亦表示下情可以上达，在上者又能谦恭下士，必能泰矣！

《易经》具有高度智慧，可是中国历代君王，除了少数几个人以外，根本看不到那亘古不变的真相。

上者在下者之下，服务下者，中央政府能为地方政府服务，政府能为人民服务，必泰矣；反之则否。

但是多少自认聪明睿智的领导者，却力行集权和个人独裁，花费了庞大力量，却得不到民众支持，大往而小来必否矣！

泰卦彖辞曰：

> 泰，小往大来，吉亨。则是天地交而万物通也，上下交而其志同也。内阳而外阴，内健而外顺，内君子而外小人，君子道长，小人道消也。

阴在外正消失中，阳在内正成长中，故小往而大来。天地之气相反，能量相通，是以万物因而长成，生命力无限。

上下能够完全沟通，其志必同。《孙子兵法·始计篇》写道："道，令民与上同意也。故可与之生，可与之死，而不畏危。"

内刚健而外柔顺，内君子而外小人，看似阴沉胆小，但能默默耕耘不求表现，外表谨慎，内在廓然无边，则真君子也。

处在泰卦时，阳能上升，阴能渐离，故"君子道长，小人道消也"。

泰卦象辞曰：

> 天地交，泰，后以财成天地之道，辅相天地之宜，以左右民。

大业初成，公司文化也建立了，外表和谐而稳定。但仍不宜唱高调，领导者理想、信念一大堆，必会误导方向。

天地相反，上下沟通，泰象已成。领导者更要务实，以物质来建设及分享，重点仍在财物的分配、资源的运用，达成天地相互万物生长之道，让众生各取所需，各得其所，并以此协助最低阶层民众生活的安定、舒适为主。

■搜集最基层意见做出发

上下沟通是泰卦的最重要精华，下爻必须往上升。

泰卦初爻动，阳转阴，之卦为☷☴地风升，巽卦也代表木，种子在地下生根往上升之象。

泰卦初九爻爻辞曰：

初九，拔茅茹，以其汇，征吉。

拔茅草时，连根一起上来，称为连茹，拔一根，很多根都汇在一起上来。

如同聆听基层部属意见，便可得到大同小异的众人意见，并能将之汇集在一起，共同努力之必可大吉大利，故谓征吉。

让下层的意见，能自然地反应上来，打通上下沟通之管道，是大业初成期，最重要的工作。

泰卦初九象辞曰：

拔茅征吉，志在外也。

孔子对此爻的描写是：一个积极往外拓展的领导，努力聆听部属的意见，做出决定，准备跨出大步去发展的景象。

■果断精神，厘清乱象

泰卦二爻动，阳转阴，为☲☷地火明夷。

明夷者，光明受伤害之象，宜以审慎心态，来面对泰卦中，可能滋生的阴暗面。

泰卦九二爻爻辞曰：

九二，包荒，用冯河。不遐遗；朋亡，得尚于中行。

九二转阴后，为两个阳爻包围，象征阳爻包围阴爻，光明有受伤害之迹，阳爻果断包围之，防其滋生。

冯河是危险工作，要小心，要审慎，空手无舟，游泳渡大河，象征审慎中的勇气，果敢地厘清阴沉之象。

即使很小的、很远的阴气，都要清理干净，即使因此丧失朋友，也在所不惜。

能够如此果断，是因为九二属内卦中爻，位正中也，虽有艰困及危险，仍宜果敢地断然行之。

泰卦九二爻象辞曰：

包荒，得尚于中行，以光大也。

九二，阳爻转阴爻，阳中生阴，内卦呈现亮丽，却不稳之象，是以应果断行事，去除荒秽，由于爻在内卦中行，时空的位置适当，所以可以先大其能量，努力以赴，勇敢而审慎地面对艰辛之卦象。

■危机已现，全力以赴面对艰辛

泰卦第三爻虽为阳爻，但已很接近外卦的诸阴爻，故冲突已现，转泰为否的压力日大。

泰卦三爻动，之卦为☷☱地泽临。

面对危机，领导者更不可逃避，亲临第一线指挥，和所有的部属共甘苦，同安危。

泰卦九三爻爻辞曰：

> 九三，无平不陂，无往不复，艰贞无咎，勿恤其孚，于食有福。

过于安全，便会有不安，泰久了，到了第三爻，坎坷之象已成，阳能渐失，泰往复成否的征兆，大势所趋，似乎无法阻止，但面对艰辛，更需要坚定态度，奋斗不懈，或可无咎。

不要担心生活上的问题，守住坚定的意志，全力以赴，至少在生存上不会有危险，而且还可拥有些福气呢！

泰象趋于否象，是物理的法则，不可避免，必有危机，但否境也不是就毁灭了，否境仅是万事不顺而已，面对挫折及阻碍，最重要是奋斗到底不懈怠的生活态度，便可以克服否境的困难。

泰卦九三爻象辞曰：

无往不复，天地际也。

九三正值泰卦阳爻和阴爻交接之处，阻碍日多，故进展的速度会慢下来，而且挫折连连。无往不复的艰困前夕，更应以绝对的热情，努力到底。

■处艰困时保持消极的警觉

泰卦到外卦属三阴爻，阴转阳，力常不及，宜警戒审慎。

第四爻刚上外卦，虽积极，但不宜采强势。

四爻动，阴转阳，之卦为☳☰雷天大壮。

阴极阳生，初雷动，能量虽强，一闪即逝，不可有大作为。

泰卦六四爻爻辞曰：

六四，翩翩，不富，以其邻，不戒以孚。

阴能下降，外卦三个阴爻，如同飞禽翩翩而下。六四最接近内卦，虽转阴为阳，如同初雷，对内卦三爻其实帮助不大，所以不富以其邻。

身为领导者处此时机，不宜太积极，不必有太多规定及要求，只要秉持以诚信扶养部属的态度即可，不可唱高调，一切皆宜务实。

所以称为"不戒以孚"。

泰卦六四爻象辞曰：

翩翩，不富，皆失实也，不戒以孚，中心愿也。

阴爻代表虚空，能量至轻，故如同飞鸟，翩翩而下，如此的领导者实力不足，如何能富有？翩翩不富，是实力已失，所以更不应唱高调，不必有太多要求，诚信对待部属，全力以赴，奋斗不懈，保持消极的警觉态度，与部属相互信任，是衷心之愿望也。

■谦虚的领导者，必能大吉大利

泰卦的外卦全属阴爻，虽消极而包容力大，六四翩翩而下，虽无力富部属，但诚信可保，是信得过的领袖。

五爻在外卦中爻，位正当也，如能发挥坤能精神，仍可成为一位有特色的领袖。

五爻动，阴转阳，之卦为☵☰水天需。

关心部属的需求，而不以自己的需要为主，这样的领导自然有其作为。

泰卦六五爻爻辞曰：

六五，帝乙归妹，以祉元吉。

这是商王朝名君帝乙嫁女儿之卦象。

相传帝乙将女儿下嫁诸侯而不招赘，亦即不顾自己帝王之尊，反而尊重女儿夫婿家的地位，依对方的需要来行事。

泰卦的领导者，能谦逊下人，纡尊降贵，其福祉是活生生的大吉，也就是永远的大吉大利。

泰卦六五爻象辞曰：

以祉元吉，中以行愿也。

元者新也，其福祉永远是新的大吉大利，是因为领导者的愿望正当又处于中庸之道，故能中以行愿也。

■安顺一久，必然危机四伏

泰卦上爻动，之卦为☶☰山天大畜。

大畜是畜其大也，泰卦到最上爻，泰卦已出现否象，所以有必要畜其大，重新开始了。

泰卦上六爻爻辞曰：

上六，城复于隍，勿用师，自邑告命，贞吝。

隍者护城河也，城池崩毁到城的护城河下了，安泰之家到最高点，否象出现，城池倒了，危机四伏，这时候不宜有对外用师的情况，最好闭门谨慎，彻底反省，以悭吝的态度，蓄存德行，安稳在自己的羞吝情境下。

泰卦上六爻象辞曰：

城复于隍，其命乱也。

城池已倒在护城河上，颠覆之际，势必是一片混乱了。

安泰久了，制度也逐渐僵化，警戒心消失，乱必起矣！

■泰卦的自然发展现象

依八宫卦序变化，地天泰☷☰是坤卦的三世变，坤的精神是顺、是静，所以泰的能量源并非乾能，而是坤能。

坤为阴之极，阴极阳生，故坤的一世变为复☷☳，二世变为临☷☱，内卦为兑，二九对应六五，虽位能皆不当，但六五以柔顺领导坚强的基层干部二九，让二九的能量完全发挥，三世变内卦成乾，能量总动员，努力由基层做起，层峰无为而治，自然是国泰民安了。

泰卦最伟大的精神，是天在下，地在上，阴往下，阳往上，能量自然交移，巧者为拙者奴，政府为人民服务，地方努力建设，中央保持无为，是为泰卦之象。

第十二否卦——闭塞不通也

■当沟通有困难时

物理现象，物极必反，故阴极阳生，阳极阴生。

泰卦之间，否卦生矣。泰中有否，否中有泰。

否，天地☰☷。天在上，地在下，能量互不相通，天往上，地下沉，上下不沟通，故否。

综卦:☷☰地天泰。泰卦及否卦相互为用，一体之两面。

错卦:☷☰地天泰。否泰双卦相辅而相生。

互卦：☴☶风山渐。否卦的解决急不得，必须累积足够的能量。

天地否

1	2^0	▬▬▬▬▬	1	1
2	2^1	▬▬▬▬▬	2	1
4	2^2	▬▬▬▬▬	4	1
8	2^3	▬▬ ▬▬	0	0
16	2^4	▬▬ ▬▬	0	0
32	2^5	▬▬ ▬▬	0	0

自然数　电脑

天地否能量
$1+2+4=7$

天地否，《周易》序卦数第十二。

否卦为低能量之卦象，宜保持审慎消极态度。

否卦卦辞曰：

否之匪人，不利君子贞。大往小来。

之者"到"之意，否时必会遭遇小人，所以不利君子的正心，努力付出很多，成效则很少。

天在上，阳能继续上升，即将消失，阴能乘机扩展，故谓大往小来。

否之时，宜保全仅存的小能量，不宜再浪费了。

孔子在断语上表示：

象曰：否之匪人，不利君子贞，大往小来，则是天地不交，而万物不通也，上下不交，而天下无邦也。内阴而外阳，内柔而外刚，内小人而外君子，小人道长，君子道消也。

否卦时，小人必缠身，是以不利君子正直之德行，即使付出很多，成果还是很少的。

乾能往上升，坤能往下沉，天地之卦，气不相交，阴阳不相生，万物也不通也。

公司的经营，上下不沟通，各想各的，相互争执，心意不一，这像什么公司呢？故谓"天下无邦也"。

内卦阴，外卦阳，内在力量不足，又为外在刚健所限，阻碍不通而无力也。

为人内柔而外刚，虚张声势者小人也，故否卦和泰卦正好相反，内小人而外君子，小人之道长，而君子之道消也。

否卦象辞曰：

天地不交，否。君子以俭德辟难，不可荣以禄。

天地不相交，万物不生，宇宙处于否境，君子应以最简朴的生活，自修其身，以避免不必要的灾难，不应为了俸禄的官位，勉强争出头。

否境之时，君子宜明哲保身，等待否极泰来。

■否卦时更应打开上下沟通管道

否卦是泰卦发展来的，所以初否之时，一切常常还是大有可为。

否，初爻动，阴转阳，之卦为 ☲☳ 天雷无妄。

否卦的开始，上下沟通已见阻碍，领导和部属各有所私，故宜以无妄之心处之，无妄，无幻想，无意念，面对真相，大公无私地进行意见交换。

否卦初六爻爻辞曰：

　　初六，拔茅茹以其汇，贞吉亨。

和泰卦的初爻相同，是拔茅草时，拔一根便可连茹而起一大串，并汇集之，意谓领导者多聆听部属意见，并汇集整理之，以为决策之参考。

泰卦时，环境拥有上下沟通的气氛，故只要领导者诚心聆听，便可上下相通其志，大吉大利了。

但否卦时不同，环境阻碍多，小人四起，流言乱窜，领导者不仅要诚心聆听，还要努力沟通，是以《爻辞》在贞吉下，加上一个亨字，"亨"者通也。

否卦初六爻象辞曰：

　　拔茅贞吉，志在君也。

领导者聆听众人的意见，才能正确亨通，这个爻象在指出为君者应主动沟通，并能感化其部属。

■否境中的宁静

否卦二爻动，阴转阳，之卦为 ☰☵ 天水讼。

否卦之象已经发生，临难勿苟免，一个人是否会同流合污，在此可有较清楚的分辨。

否卦六二爻爻辞曰：

六二，包承，小人吉，大人否亨。

这里的小人，不对君子而对大人，这样的小人，是指职位较低者，大人则指职位较高者。

包承，是六二转阴为阳，虽有动能，但为两阴爻包围，是以力量小，只能在转承之力，承上启下之功，而很难独力发挥作用。

如果这个人地位尚低，承上启下，可发挥作用，故"小人吉"。

如果职位已高，力量不及时，最好先安于否境，虽无法和上下沟通，但如能保持宁静的心，多听听别人意见，多做整盘的了解，是为当务之急，是谓"大人否亨"。

否卦六二爻象辞曰：

大人否亨，不乱群也。

领导人能安于否境，并多听部属意见，即使无力沟通，由于自己的宁静，也可带给部属较宁静的气氛，自然不乱群了。

■不好意思，只是塞住了

否卦第三爻动，阴转阳，之卦为☶天山遁。

六三阴爻，却居阳位，不中正也，但转阳后，却可积极迈向外卦，但内柔外健，阻塞不通，只有暂时退避是为遁。

否卦六三爻爻辞曰：

六三，包羞。

六三，阴转阳，企图有所作为，但面对太强的外卦，本身力量不足，只能静态蓄养自己的德行，等待机会，然以其并未有行动，因此也没有凶咎之患，故为包羞，意即不好意思，只是塞住了，我也无可奈何。

否卦六三爻象辞曰：

包羞，位不当也。

在阻塞的否卦中，六三思有所作为，但位不对，力不足，反为阻碍所包围，动弹不得。

■奋发突破时

否卦第四爻动，阳转阴，之卦为☴风地观。

九四为外卦初爻，有心突破否象，转阳为阴，观照内卦的问题，企图将内心的阴能，带动到外卦，以求上下沟通。

但外卦的中爻九五未动，九四空有心，缺乏主动地位，故只能观照。

否卦九四爻爻辞曰：

九四，有命无咎，畴离祉。

九四准备发动，但靠个人力量，名不正言不顺，恐难成功，如能得到九五的支持，或给予权力，才可无咎。

如果九五能动，转阳为阴，对应内卦三阴爻，外卦可成离卦☲，这样九四便可发挥其力量了。

所以九四能努力让外卦成离，便可有福祉了，是谓"畴离祉"。

否卦九四爻象辞曰：

有命，无咎，志行也。

九四奋发之爻象，如能得九五认同，给予授权，便可打开否境，推动自己的志向。

■解铃犹需系铃人

否卦第五爻动，阳转阴，之卦为☲☷火地晋。

解决否境的要角是外卦中爻，也就是领导者的九五。

九五阳转阴，愿对应于内卦，带动基层往上沟通之心，是解除否境的唯一契机。故晋也。

否卦九五爻爻辞曰：

九五，休否，大人吉，其亡其亡，系于苞桑。

休否即停止否境，也就是重新打开沟通之门，这个角色端赖九五，如果能主动理解基层的心，转阳为阴去对应内卦三阴爻，否境便可以休止。

阻塞消除，对领导者是绝对有利的，故大人吉。

在否境时，领导者应有危机意识，危亡随时都会发生，所以基础要打好，将全公司员工的心，系在坚定的苞桑上，以承受得了危机的袭击。

否卦九五爻象辞曰：

大人之吉，位正当也。

九五能获得大人之吉，发挥解决否境的功能，在于他是领导者，位正当也。

否境中真正的解决人，仍属真正的领导者，所谓解铃犹需系铃人也。

■沟通可以解除一切困难

否卦上爻动，阳转阴，之卦为☰☷泽地萃。

九五肯用心沟通，便能水到渠成，解决阻碍的否卦，一切都能豁然开朗了。

泽在地上，湖水滋润大地为萃，沟通上已无问题，上意也可以完全下达了。

否卦上九爻爻辞曰：

上九，倾否，先否后喜。

倾否者，否境倾倒了，一切问题解决了，打开沟通管道后，大家更能深入交心，所以先否后喜，沟通上比原先更为畅通。

否卦上九爻象辞曰：

否终则倾，何可长也。

以阴极阳生的物理现象而言，否境到最后仍自己会倾倒，但孔子撰写象辞，仍对领导者来得太迟的沟通有所质疑。

九五打开沟通管道，原本是举手翻掌之劳，为什么拖了那么久，让否境出现这么长的时间，这种领导者必须更加警觉自己了。

■否卦的自然发展现象

相反，天地否 ䷋ 的八宫卦序为乾卦的三世变。乾的精神是刚强，中央层峰过分集权，事必躬亲，基层无事可做，唯唯诺诺，阳奉阴违，外表乾，内在，则为否也。

否卦时，天地能量不交，各行其是，九五和六二虽对位，但初六、三六、九四、上九全不对位，大家只看九五及六二表演，基层六二又是阳奉阴违，层峰拼死努力又有何用？是为否卦之象。

第十三同人卦——与人同心同德也

■有容乃大，同人同心

沟通的阻碍解决了，不止内部上下一心，也可以把这股力量往外发展，拓展公司的业务层面。

同人，天火☰。上乾下离，内卦热情，外卦刚健以应，是为同人。

综卦：☲火天大有。自己要有实力，才能同人，同人后则更为大有，是以大有及同人互为综卦。

错卦：☷地水师。所以需要同人，是为了有开拓的行动，有大的行动时，也更需要同人。同人与师相错相存。

互卦：☴天风姤。同人之心必须完全敞开，因此各种机遇会特别多，引诱也较多，其中内涵有姤卦的成分。

天火同人

天火同人能量
1+2+4+8+32=47

天火同人，《周易》序卦数第十三。

同人卦属于高能量的卦象，表示同人不可只有嘴上说说而已，必须有实际行动，才能达到同人效果。

同人卦卦辞曰：

> 同人于野，亨，利涉大川，利君子贞。

野，外面的意思，同人必须兼容并包，有容乃大。同人绝不是搞小圈圈或结党营私。

结党者必营私，这个私不一定是物质或金钱，理想也是私，信念也是私。

同人是不选择、不区分，以整体的眼光看事情，真正做到大公无私。

要跟所有的人都能同人，所以叫作"同人于野"。

亨者亨通，同心同力，自然可以干大事情了。

所以"利涉大川，利君子贞"。

孔子对同人卦所下的断语是：

> 象曰：同人，柔得位得中而应乎乾曰同人。同人曰：同人于野，亨，利涉大川，乾行也。文明以健，中正而应，君子正也，唯君子为能通天下之志。

同人卦是由乾卦发展出来的，上乾下乾的乾卦，内卦中爻转阴，便是天火同人，亦即同人关键在六二。

六二阴爻在偶位，故"柔得位得中"，对应外卦的九五，是谓"应乎乾曰同人"。

阴爻属坤德，能厚德载物，是以能"同人于野"。如此必能吸引大量人才，共同来干大事，同人又是乾的发展卦象，是谓"利涉大川（可以渡过大河流），乾行也"。

外卦为乾，刚健，主爻的六二，位中爻又以阴爻得偶位，是谓"文明以健，中正而应"，此君子之正道也。

有同人之心、同人之志的，必能尽得天下的人才，是谓"唯君子为能通天下之志"。

同人卦象辞曰：

天与火同人，君子以类族辨物。

离为日，为火。太阳高挂天空，是天的主角。

太阳最公平，好人、坏人，任何的东西，太阳都给予同样的光明及热度，这个无分别心便是同人。

太阳和天道相类，是以与火同类，君子以同类看待对方，是为同人。

■同一个大门出入的伙伴

同人卦的最基础心态，是以同门视之。

同人卦初爻动，阳转阴，之卦为☰☶天山遁。

同人必先同心、同德，故必畜其大者。畜其大者必先整理自己的心，避开自我的贪欲，是为"遁"。

同人卦初九爻爻辞曰：

初九，同人于门，无咎。

同门是共同学习之意，同人于门是同人与门户之外，不闭守门户之见，愿意接受门户外的人之意见，所以不会有什么过错了。

同人卦初九爻象辞曰：

出门同人，又谁咎也。

出门户便和人同之象，表示不选择，无分别心，从最日常生活化，最基本的出门做起，对任何人也不会有过错了。

■宗派结党是小气吝啬的人

同人卦二爻动，阴转阳，之卦 ☰ 乾为天。

二爻本同人卦之主爻，取火和天同类之意，现再转为阳，内外卦完全相同，象征只认同自己的人而已，类的范围缩小了，就更吝啬了。

同人卦六二爻爻辞曰：

六二，同人于宗，吝。

同人卦，六二和九五对应，阴在偶位，阳在奇位，中正而对位，转阳爻后，反不再有阴阳相转相生之效果，阳爻对阳爻，完全相同，故称"同人于宗"。

以宗派结党必有营私之嫌，同于少数人而已，故吝也。

同人卦六二象辞曰：

　　同人于宗，吝道也。

同人用在宗派及党派处，以私利做结合，丧失了同人于野的真义，小气而吝啬，故称吝道。

■媒人想当新娘，实在不好意思

同人卦第三爻动，之卦为☲☳天雷无妄。

同人卦的主爻是六二，对应上卦的三阳爻，阴吸引阳，故能同人。

九三介于六二及外卦三阳爻之间，主动进取，推介六二于九五（外卦中爻），但阳转阴后，反而自己积极在吸引九五了，媒人想当新娘，实在不好意思，所以宜保持警觉，诚信之心，是为无妄的卦象。

同人卦九三爻爻辞曰：

　　九三，伏戎于莽，升其高陵，三岁不兴。

周公在这里做了一个非常有趣的描写，他说这个爻动的九三，就是缺乏无妄的精神。他有如将部队埋伏在莽草中，并打算潜伏到高陵处，伺机想偷袭九五，引诱九五，所以欲念丛生，即使努力三年也不会有什么好结果。

为什么是三年呢？九三成六三，内卦为雷，在后天八卦中，震在东，数为三。

雷为震，虽奋发向上，但能量不足，是以三年不兴。

同人卦九三爻象辞曰：

伏戎于莽，敌刚也，三岁不兴，安行也。

虽将部队埋伏于莽草中，但面对外卦的天，这个敌人太刚强了，内卦成雷后，三岁不兴，反而不会马上发生媒人想当新娘的尴尬事，所以暂时可安于行了。

■不强人所难则吉

同人卦四爻动，之卦为 ☴☲ 风火家人。

同人卦主爻在二爻，四爻由阳转阴，不但进入外卦，而和二爻对应，引二爻的阴能进入外卦的纯阳卦。

如同结婚一样，引阴能进入另一个家，所以卦象为家人卦。

同人卦九四爻爻辞曰：

九四，乘其墉，弗克攻，吉。

墉者城墙也，登上了城墙，九四的阳爻转阴爻，引阴能登上外卦，是为"乘其墉"。

把新娘（阴能）引入家（外卦），但四爻是外卦的初爻，虽引阴爻进入，却不强迫阴阳互生，只引入而不强人所难，这种态度本身是大吉大利。

是为"乘其墉，弗克攻，吉"。

同人卦九四爻象辞曰：

乘其墉，义弗克也。其吉，则困而反则也。

虽然已爬上城墙，已把新娘娶回家，但却不强迫其以夫家的价值观而牺牲自己，义理上尊重对方，不强人所难，反而是大吉大利的。

虽然有阴能在纯阳卦中，造成阳卦的不方便，但所有阳能仍尊重阴能，反而可得到阴阳的协调，是以"则困而反则（建立秩序）也"。

阴阳协调是物理的动能，自己会完成，不必去特别努力，重点是相互尊重，不强人所难，这样的同人永远是大吉大利的。

■同人的领袖还需要有实力

同人卦五爻动，之卦☲离为火。

五爻是外卦的中爻，亦是卦中的领导者，和主爻的六二（内卦中爻）又相对应，这个九五由阳转阴，更是对六二的主动同人。

离是亮丽，是火，九五必须有足够的亮丽、热度，才能稳定这个同人的组织。

九五的领导人，不但引人来同，还要保护来同的人，这个组织才能有实力。

同人卦九五爻爻辞曰：

九五，同人先号咷而后笑，大师克，相遇。

号啕是痛苦、劳力，领导者必先苦其心志，劳其筋骨，辛苦够了，自然有喜悦的时刻。

九五是领导者，九五阳爻动，是为引来六二的阴能，但中间有九四、九三阻碍，故必须更努力，更用心，才能争得六二同心。

同人愈来愈多，身为领导者可不能只唱口号，动嘴巴而已，还要有保护同人、服务同人的实力，所以要"大师克"，足够的实力，才能达到同人的真正目的。

这样九五及六二才能真正相遇，成为稳定而有实力的同人。

同人卦九五爻象辞曰：

> 同人之先，以中直也，大师相遇，言相克也。

同人的方法很多，可以引诱，可以欺骗，可以追逐流行。

但身为同人卦的领导者九五，却要以正中正直的态度，不追求快速成功，不引诱，不欺骗，不用流行包装。非常清楚自己工作的意义，虽然开始要很辛苦，但辛苦中的成长才是真正的实力。

虽然身为领袖，却不高高在上，以实力保护众人，和来同之人在平等地位上共同成长，和求同的人共同享受自己建立的制度，所以说"大师相遇，言相克也"。

■无怨无悔，只问耕耘

同人卦之上爻动，阳转阴，之卦为 ䷰泽火革。

同人到了最高峰，吸引新人的力量衰退，组织僵化了，又到了需要革新的时刻。

同人卦上九爻爻辞曰：

上九，同人于郊，无悔。

同人卦发展到上九，吸引人来同的力量消失，找不到同人了，所以同人于郊，郊者无人之地也。

但同人的心仍是真诚的，需要变革的是内容，而不是心，心是不变的，虽无人来同，也无怨无悔。

同人卦上九爻象辞曰：

同人于郊，志未得也。

大部分的卦都不宜发展到最高峰，同人的内容不再吸引人，需要变革了，不再有人来同，故称"志未得也"。

■同人卦的自然发展现象

依八宫卦序，天火同人☲为离卦的七世变，亦即归魂卦。

离的六世变为讼，☰天水一线，争个是非明白，但争只会引发更大的冲突，争讼中有离的精神——亮丽，但也有其阴影——分离。是以解决冲突，内卦的坎再回到离，是为天火同人。以同人——与众乐乐之心来争讼，冲突性消失，只有亮丽不再分离，同人卦是离卦最高的表现，也是终极的卦象。

第十四大有卦——无所不有也

■无为而治是生命最高智慧

同人必须是对方自己来同。用方法、用宣传、用广告，这样的同人不会长久。

同人是同于人和被同的人要两得其利，这样子便能大有。

事业初成的最后一卦是大有，赚大钱了，没有这个力量，事业将很难发展。

大有，火天☰。主爻的六五，阴居阳位，象征领导者可以无为而治之卦象。

综卦:☰天火同人。大有的卦象来自同人之基础。

错卦:☷水地比。能够亲比于人，才能有真正实力到达大有。

互卦:☱泽天夬。大有时累积的力量多了，必须分享给别人，又是一个改变关键，需要做重大决定之时。

火天大有

火天大有能量
1+4+8+16+32=61

火天大有，《周易》序卦数第十四。

大有卦属于高能量之卦象，无为是无我之为，是非常忙碌的，只问耕耘，不问收获。是奋发去分享自己的时刻。

大有卦卦辞曰：

大有，元亨。

六五是卦中主爻，阴居阳位，领导者以坤能处事，象征无为而治。

文景之治，西汉的文帝及景帝，继承萧规曹随——萧何规划、曹参追随的精神，以无为而治，创造中国千古空前绝后治世，并让汉武帝有力量去建立中国第二个文明的大汉帝国。

文景无为而治，大有之象也。故又元又亨。

元者，一元复始，万象更新之象；亨者，通也，上下沟通完全畅流。

太阳高挂天空，是为大有。

大有者，赚钱之象，不赚钱的事业便无力再发展，这是大业初成的最后一卦。

经屯、蒙、需、讼、师、比、小畜、履、泰、否、同人，才到达大有事业已初成矣。

孔子对大有卦的断言是：

彖曰：大有，柔得尊位，大中而上下应之，曰大有。其德刚健而文明，应乎天而时行，是以元亨。

阴在阳位，特别是五爻的领袖位，大而得中之卦。五位是尊，却由阴爻在位，是谓"柔得尊位"。在上者无为，上下反能畅通无阻，就算不赚钱，也充满了赚钱的气势，故名为大有。

内卦刚健，外卦文明，有如太阳高挂天上的气势，自然的力量发挥到最高，是谓其德刚健而文明，应乎天而时行，故必元亨矣！

大有卦象辞曰：

火在天上，大有。君子以遏恶扬善，顺天休命。

孔子对大有景象的描述是：太阳高挂天上。

六五虽是阴爻，但处上卦中爻，成 ☲ 离卦，离者光明也，阳包阴，是以遏恶扬善也。

六五无为而治，万事顺其自然——天地之道也。顺乎自然，也有完美的命运了。

■得意勿忘辛苦时

大有是大业初成的完成卦，赚钱了，却松懈不得，勿忘艰辛奋战期。

大有卦，初爻动，之卦为 ䷱ 火风鼎。

鼎者新也，新的情势已现。鼎也是祭祀之器，代表欢庆之意。

大有卦初九爻爻辞曰：

初九，无交害，匪咎，艰则无咎。

大有了，丰衣足食，祭祀欢庆之间，不得浪费，吃得太饱，志满意足，必伤身心，所以要注意，不要因太松懈而做出伤害自己的事，才不会有过错。

如果能在得意时不忘奋斗时的艰辛，庆祝虽可，但不可乐过头，所以说"无交害，匪咎，艰则无咎"。

大有卦初九爻象辞曰：

大有初九，无交害也。

大有初期，可庆祝，但不可乐过头，小心做出伤害自己的放纵行为。

■提高目标，不松懈，不自满

大有卦二爻动，之卦为 ☲ 离火。

二爻阳转阴，和六五对应，貌似消极，其实能配合本卦的精神，所以呈现亮丽的丰足象。

大有卦九二爻爻辞曰：

九二，大车以载，有攸往，无咎。

九二转阴爻，把坤能的厚德载物精神发挥得更彻底，赚钱了，但不能满足，而且要自我提高目标，做更大的挑战，是"大车以载，有攸往"。

基础实力已成，所以提升目标全力以赴，仍然可以无过错。

大有卦九二象辞曰：

　　大车以载，积中不败也。

九二爻居内卦之中，感应六五的无为而治，反而更努力发挥自己潜力，由于是诚信感应的全力以赴，而非贪心的抢功，所以孔子描写其景象是"大车以载，积中不败也"。

▓小心马屁精

大有是丰衣足食之象，所以比同人容易吸引投机取巧者。

九三由内卦，积极想迈进外卦，是以贪功在所难免，九三阳转阴，以阴柔姿态抢功，必是拍马屁的谄媚者。

大有卦三爻动，阳转阴，之卦为☲☱火泽睽。

虽然积极抢功，但本质上却和本卦精神相违背，故出现睽卦。

大有卦九三爻爻辞曰：

　　九三，公用亨于天子，小人弗克。

太抢功了，九三竟将公家的预算，私底下买赠礼去贿赂六五，这种小人绝不可让他达到目的。

所以大有三爻动，有小人迹象，宜谨防之。

大有卦九三爻象辞曰：

　　公用亨于天子，小人害也。

孔子描绘九三这个贪心者的景象，有位干部急着抢功，私下利用公家预算买礼物来讨好无为而治的老板，由于是丰收期，大家警戒性较小，老板又太宽容，容易让这位投机者得逞，所以一定要特别小心，以免产生小人之害。

■幕僚长的职责

六五无为而治，九四这位幕僚长的功能特别引人瞩目。

大有卦四爻变，之卦为☶☰山天大畜。

九四为外卦的初爻，六五和刚健部属（下卦三阳爻）的中介者，由于六五阴柔，九四又是阳爻，这位幕僚长很容易太积极而居功，所以如能阳转阴，则可畜其大德。

丰衣足食，大家都容易抢功，不仅会出现九三这种小人，九四这位高级干部也会蠢蠢欲动。

九三容易防止，但九四太接近老板，有时拍马屁自己也不自知，别人更难发现，所以一定要靠自己的警觉能力了，此时是畜其大最重要的时刻了。

大有卦九四爻爻辞曰：

九四，匪其彭，无咎。

彭者大也，匪其彭，是不可自大，九四阳转阴，模仿六五模样，抢大有的功劳，是九四最易为引诱的危机，所以如能安静地畜大德，不自大自满，这样的幕僚长必能无过错矣！

大有卦九四爻象辞曰：

匪其彭，无咎明辨皙也。

皙音遮，皙也是明，大有，火在天上，正光明时，六五明，九四也明，但这两个明，一个老板，一个幕僚长，他们的光明是不同的，所以要辨明之。

不要自己吹夸，要分辨清楚自己的职责及功能，孔子要求这位高级干部，匪其彭，明辨皙也，以免为光明的环境冲昏了头。

■好的主管其实不必做什么

大有是无为而治之卦，主要精神便在六五。

六五爻动，阴转阳，之卦☰乾为天。

外在阴柔无为，内在要警觉而刚健。

六五阴转阳，天行健，君子以自强不息，但要了解自己原是阴爻，阴中阳生，但只警觉在内心，以理解周围诸阳爻的心志，仍不宜有太积极的动作。

大有卦六五爻爻辞曰：

六五，厥孚交如，威如，吉。

孚者诚信也，厥孚是发挥诚信，和其他阳爻（象征部属）相交往，本属阴柔本性，但阴中阳生，所以威仪自然而发，大吉大利之象也。

大有卦六五爻象辞曰：

厥孚交如，信以发志也，威如之吉，易而无备也。

孔子对这位无为而治的领导者有如下的描绘：

发挥内心诚信，和所有部属交往，在大有卦象中，不骄不傲，毫不放纵，这样的领导者虽无为，但以诚信引发众志，以收众志成城的效果。

阴中生阳，威仪自然而生，这种"威如之吉"，是随着环境需要而变易，完全自发性，这种领导风范根本不用事先准备。

顺其自然，无为而治的真义便在于此。

■顺天应地的领导风范

大有卦上爻变，阳转阴，之卦为☳雷天大壮也。

六五为领导者，上九是领导者的老师，国师也。

国师如能理解无为而治的精神，如实地指导六五，发挥坤能之德，这个大有的成果必定会更好，而成为大壮之卦象。

大有卦上九爻爻辞曰：

上九，自天祐之，吉无不利。

这个上九，阳中生阴，更理解阴阳互动互生的自然天道，掌握天道，必得天佑之，有这样的上师在引导辅助六五，自然更是大吉大利了。

大有卦上九爻象辞曰：

大有上吉，自天祐也。

大有之象能推进到最高点，适时来个阳中阴生，以应六五的阴德，配合阴阳互动的天道，必得天佑，故能成为大壮的卦象。

■大有卦的自然发展现象

八宫卦序中，火天大有䷍为乾卦的七世变，即归魂卦，乾的终极卦象。

乾卦变爻由姤、到遁，进入否。九五深感危机，开始反视自己，故四爻阳变阴，外卦由乾转巽，刚强中带有柔顺，开始自我检讨，五世变为剥，九五转六五，但仍必须剥下最后的上九，离魂卦的六世变，外卦初爻（四爻）变为阳，成为䷢火地晋，否极泰来，但基层仍无力，若只是旭日东升，乾能再度升起，直到内卦再转为乾，䷍火天者，艳阳高照，基层完全动了起来，六五阴柔的领导，诸爻全为阳，全力以赴，层峰反而无为守正，是为大有的卦象。

再发展的危机——谦、豫、随、蛊

豫，刚应而志行，顺以动，豫。豫，顺以动，故天地如之，而况建侯行师乎。天地以顺动，故日月不过而四时不忒，圣人以顺动，则刑罚清而民服，豫之时义大矣哉。

大有卦六爻动，成大壮。

大壮虽大吉大利，但气势太盛，恐有骄傲危机。失败为成功之母，成功也为失败之母。

发展太壮，对领导者最为危险，故必受之以谦卦。

第十五谦卦——谦虚，常感不足也

■谦卦是永远可以获得支持的

谦，**地山** ☶☷。地中有山，山本是土的高处，如今反自低于土地，象征领导者以低姿态待众人，故为谦。

谦卦的主爻在九三，也是全卦唯一阳爻。

综卦：☷☳雷地豫。豫可做预备，有足够预备才能好整以暇，谦卦本身便是再发展的预备姿态。

错卦：☰☱天泽履。谦卦不是嘴巴讲讲就可以的，而是要真正去履行的。

互卦：☳☵雷水解。雷在云上可解风雨，俗谓一雷破九台，谦卦是解除危机的根本态度。

地山谦

1	2^0	▬▬ ▬▬	0	0
2	2^1	▬▬ ▬▬	0	0
4	2^2	▬▬ ▬▬	0	0
8	2^3	▬▬▬▬	8	1
16	2^4	▬▬ ▬▬	0	0
32	2^5	▬▬ ▬▬	0	0

自然数　电脑

地山谦能量为 8

地山谦，《周易》序卦数第十五。

谦卦属于低能量之卦，谦是种自然态度，发自内心，而不用刻意努力的，如果是刻意努力，虚伪地礼贤下人，而另有目的时，并非谦卦之象。

谦卦卦辞曰：

谦，亨，君子有终。

能谦虚，必能得到别人接受，因而无所不通，是为亨，谦必须发出真诚，故能始终如一的，才是真正的谦，刻意做出来，是虚伪而非谦虚。

孔子在谦卦的断语上写道：

象曰：谦，亨，天道下济而光明，地道卑而上行。天道亏盈而益谦，地道变盈而流谦，鬼神害盈而福谦，人道恶盈而好谦，谦尊而光，卑而不可逾，君子之终也。

谦者必通，由于九三之谦，本卦上下各爻沟通无碍矣。九三阳爻为天道，却自愿居下卦，照亮内卦，是为"天道下济而光明"。坤为地，本卑下，却在上卦，显示地的能量是上升的，故谓"地道卑而上行"。

谦是种自然现象，而不是刻意伪装者。自然现象本来便是日月之光下照，而见其光明，万物吸取大地能量，反向上成长，这种自然现象便是谦卦的主要精神，巧者为拙者奴，人生以服务为目的。

盛极必衰，阳极阴生者天道之盈亏也，这是种物理学，任谁也阻止不得。明白此自然道理，对谦卦之精神最有帮助，是为"益谦"。

地道是集中能量，在无形中带动万物成长，理解这种道理者，自能带动谦虚，是为"流谦"。

没有人会喜欢自大的人，因此只有谦虚者永远得人欢迎，是为"人道恶盈而好谦"。

孔子非常重视谦卦，在《论语》中，他也曾表示："如有周公之才之美，使骄且吝，其余不足观也已！"

这是对骄傲、自大的人，当头棒喝。

因为只有谦虚才能得人尊重，因而能自生光明，愈是卑逊者，愈无法超越他。因为真正谦虚者是"无我"的精神，无我才能谦虚，有一个"我"在，便只有假装了。

无我的谦虚无法超越的，因为没有我在那里，那么怎么会有人被超越。

这种无我的谦虚，才能始终如一，是君子终身的工作啊！

谦卦象辞曰：

地中有山，谦。君子以哀多益寡，称物平施。

高山自愿在地底下，便是谦卦的精神。哀者聚也，谦虚之人，聚德行不嫌其多，并且持续增加自己所缺乏的优点，永不满足，这才是谦卦的真正精神。

做人处世的态度，也都能依需要而公平对待，不骄不卑，该怎么做便怎么做，便叫作"称物平施"。

■谦虚是干大事者最基本素养

谦卦初爻动，阴转阳，之卦为☷☲地火明夷。

谦卦属低能量之卦，阴爻为主，唯一阳爻在九三，以山为地服务，故能谦。

若在初爻便转阴为阳，必会伤害谦卦的本质，故为明夷，光明受到伤害矣！

谦卦初六爻爻辞曰：

　　初六，谦谦君子，用涉大川，吉。

初六在最底下，是为谦之又谦，最谦卑的态度，这种精神可用来干大事，度过任何的困难，所以是大吉大利的能量。

初六必须守本分，以坤德的精神，宽大、容忍、宁静，才能做个谦之又谦的君子，足以承受任何的困难，任何的挑战。

谦卦初六爻象辞曰：

　　谦谦君子，卑以自牧也。

卑是谦卑，自牧是自修，自己管理自己，这是初爻谦谦君子最重要的态度了。

■将谦虚表现在形貌及声音上

谦卦是以阴爻的精神为主，所以是不能积极表现的。

谦卦二爻动，阴转阳，之卦为☳地风升。

二爻转阳，位不对，但在内卦中爻，积极性隐潜不显，故不像初爻这样急，是以将谦虚表示在形态及声音上，对谦虚的本质是有帮助的。

谦卦六二爻爻辞曰：

六二，鸣谦，贞吉。

虽然六二动，阴生阳，但仍柔顺而中正，是以正而吉也。鸣谦不是自鸣得意的谦虚，而是谦虚的精髓，直接表现在形貌和声音上，让对方有所感受。

谦卦六二爻象辞曰：

鸣谦，贞吉，中心得也。

六二动，阴生阳，虽嫌积极，但在内卦中爻，总算仍得中正位，所以其鸣谦的态度贞而吉者，是中爻的精神所致也。

在形貌及声音流露谦卦精神，属自然而不做作，所以是可以接受的。

■将谦虚付诸行动

谦卦的九三，是卦中唯一的阳爻，亦即将谦付之行动矣。

谦卦九三爻动，阳转阴之卦，☷地为坤。

九三阳生阴，能者多劳，又甘处下位，其精髓是坤卦精神的彻底发挥。

谦卦九三爻爻辞曰：

九三，劳谦，君子有终吉。

劳谦是能者多劳，而不居功之意。愿意去做最辛苦，但对生命，对社会最有贡献的工作。完全拒弃世俗的功利主义，拒绝一般成功的引诱，警觉地投入不可知的挑战，有足够的挑战心和创造力。

爻动后，阳中生阴，使九三更有包容心及坚持到底的宁静毅力，能够如此掌握谦卦精神，而付之于行动者，必能始终大吉大利了。

谦卦九三爻象辞曰：

劳谦君子，万民服也。

这是孔子对《易经》中各卦各爻的系辞中，给予最高评价的一个爻辞。能够真正做到劳谦的君子，将获得万民的心悦诚服。

没有一点自我，才能以谦虚的精神为万民服务。

■承上启下的谦谦君子

初六是下卦的初爻，故以谦而又谦的谦谦君子称呼，六四则是上卦的初爻，不过已在上卦，虽仍属谦谦君子，但是属承上启下的中层幕僚或干部。

谦卦四爻动，阴转阳，之卦为 ䷽ 雷山小过。

谦卦的精神除劳谦的九三外，均以阴能为主。阴转阳，即使是承上启下的谦谦君子，也难免会过分了些。

谦卦六四爻爻辞曰：

> 六四，无不利，㧑谦。

㧑（伪）者人为也，六四的位置是承上启下，作为六五和九三之沟通者，为人作嫁之谦，是谓"㧑谦"。

谨守本分，对上、对下均给予谦恭表现的幕僚及中层干部，自然可以无所不利了。

谦卦六四爻象辞曰：

> 无不利㧑谦，不违则也。

虽然是由于位置限定，不得不表示的"㧑谦"，但由于被动而不抢功，因而能无所不利，这是因为不违背做人做事的大原则。

■谦恭君王，用兵无大害

谦卦是阴能卦象，除九三劳谦外，连中正的六五亦属阴能。

六五，王者之爻也，为王者能谦恭，自然也相当了不起了。

谦卦五爻动，阴转阳，之卦为 ䷳ 水山蹇。

六五，阴生阳，外卦成坎，在艰辛下，内卦艮止，故行动必多艰困。

谦卦六五爻爻辞曰：

六五，不富以其邻，利用侵伐，无不利。

六五以柔居尊，不以富裕而以亲邻争取他人诚服，这样的情况下，难免有功利挂帅者，表明不服之心，六五可以强力征服之可也，由于遵守谦卦精神，即使用凶器之兵者，亦无不利也。

六五阴生阳，将有蹇卦象，多阻力，强力去除之可也。

谦卦六五爻象辞曰：

利用侵伐，征不服也。

兵者凶器也，在《易经》中皆不得已而用之。谦卦六五爻动，阴生阳时将有阻碍重重的蹇卦象出现，只要坚守谦卦精神，即使出动凶器，亦可无过，因为这个原因，所以利用侵伐，是征服不懂谦卦精神的人，故可无碍。

■谦卦在上，可强力统合自己的邑国

在《易经》诸卦中，只有谦卦各爻，均有吉象。

即使六五及上六，有阻碍，并出现出兵的暴力行为，但在谦卦的带动下，亦无害也。

谦卦上爻动，阴转阳。之卦☶艮为山。

谦到极点，上爻阴生阳，呈艮止的卦象，整体的运作呈停滞状态。

谦卦上六爻爻辞曰：

上六，鸣谦，利用行师，征邑国。

六二，鸣谦，是貌状及用语均自然谦逊之象。但在上者太谦恭，内部有时会有轻怠现象产生，使运作陷于停顿。

这时候，应仍以鸣谦的精神，却在运作上强力带动各部门动力，消除其中懒惰及轻怠现象，再现组织的活力。只要态度是鸣谦，行动稍强力，无大害也。

所以可"利用行师，征邑国（自己封邑内的诸国）"。

谦卦上六爻象辞曰：

鸣谦，志未得也，可用行师，征邑国也。

谦卦用到极点，内部必有轻忽懈惰的风气升起，使管理者的心志受到阻碍、无法推行。只要在上者维持鸣谦的精神，可动用强制力量，征讨轻怠的部门（邑国），以维持公司正常的运作。

六五爻动，可以征伐邻人，上六爻动，只可以征伐邑国，前者可扫除外部障碍，后者只能有力量，扫除内部障碍。

这是谦卦在第五爻及第六爻动时的差异，宜特别注意之，以免错用。

■谦卦的自然发展现象

地山谦䷞，在八宫卦序中，为兑卦的五世变。

谦卦中的本质精神是兑，是以轻松和悦的心，自然的谦卑，而不是压抑自我。装出来的谦卑绝不是谦，反而是自卑感作祟，万一爆发出来，会成为最要命的暴君。

兑卦的四世变，成为䷺水山蹇，水由山上流下，使人寸步难移，外界的坎坷，面对内卦的动弹不得，只有以和悦的心来处理。是以蹇卦再变为谦卦，静静地等待机会，让坎坷的环境自己过去了。这也是谦卦的真正精神。

第十六豫卦——和豫，准备也

■顺着环境的动而动

谦卦几乎是静能的，审慎、宽厚、不伤人，但静极必动，谦卦之后的动，便是豫卦。

豫，雷地䷏。雷响大地，预备之卦象也。

谦卦主爻九三在内卦，豫卦主爻在九四，是外卦的初爻。

外卦一声雷响，震醒上下阴爻，预备也。

综卦：䷞地山谦。谦为静，豫为动，由静到动之契机，互为补角。

错卦：䷈风天小畜。豫者小畜之象也，预备之期，一切仍和乐，不紧张，故也仅能畜其小而已。

互卦：䷦水山蹇。谦后必有懈怠生，故雷响大地得豫卦，欲去除谦卦后的艰辛也。

雷地豫

			自然数	电脑
1	2^0		0	0
2	2^1		0	0
4	2^2		4	1
8	2^3		0	1
16	2^4		0	0
32	2^5		0	0

雷地豫能量为 4

雷地豫,《周易》序卦数第十六。

豫卦属于低能量之卦,初动之象,阻碍更多,宜以顺动之,如初雷之响即可。

豫卦卦辞曰:

豫,利建侯,行师。

豫者预也,预备之象,如同初雷响于大地。

动爻在外卦,预备之期,虽需较积极行动,但内心仍属和乐之象。

利于招训干部,准备进行战事了。

准备动作并非实际动作,由于力量尚不足,以了解周围环境的真正情势,并顺其势而动。

孔子对豫卦的断言是:

象曰:豫,刚应而志行,顺以动,豫。豫,顺以动,故天地如之,而况建侯行师乎。天地以顺动,故日月不过而四时不忒，圣人以顺动，则刑罚清而民服，豫之时义大矣哉。

豫者顺之以动也，是预备，也是和乐之心。九四为卦中唯一阳爻，如同初雷动，唤醒其他阴爻，但仍本和乐之心，顺其势以带动之。

九四以阳刚之气初动，希望推行其志，但力量不足，不可采强势，因应阴爻的需要，顺以带动之。

豫卦是以和乐之心，顺着能量的自然发展而带动，能量的自然发展，可以带动天地运作如是（**本来面目**）的变易，何况只是组训干部，准备作战的事宜呢？

天地顺着阴阳能量的变动而动，是以日月的运作，始终不会有其他变化，春夏秋冬，更是顺序不乱。

圣人如果懂得这个阴阳能量变化，理解这种物理学，并顺着这些能量变化来施政，必能无为而治，与民休息，这样必能少用刑罚，人民和乐而自治。

这便是豫，所有制度罚则，永远只是备而不用，上下和乐相处。豫是一个阶段而已，但能停止在这个阶段，这个时间的意义，是非常深奥而浩大的，值得深究之。

豫卦象辞曰：

雷出地奋，豫。先生以作乐崇德，殷荐之上帝，以配祖考。

雷响大地，一切生命苏醒了，是预备工作的时候了，开创基业的先王，在制定法律前，先创作音乐，尊崇上天之德，以殷盛的仪式，来祭祀上帝，配飨祖宗，以期同飨。这是治国的预备期，先以礼乐为教育的熏陶，使一切和乐，处于国泰民安之象。

■预备期的和乐在真诚，装模作样必凶

豫卦，初爻动，阴转阳，之卦 ䷲ 震为雷。

上卦响，下卦安静为豫，预备期力量不足，内心必宁静，才能将周围情势看个真，也才能顺以动，内在跟着吵杂，喋喋不休地，必凶。

豫卦初六爻爻辞曰：

初六，鸣豫，凶。

鸣豫是在预备期，就已经意见一大堆，要求和乐太多，付出少，就想先享受，所以必陷凶境。

豫卦初六爻象辞曰：

鸣豫，志穷凶也。

豫卦之象是雷响大地，内心机敏而宁静，外卦动作大而积极，故能有和乐之象。

但初爻一动，内卦也成震卦，预备期代表时机未到，却内外同时动，反而容易陷入穷困之境，必凶。

■耿介正直是预备期最重要素养

豫卦二爻动，之卦为☷☵雷水解，雷在云上响，将破坏云层结构，会改变现状，不是下大雨，就是雨停了，故称为解。

六二阴生阳，虽扰乱和乐的气氛，但六二属内卦中爻，居中守正，反能在豫乐中保持机警，为贞吉之象。

豫卦六二爻爻辞曰：

六二，介于石，不终日，贞吉。

六二爻动，内卦坤成为坎，象征以艰辛保持警觉，不落入过度豫乐中，是以耿介如石，一天也不敢放松，这样子便能正确、稳定而大吉大利。

蒋中正，字介石，便取自豫卦六二爻辞之解语：居中守正，耿介如石。

豫卦六二爻象辞曰：

不终日贞吉，以中正也。

一天也不放松，随时保持警觉，守住最内在的核心，随时理解宇宙的变化及意义，不忧不虑，耿介如石，必得大吉也。

警觉不是忧心或集中注意力，而是种放松的全神贯注，理解生命的喜悦，热情积极地活着，是以出现在豫卦中二爻动的卦象。

■瞻前顾后是预备期的大忌

预备期代表环境变了，本身力量不足，故先筹储以等待机会。

豫卦三爻动，阴转阳，之卦为☷☳雷山小过。

六三是内卦上爻，向前想上去会九四，又顾及六二及初六，此爻动，显出瞻前顾后之象，必会有或多或少的过错及麻烦。

豫卦六三爻爻辞曰：

六三，盱豫悔，迟有悔。

盱者往上看也。豫卦主爻在九四，六三阴生阳，往上想接近九四，却又因自己力量不足，并顾及内卦另外两个阴爻的意见，显得瞻前顾后，太急了会有悔，太迟了也会有悔。

豫卦六三爻象辞曰：

盱豫有悔，位不当也。

三、四爻动，处内外卦的接触位置，经常会陷于不三不四中。豫卦的三爻动，举首往上想攀缘九四，又顾及自己力量不实，又有六二及初六牵制，故动而有悔，以位不正当故也。

■筹组期的负责人

豫是预备期，有些事情尚待开发，所以筹组期大多设有临时的负责人，便是豫卦的四爻。

豫卦四爻为九四，是唯一阳爻，虽非正位（阳居偶位，且卦的主位是五爻），但属临时期的掌握者。

豫卦四爻动，阳转阴，之卦䷁地为坤。

谦、豫两卦均由坤卦发展而成，唯一阳爻动时，都将回复本卦的坤。

临时的掌大权人，虽有力量，但属临时性，不可太强，宜保持宁静及包容心。

豫卦九四爻爻辞曰：

九四，由豫，大有得。勿疑，朋盍簪。

九四是豫卦唯一阳爻，是以须设法拉住阴爻之心，如发簪集结头发般地集结朋友。

以四爻掌权，并非正位，有如战时内阁，但预备期大多属重要关键时刻，权力自然很大，虽属临时性，但不可怀疑自己立场，更应全力以赴，但需有包容心，如同发簪将头发集结起来，去结合志同道合之士，以稳定度过此关键时刻。

豫卦九四爻象辞曰：

由豫大有得，志大行也。

为应付临时关键期各种突变状况，九四必掌握相当大的权力，由于时局变动仍多，执行宜审慎、小心，心胸放宽大，志向正确，才能有效履行此职责而不生大害矣！

■虚位元首，忍辱负重

豫卦的九四是主爻，六五反而大权旁落，成了虚位元首。

豫卦五爻动，阴生阳，之卦为☰☷泽地萃。

泽水流于大地，滋润大地，吸引人心，故为萃。

五爻本为卦中之主，但在豫卦中，权力为九四所夺。但仍应不慌不忙，宁静地观察，谨守职位，不争权，不丧志，以德行滋润大众，仍可获得永恒的支持。

豫卦六五爻爻辞曰：

> 六五，贞疾，恒不死。

大权旁落，正道有疾，是谓贞疾。但虚位元首，能在无权中，保持自己地位应有尊严，并将坤能的德行泽于众人，必可得到大众的支持，反而不容易被消灭。

民主政治，共和政体后，英国皇室及日本天皇均属豫卦中的五爻者。

豫卦六五爻象辞曰：

> 贞疾，乘刚也，恒不死，中未亡也。

六五的正道有疾，是因为九四掌权之故，六五以柔乘九四之刚，在豫卦中势必遭到委屈。

但只要守中正之道，坚持元首立场，却以柔顺之道面对临时状况，不争权、不丧志，在关键时刻仍能以元首身分，在义理德行上要求九四，必能泽恩施于万民，为万民景仰，故能恒不死，以中未亡也。

■预备期不可拖太久

预备期是低能量之卦，故呈现和乐的景象。

此景维持太久，便是豫卦的上爻了。

豫卦上爻动，阴转阳，之卦为 ䷢ 火地晋。

预备期太久了，会和豫过度，所以必须立刻往前发展，进入另一卦象，故谓之晋。

豫之晋，是上爻硬被推上去的，是以必有小麻烦，需及时补正。

豫卦上六爻爻辞曰：

> 上六，冥豫，成，有渝无咎。

豫到了极点，和乐昏了头，故称冥豫。

冥豫时预备自然结束，整个卦象必会变动，是以豫卦完成了。

但豫久了，乐而忘返，松懈心必起，都需立刻加以调整，如果能及时改善（**有渝**），便可没有什么大过错了（**无咎**）。

豫是预而不动时期，是筹组能量的时候，所以不可以拖太久，否则临时情况一下来个二三十年。

豫卦上六爻象辞曰：

冥豫在上，何可长也。

豫的情况不可拖太久，汉武帝及唐玄宗，晚年政权问题太多，活得太久，传位太慢是主要原因。

孔子对这种和豫太久，占着毛坑不拉屎的人，断言道："老而不死，是为贼！"

"冥豫在上，何可长也。"

■豫卦的自然发展现象

雷地豫☷☳，雷响大地，是预备之象，由于力量仍不足，不宜太主动，故属豫乐之象。依八宫卦序，豫为震的一世变。

重震之巨响已起，但内外皆震惊，想奋起却又力量不足。是以一世变，初爻由阳转阴，内卦平息为坤，以累积能量也，是为豫卦之象。

内卦虽转为坤，但本质仍为震，所以和乐之心中，仍保持警觉，而非真正全放松了。因为外卦仍在震动中，必须随时应变，是以安静的是自己的外表，内在则是完全警觉的，才是真正的豫卦之象。

第十七随卦——顺从，追随也

■识时务者为俊杰

预备期结束，和豫之乐也该停了，行动立即展开，此时本身力量尚未调整到最佳状况，故宜随环境的需要而动是为随。

随，泽雷☵。春天到了，阴阳能量互动，雷在泽中响，泽水的冰也化了，一切景象均随着能量的动而变化。

综卦：☶山风蛊。随卦中也可能因判断错，跟随错了对象，进而有腐化及中毒的现象。

错卦：☶也是蛊。随、蛊不但相综而且相错，其阴阳互动关系非常密切，宜注意之。

互卦：☶风山渐。由随生蛊，或因蛊而随，都有其阴阳渐生的道理，若能理解之，便可防止腐化。

泽雷随

1	2^0		0	0
2	2^1		2	1
4	2^2		4	1
8	2^3		0	0
16	2^4		0	0
32	2^5		32	1

自然数　电脑

泽雷随能量
2+4+32=38

泽雷随，《周易》序卦数第十七。

随卦属于中能量之卦，随卦需保持相当的警觉性及努力，才能顺利运作。

随卦卦辞曰：

随，元亨利贞，无咎。

随卦，下震，兑上，追随之意。内卦为雷，初雷响故元亨，外卦为泽，象征和平、喜悦，故为利贞。

雷为起动能量，若能跟随喜悦的兑变化，便算跟对人了，故能"无咎"。

要警觉地跟随自然能量的动，透视物理上的必然性，审慎随之，便不会有太多问题，欲念一大堆，执着各种投机取巧的功利主义，必蛊矣！

孔子对随卦的断言如下：

> 彖曰：随，刚来而下柔，动而说，随。大亨，贞，无咎，而天下随时。随时之义大矣哉！

随卦，是以雷随泽，泽卦初、二爻为阳，雷卦二、三爻为阴，故刚来而下柔也，雷动而成兑，故动而说（兑），为随。

随是行动的始，故大亨。亨者通也，随卦最重要的是通，通了以后，便能正确而无咎。

随不是可以乱随的，要完全抓到当下环境的真正需要，不是随经验，也不是随理想，经验是过去，理想是过去对未来的投射，都不属于当下真正的需要。

随要适时、适事，随错了，可能会有腐化（蛊）发生，天下都要随（时），时者当下需要也，故随（时）的意义是非常重要的。

随卦象辞曰：

> 泽中有雷，随，君子以向晦，入宴息。

孔子对随卦的描写是：春雷在泽中响起，原本结冰的泽水随其时节而融化，君子朝起努力工作，直到晚上入寝休息，便是随时而作。

临济禅宗的"吃饭时吃饭，睡觉时睡觉"，便是随之真义矣！

随是当下的警觉，完全生活在当下，觉察当下的需要而满足之，是随卦最重要的意义。

■随得正是时候

随卦初爻动，阳生阴，之卦为☷☷泽地萃。

雷安静下来了，泽水冰解后，流入大地，滋润大地，而成萃。

随卦初九爻爻辞曰：

初九，官有渝，贞吉。出门交有功。

渝则改也，改变原本立场，在随卦一开始，便跟上了时代——随得正是时候。

这种"随"，自然是正而吉的。

但环境刚变化，由豫到随，所以出门行动前，要先"交"一番。交者爻也，要和其他爻互换意见，了解一下情势，才能真正依照其需要而行动，这样子也才能有功。

随卦初九爻象辞曰：

官有渝，从正吉也。出门交有功，不失也。

改变必须从正，了解客观环境真正的需要，而不是自我的一大堆妄念，否则就不可能吉了。

出门前理解清楚环境的真正需要，是阴阳能互动的物理上变化的需要，不失此需要，才会有功。

■如何才能正确地抉择

随虽是自然的，但如何处在十字路口，随哪个方向好呢？

随卦二爻动，阴转阳，之卦☱兑为泽。

二爻本属阴位，转阳后反而不对位了。

虽然仍属喜悦安定之象，但是选择初爻的阳为跟随，还是选择九四的阳为跟随，阴中生阳的二爻反拿不定主意了。

随卦六二爻爻辞曰：

> 六二，系小子，失丈夫。

随卦是阴随阳，故曰刚来下柔。四、五皆为阳爻在上，故称丈夫，初爻为阳在下，称为小子。

二爻动，是随丈夫，或随小子，迟疑不定，但以位置的远近，二爻容易倾向随初爻，这样便会失去对外卦九四、九五的跟随，故失丈夫也。

随卦六二爻象辞曰：

> 系小子，弗兼与也。

跟随哪个动能，只能二择一，随卦只能抉择一阳跟随，否则一女嫁二夫，麻烦大了。最后二爻常会选择低于自己的初爻，而放弃可帮助自己成长的九四和九五。

随卦的能量不强，是以比较会依实际选择，取于成长的人到底不多。

■敢于挑战的抉择

不敢挑战的二爻，选择初爻，故"系小子，失丈夫"。

但三爻则不同，它宁可接受挑战，而选择不可知的未来。

随卦三爻动，阴生阳，之卦为☲☱泽火革。

三爻敢于接受挑战，使随卦有了重大的革变。这种随是积极而富于挑战的。

随卦六三爻爻辞曰：

> 六三，系丈夫，失小子，随，有求得，利居贞。

六三，阴生阳，但以位置已在内卦上爻，所以大胆迈向外卦，接受挑战。故舍下从上，系丈夫而失小子。

敢于挑战的随，必有新的所得，或许会有不安及痛苦，但只要心情稳定、正当，仍然可以获得真正的成长，故谓"随，有求得，利居贞"。

随卦六三爻象辞曰：

> 系丈夫，志舍下也。

下是初爻，属过去经验，三爻准备向未来挑战，故愿跟随九四及九五，舍弃过去的经验及安定，以追求自己真正的成长。

■NO.2的危机意识

随卦最敏感的问题是NO.1及NO.2之间的明争暗斗。

第四爻，也是外卦初爻，是六二、六三跟随的目标，但随卦主爻的九五，也属阳爻，这两个"阳"必有冲突。

四爻动，阳生阴，之卦为☵☳水雷屯。

外卦成坎，象征艰辛，使内卦雷的阻碍更多了，随卦到了外卦，四、五阳爻的争执浮上台面，局势为之更新，是创始的艰难卦象。

随卦九四爻爻辞曰：

> 九四，随有获，贞凶，有孚在道，以明，何咎。

九四如同二号人物NO.2，在争取众人跟随上，常因近水楼台之故，和基层关系较好，所以随卦必然对NO.2较有所获。

但这个现象对NO.2不见得是好的，NO.2声望愈高，NO.1愈不是味道。所以NO.2即使立场正确，也是贞凶。

但只要对NO.1完全忠诚，做事坦然磊落，使权力的运用得以公开化，虽凶仍可维持没有过错。

随卦九四爻象辞曰：

> 随有获，其义凶也。有孚在道，明功也。

九四，虽在争取跟随上颇有所获，但在本质上反而对自己不利，因为必造成九四NO.2及九五NO.1间的冲突，NO.1内心的不安，对NO.2将是有害的。

但重点在诚信及公开，权力的运作及随的力量形成，都要公开化，大家心中磊落坦然，即使冲突也可无大害。

所以"有孚在道，明功也"。

■最高层峰的立场

九四、九五以刚来争取六二、六三的随，也形成随重要的危机。NO.1及NO.2间的冲突，千古不变。

随卦五爻动，阳生阴，䷲之卦雷为震。

五爻动，外卦向雷发展，上下卦相同，象征NO.1主动吸引内卦诸阴跟随的支持心。

随卦九五爻爻辞曰：

九五，孚于嘉，吉。

孚者孵，如母鸡孵小鸡，以爱心养生命，诚心的爱也，嘉者，嘉言嘉行也。其实九五NO.1在位在权上面均有优势，不必担心NO.2出风头，反而应以母鸡带小鸡之心，以言行的身教代替言教，不必讲太多理由，多做善意回应，必吉。

随卦九五爻象辞曰：

孚于嘉，吉，位正中也。

九五只要以嘉言嘉行，便可发挥诚信，化解和九四间的冲突，以其在正中之位也。

NO.1必须体认自己先天位置上的绝对优势，实在不必过度担心。

■改变顽固者的手段

随卦发展到最高潮，是面对那些顽固盲从的保守分子，如何改变其心态。

随卦上爻动，阴生阳，之卦为☲天雷无妄。

上卦刚健不动，下卦雷初响，如何改变上卦顽强的心，很多年轻人都会碰到这种问题，父亲或主管保守固执，难以沟通时该怎么办？随卦上爻动，告诉你的答案是"无妄"，以诚心相待，针对事实真相来应对。

随卦上六爻爻辞曰：

上六，拘系之，乃从维之，王用亨于西山。

面对顽固不化的人，不妨采取强迫方式，有时可先斩后奏，只要是对的，便先做。

再以祭祀般的赤诚及尊重，维系彼此之心，再顽固者也将顽石点头的。

重点是以尊重诚挚之心感化之，故"王用亨于西山，乃从维之"。

随卦上六爻象辞曰：

拘系之，上穷也。

对这种冥顽不化的人，只有先用强迫方式，刺激之，让他内在产生巨大冲突，才可能重新面对现实。

■随卦自然发展现象

泽雷随䷐在八宫卦序中，是震卦的七世变，亦即归魂卦的终极之象。

随卦的本质精神仍是震，在随缘、随机仍保持高度警觉之心，才是随。随不是认命，不是随便而去，而是随机应变，对变动中的环境，做出正确回应。

震卦的六世变为大过，上泽下巽，种子便压在湖泽下面，推不动上面的压力。若外界的能量够了，内在就不宜太温柔，重新振作，转巽为雷之象，是为随。

随机应变，随缘奋起，随卦的精神是积极的。

第十八蛊卦——腐化，败坏也

■成长中必有腐化生

历经谦、豫、随，经营的实力必大增，在这些成长中，内部看不出来的腐化，逐渐浮现，接着要面对除弊的工作，这便是蛊卦本义。

蛊，山风䷑。风在山下，为山所阻，必有腐化生，是为蛊，生虫、腐化、中毒也。

综卦：☱☳泽雷随。随卦的精神是随法不随人，但一般人均容易随人不随法，倾向偶像崇拜，故必生蛊也。

错卦：☱☳，也是随。随蛊相综相错，象征人类偶像崇拜的盲从是最需要警觉的毛病。

互卦：☳☱雷泽归妹。随卦中有阴阳相随互生之意，夫唱妇随，阴随阳，是随卦重要的精神，但一味鼓励妇女牺牲自己，甚至嫁鸡随鸡，嫁狗随狗的想法，必蛊也。

山风蛊

1	2^0	▬▬▬		1	1
2	2^1	▬ ▬		0	0
4	2^2	▬ ▬		0	0
8	2^3	▬▬▬		8	1
16	2^4	▬▬▬		16	1
32	2^5	▬ ▬		0	0

自然数　电脑

山风蛊能量
1+8+16=25

山风蛊，《周易》序卦数第十八。

蛊卦属于中能量之卦，也是除弊之卦。除弊务尽，但却不宜急躁，必须有足够耐心，来面对蛊卦之象。

蛊卦卦辞曰：

　　蛊，元亨，利涉大川，先甲三日，后甲三日。

蛊者，除弊，必须有元亨之心。元者，一元复始万象更新，彻底切断过去的关系，才足以除弊。以元之心，成亨之实，亨则通也，内卦的风通了，不再局限山中，是蛊卦的主要精神。

除弊必须尽力，有元及亨，自然可以去突破困境，消除弊害，故利涉大川也。

甲是十二天干之首，甲日是事之开端行动之日，先甲三日是辛日，后甲三日是丁日。除弊工作的准备及追踪都要做得好，辛日时就必须准备好，丁日时仍须继续追踪。

除弊要有耐心，要有毅力，是"先甲三日，后甲三日"之意。

孔子在断语上，对蛊卦说明如下：

> 彖曰：蛊，刚上而柔下，巽而止，蛊。蛊，元亨，而天下治也，利涉大川，往有事也，先甲三日，后甲三日，终则有始，天行也。

蛊卦上卦为艮☶，为少男卦，属刚；内卦为巽☴长女卦，属柔，是刚上而柔下。老大姐嫁少夫。内卦巽（风）动，却为艮（山）所止，故无法向外通风，形成腐化，是为蛊。蛊卦的重点在除弊，故要元（创始）而亨（畅通），则弊可除，而天下可治也。

除弊是要积极，但又必须对症下药而不是穷忙，所以不宜急躁，所以虽"利涉大川（可以进行艰辛工作），往有事也"。但仍要做完事前规划及事后追踪工作，所以"先甲三日，后甲三日"。

除弊完成，又恢复崭新境界，可以更努力于天道恒动的工作，是以"终则有始，天行也"。

蛊卦象辞曰：

山下有风，蛊，君子以振民育德。

蛊卦主要精神是除弊，所以领导者在蛊卦中，应努力振兴民心士气，并努力培育品德，重建文化精神。

范蠡协助勾践复国，提出的"十年生聚，十年教训"，便在努力除弊，以创崭新的生命。

■初期的弊，审慎而有毅力

蛊卦，☶☴山风，初爻动，阴生阳，之卦为☶☰山天大畜。

内卦由巽转乾，象征决心及毅力，是除弊的基本条件，故可畜其大者也。

蛊卦初六爻爻辞曰：

初六，干父之蛊，有子，考无咎。厉，终吉。

干者行动也，积极除弊的动作。有位儿子，决心去除父亲留下的腐化弊端，前人拆烂污，后人收残局，可免除其人的过错。不过这种工作相当辛苦，并且违反先人留下的风格，也会受到批评，情势将更严厉了，但如能大公无私，决心除弊，仍会获得谅解及支持，最后能够大吉大利。

蛊卦初六爻象辞曰：

干父之蛊，意承考也。

以行动解决父亲遗留下的弊端，虽然作风不同于先人，但仍然算是继承了先人的遗志。

"意承考"的意思，本义上仍算承续了父亲志向，让弊端不致于扩大。

■解决弊端的重点在自己的内在

物必自败而后蛊虫腐之，所以弊端真正的问题在内在。

蛊卦二爻动，阳生阴，之卦 ䷳ 艮为山。

外卦山，内卦也为山，能量受阻不动了，显示问题在内部，宜自审之。

蛊卦九二爻爻辞曰：

> 九二，干母之蛊，不可贞。

二爻是偶位，是以初爻干父之蛊，二爻则干母之蛊。

二爻在内卦中爻，所以这个除弊的重点是内在。内在的问题相当复杂，必须审慎小心去了解真正的弊端，才能一次解决，不可以太急躁，或太坚持己见。

内在的弊端容易主观解释，而疏忽了真正的原因，所以除内在弊端不可贞也。

蛊卦九二爻象辞曰：

> 干母之蛊，得中道也。

能够解决内在的弊端，必须在核心保持高度的警觉，并以最客观的心态，才能完全观察出真正的原因，对症下药解决之。

■除弊必有阻碍，但必须以毅力坚持到底

蛊卦三爻动，阳生阴，之卦为☶☵山水蒙。

内卦的除弊到上爻，即将进入外卦，三爻奇位，却转阴，位不对，情况暧昧不清，故蒙。

蛊卦九三爻爻辞曰：

九三，干父之蛊，小有悔，无大咎。

九三，奇位属阳，故属去除父亲弊端，称干父之蛊。阳转阴态度暧昧不清，故稍有麻烦，但内卦为坎，只要努力以赴，加强精神教育，仍不会有太大的过错。

蛊卦九三爻象辞曰：

干父之蛊，终无咎也。

除弊务在毅力，以阳刚的九三，虽阳中生阴，但仍属阳刚的能量，如能坚持到底地除弊，最后仍可无咎也。

■除弊不能务尽时

初六、九二、九三的除弊均由内在着手，着力点是正确的，故虽有阻碍，却均无大过。

第六章　经营甘苦谈

但六四到了外卦，很容易造成除弊只在形式，这样不但无益，甚至是有害的。

蛊卦四爻动，阴生阳，之卦为☲火风鼎。

外卦初爻动，阴转阳，如果能发挥乾能，积极坚持到底，则会有崭新的局面出现。

除弊到外卦，更要积极用心，否则除恶不尽，有如斩草不除根，春风吹又生。

蛊卦六四爻爻辞曰：

　　　六四，裕父之蛊，往见吝。

裕则宽裕也，本爻属阴，居柔位，除弊的态度趋向宽容。

宽容本是好的，但不可虎头蛇尾。坤能宁静，故应该更坚持，使阴中生阳，以求除恶务尽。

除恶时，态度宽松或犹疑不定，将会增加更多的困难。

蛊卦六四爻象辞曰：

　　　裕父之蛊，往未得也。

除弊太宽松，努力也不会有成效，故虽往未得也。

■刚柔并济，除弊必可成功

到了外卦，除弊的范围更大，困难更多，有毅力而不可急躁，所以要懂得刚柔并济的方法。

蛊卦五爻动，阴生阳，之卦☴巽为风。

阴虽转阳，但外卦成为风卦，长女卦，是以仍为柔卦。内外皆风，必可动也，腐化之气自然消除。

蛊卦六五爻爻辞曰：

六五，干父之蛊，用誉。

除弊方法太刚，时位不对，有时衍生既得利益者的反抗，常反受其害。千古以来，革命家常以悲剧收场，原因便在于时空掌握得不对。

六五，阴居阳位（**五为奇数位**），又为外卦中爻，温和而坚定，刚柔能并济，用这种态度来除弊，有毅力，也有耐心有行动，又能在宁静中革命，必能获得声誉，故其用也誉。

蛊卦六五爻象辞曰：

干父用誉，承以德也。

刚柔并济，不纯刚，不纯柔，阴阳互用相生便是德，以德来除弊，不但不会有反效果，而且能深入，由根来除弊，所以用于干父之蛊，必能得到美誉。

■除弊到尽时，功成必身退

除弊到极点，功虽成，也必得罪很多人，而且功高震主，将会增加NO.1的不安。

蛊卦六爻动，阳生阴，之卦为☷☴地风升。

除弊到最高点，弊已尽除，外卦出现宁静，无欲无求，其心灵境界必升。张良不愿封王，范蠡抛弃相位从商去也，便是除恶已尽，功成必须身退，以免受害，境界必须提升，否则必有危机。

蛊卦上九爻爻辞曰：

上九，不事王侯，高尚其事。

文种、韩信、刘基功成后遇害。范蠡、张良、徐达不事王侯，高尚其事，反而能成千古美名。

蛊卦上九动，功成身退之象也。

蛊卦上九爻象辞曰：

不事王侯，志可则也。

创办人为求事业永续经营，最后便是努力去建立没有自己以后的事业体。使一切制度化，以平常心经营，不再依靠创办人智慧及财力，事业才能永续。所以培养接棒人常是经营者最重要的任务。这也是功成身必退的另一卦象。

■蛊卦的自然发展现象

山风蛊☶☴，在八宫卦序中属巽的七世变，亦是归魂卦，巽卦终极卦象。

风在山下，流动不易，故腐化成蛊。蛊象征柔顺的风，最后困于山中，力量不足，又缺乏奋起之心，故腐蚀生虫矣。

巽在六世变，外卦虽为艮，内卦却为震，外平稳，内奋起，是为养生之卦颐。归魂卦内卦变回巽，反而显得无力而生蛊，象征生活中不可松懈，有如逆水行舟，不进则退。